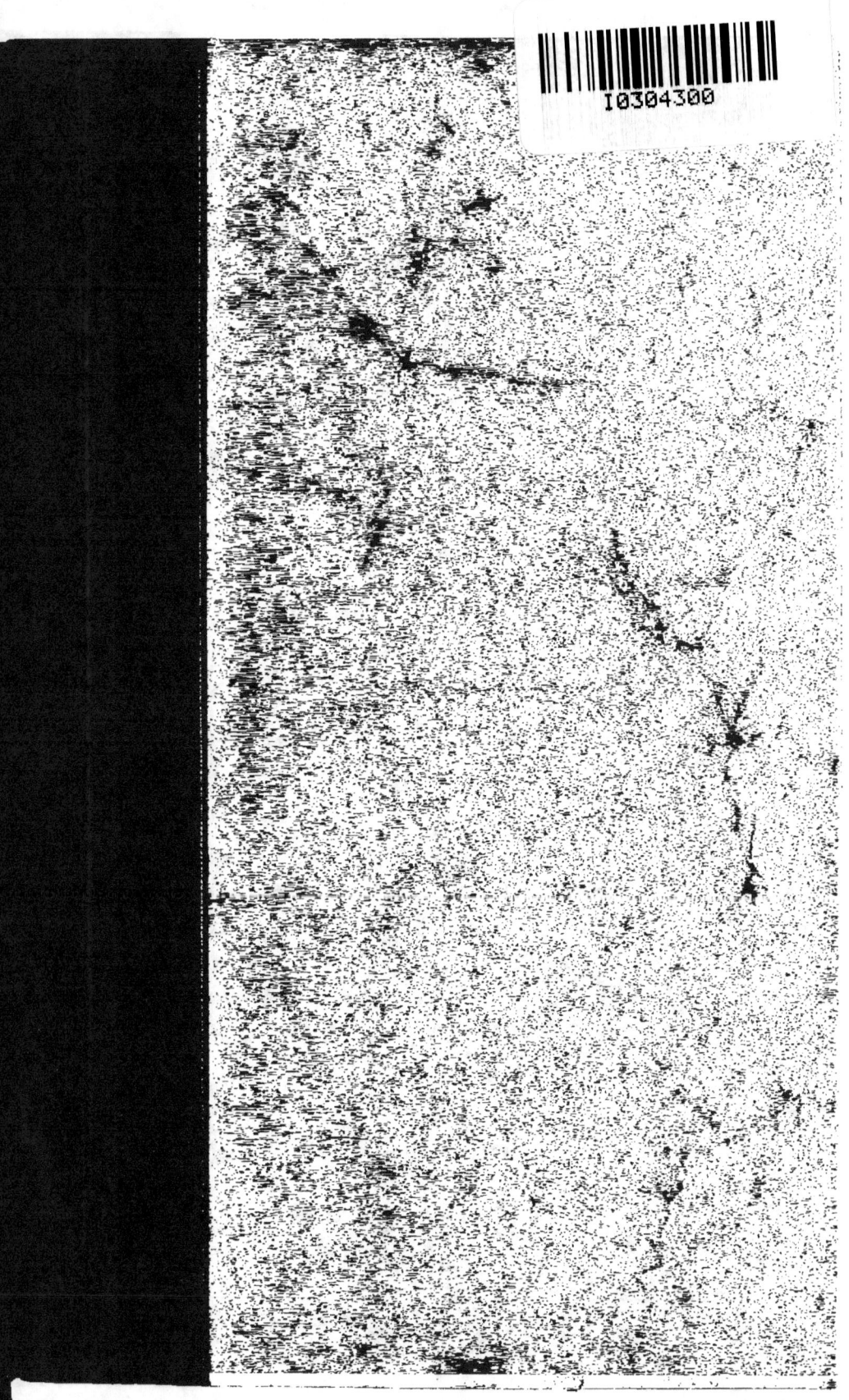

SÉBASTIEN LE CLERC

ET SON ŒUVRE

Tiré à 205 exemplaires sur papier de Hollande

Fabriqué par D. et C. Blauw.

Exemplaire N°

Destiné au Dépôt légal

1637   1714

SÉBASTIEN LE CLERC

ET SON ŒUVRE

PAR

ÉDOUARD MEAUME

Auteur des Recherches sur Jacques Callot

OUVRAGE COURRONNÉ PAR L'ACADÉMIE DE METZ
ORNÉ D'UNE EAU-FORTE RARE REPRODUITE PAR AMAND DURAND
ET D'UN FAC-SIMILE
DE L'ÉCRITURE DE SÉB. LE CLERC

PARIS

BAUR LIBRAIRE | RAPILLY LIBRAIRE
11, RUE DES SAINTS-PÈRES | 5, QUAI MALAQUAIS

1877

AVERTISSEMENT.

Les existences consacrées au travail sont généralement peu accidentées, et la biographie d'un artiste peut, le plus souvent, être écrite en quelques pages, dans lesquelles on trouve rarement l'occasion de relever le récit par des anecdotes piquantes. Il n'en est pas des travailleurs comme de ces personnages brillants qui ont joué un rôle sur la scène du monde, et dont les hauts faits ou les aventures sont racontés dans les mémoires contemporains.

Le plus ordinairement, l'histoire d'un artiste n'est autre que celle de ses ouvrages. C'est donc principalement à eux que le biographe doit s'attacher en signalant particulièrement ceux qui méritent de fixer l'attention de la postérité. Lorsque ces ouvrages sont nombreux, un semblable travail prend des développements inattendus. Il ne peut en être autrement quand il s'agit d'un graveur qui, pendant soixante-quatre ans, a promené sa pointe sur plus de trois mille planches.

L'abbé de Vallemont a écrit, en 1715, un *Éloge* de Sébastien Le Clerc, et Jombert a publié, en

1774, le *Catalogue* de son œuvre. L'un a résumé très-superficiellement une partie de l'œuvre du graveur messin ; l'autre est entré dans des développements tels que son travail remplit deux volumes d'une impression fine et serrée.

Il n'est pas probable qu'un éditeur se risque à réimprimer l'ouvrage de Jombert, ce qui serait cependant une bonne fortune pour les amateurs. En attendant, nous venons, cent années après sa publication, rectifier et compléter ce travail remarquable.

Sébastien Le Clerc est l'un des maîtres qui ont illustré l'art français. Pendant plus de vingt-cinq ans nous nous sommes attaché à recueillir et à comparer les différents *états* des épreuves dues à sa pointe aussi légère que spirituelle.

C'est le résultat de ces études, fondu dans une biographie de l'artiste, que nous avons soumis à l'Académie de Metz, qui a jugé ce travail digne d'une médaille d'or de trois cents francs.

Paris, décembre 1875.

SÉBASTIEN LE CLERC

ET SON ŒUVRE

PRÉLIMINAIRE.

Sources et but de ce travail. — Biographie de Le Clerc. — Erreurs à rectifier.

Vers le milieu du XVIIe siècle, la mort et les malheurs du temps avaient chassé de la Lorraine les charmants graveurs qui l'avaient illustrée. Callot, le plus célèbre de tous, était mort dès 1635 ; Bellange avait également disparu. Deruet, vieux et infirme, ne travaillait plus ; Henriet et son neveu Silvestre étaient établis à Paris, ainsi que Collignon qui usait son talent à faire, pour le compte de Langlois, des copies de Callot, de La Belle, et plus tard de Silvestre. Spierre, Lafleur et quelques autres ne quittaient pas la terre classique des arts. Claude Gellée fixait sur la toile le soleil d'Italie, et sa pointe magique traçait sur le cuivre quelques-unes des conceptions de son prodigieux génie. L'art de la gravure à l'eau-forte semblait avoir disparu du sol lorrain, lorsqu'un artiste nouveau se révéla sur la terre médiomatricienne qu'une triste conformité de malheur n'a que trop assimilée à une partie de la Lorraine.

Le 26 septembre 1637, la femme d'un orfèvre de Metz donnait le jour à un enfant qui devait être l'honneur de cette noble cité. Cet enfant fut, plus tard, l'artiste éminent dont le savant Mariette, juge si compétent, a pu dire avec vérité : « S'il y a jamais eu un graveur qui se soit rendu célèbre dans sa profession et qui ait étendu ses connaissances au delà des bornes ordinaires, c'est sans contredit Sébastien Le Clerc. » (*Abecedario*, t. III, p. 98.)

La tâche de raconter la vie de cet homme illustre et de signaler ses principaux ouvrages avait été entreprise au XVIIIe siècle, par l'abbé de Vallemont, contemporain de Le Clerc, qui a écrit son *Éloge* publié à Paris en 1715, une année après la mort de son ami. Le pieux abbé était plus capable de louer le chrétien que d'apprécier l'artiste ; aussi son travail laisse-t-il beaucoup à désirer, lorsqu'il cherche à faire ressortir le mérite de ses ouvrages.

Jombert était un juge des choses de l'art beaucoup plus compétent que l'abbé de Vallemont ; aussi la notice qu'il a placée en tête de son *Catalogue de l'Œuvre de Le Clerc*, publié en 1774, est-elle très-supérieure à l'*Éloge* de son devancier. Mais cette notice n'est qu'un précis historique et non une biographie complète.

Nous avons la prétention de faire sinon mieux du moins autrement que nos devanciers. Néanmoins nous devons proclamer hautement qu'aucun biographe de Le Clerc ne peut se passer des renseignements qu'ils nous ont transmis. Placés plus près que nous des événements, ils ont su ce qu'il nous serait impossible de connaître sans eux, et que tout travailleur doit nécessairement leur emprunter [1].

[1] Nous bornerons, le plus ordinairement, nos emprunts à ces deux biographies. Ce sont en effet les deux sources principales auxquelles on doit puiser. Tous les autres travaux biographiques sur Le Clerc (sauf la notice malheureusement trop courte du savant Mariette), ne font que reproduire les détails dus à l'abbé de Vallemont et à Jombert. Il va sans dire que les auteurs de ces travaux biographiques, prétendus nouveaux, sont dépourvus de toute critique, et qu'ils reproduisent les erreurs de leurs devanciers, ce qui est, jusqu'à un certain point, pardonnable. Mais ils en ajoutent d'autres, de leur chef, ce qui est inexcusable.

Il en est tout autrement des savantes notes recueillies par Mariette (*Abecedario*, t. III) sur les travaux de Le Clerc. Nous les avons soigneusement utilisées dans le cours de notre travail. Leur exactitude est universellement reconnue, et ce précieux recueil est toujours consulté avec fruit. Il doit l'être d'autant plus, à l'égard des pièces gravées par Le Clerc, que Jombert ne put obtenir communication ni de l'œuvre rassemblé par Mariette, ni des nombreuses notes qu'il avait recueillies. Tous les manuscrits de Mariette sont aujourd'hui conservés à la bibliothèque nationale; ils ont été, en partie, publiés par MM. de Montaiglon et de Chennevières sous le titre d'*Abecedario*.

Mariette avait vingt ans, lors de la mort de Le Clerc. Il l'a donc à peine connu; mais il a beaucoup pratiqué son fils qui fut peintre et dessinateur, et qui a pu lui fournir, sur son père et sur ses ouvrages, des renseignements précieux. Ces documents n'ont pas été admis sans examen par Mariette, dont le contrôle si sûr a souvent rectifié les souvenirs inexacts du fils de notre artiste.

Ce n'est pas à dire cependant qu'on doive accepter sans contrôle les assertions des deux premiers biographes de Le Clerc, ni même celles de Mariette. Il est de toute évidence qu'elles doivent être rejetées aussitôt que leur inexactitude est établie. C'est ce qu'on a eu le soin de faire dans le cours de cette étude.

Parmi les documents qui nous ont servi à rectifier l'abbé de Vallemont et Jombert, nous devons signaler ceux dont nous devons l'obligeante communication à M. Abel qui, le premier, a émis des doutes sur l'origine lorraine de Sébastien Le Clerc. Ces doutes sont aujourd'hui passés à l'état de certitude, par suite de la découverte des actes authentiques due aux recherches de M. Abel, et qui se trouvent utilisés au début de notre travail. Il en résulte que l'origine de Sébastien Le Clerc est entièrement messine.

CHAPITRE PREMIER.

TRAVAUX DE LE CLERC A METZ.

Origine messine de la famille de Le Clerc. — Profession de son père — Naissance de Le Clerc fixée au 26 septembre 1637. — Son excessive précocité. — Le Clerc commence à dessiner et à graver avant 1650. — Il donne des leçons de dessin avant douze ans. — Ses travaux à Metz jusqu'à son départ pour Paris.

1650—1665.

Travaux cités. (*Les numéros renvoient au Catalogue de Jombert.*)

Profil de Metz (Jombert, n° 1); la Samaritaine (2); Saint Jean dans le désert (4); les Quatre Écrans ronds (5); la Chapelle Sainte-Catherine ou Tombeau du roi de Portugal (6); les Heures à la Cavalière (7); Saint Maur (17); les Mathurins (18); la Robe de N. S. (20); les Armes au burin (21); Coutume de Lorraine; Portrait de Fabert (51); Vases de fleurs (44); Vues des environs de Metz (45); Saint Placide (47); les Messes (52, 66, 162); Prières pour la communion (53); la Vie de Saint Benoît (57); Lustucru (68); les Modes de Metz (70); Traité de la divine sagesse (40); le Triomphe de Charles IV (71); Bataille de Nordlingen (*ibid*); Plan du Siége de Metz (73); Nouvelle manière de fortifications de Brioys (75); Portrait du maréchal de la Ferté (58); — *Appendice;* Pièces gravées à Metz qui n'ont pas été connues par Jombert.

Suivant l'abbé de Vallemont, copié par dom Calmet et par Jombert, les ancêtres de Le Clerc sont originaires de la Lorraine. Son grand-père, anobli par Charles III, aurait été l'un des rares adeptes, en Lorraine, de la doctrine de Luther, où l'exercice de leur culte n'était pas toléré. Forcé de quitter Nancy, il se serait établi à Metz sans y séjourner longtemps. Il aurait abandonné sa femme et ses enfants vers l'année 1600, sans qu'on ait jamais pu savoir ce qu'il est devenu.

D'après les mêmes autorités, la famille de Séb. Le Clerc était restée catholique. Laurent, le plus jeune de ses enfants, fut le père de notre artiste. Né en 1590, Laurent serait mort plus que centenaire en 1695. Dès son jeune âge, il était entré en apprentissage chez un orfèvre de Metz, où l'art de l'orfévrerie était alors florissant. Il travailla ensuite à Paris en 1610, puis à Lyon qu'il quitta en 1635 pour se fixer à Metz. Il y vécut soixante années et put jouir des succès de son fils unique.

Toutes ces indications manquent d'exactitude, et la vérité se trouve rétablie au moyen des précieuses découvertes dues aux patientes investigations de M. Abel, qui a bien voulu nous communiquer le résultat de ses recherches dans les archives de Metz.

Il en résulte que le grand-père de Sébastien Le Clerc n'était pas noble. Un acte de 1619 atteste qu'il était marchand, ce qui exclut toute idée de noblesse[1]. Il n'a donc pas été anobli par Charles III, et il n'a

---

[1] Voici la teneur de cet acte découvert par M. Abel : « Ce jourd'huy quinzième avril 1619, le sieur Jean Darragouze, M⁰ Orpheure, demeurant à Metz, a déclaré avoir pris pour apprentif *Lorent le Clerc* (sic), fils du sieur *Nicollas le Clerc, marchant, demeurant à Metz*, pour le servir ainsi qu'il est porté dans l'ordonnance du 27 janvier 1612. » (Archives municipales de Metz. — Registre des apprentifs, carton 89 (123).

pas été le secrétaire de la princesse de Tarente, personnage tout à fait inconnu des historiens de la Lorraine, et qui paraît être sorti de la fertile imagination de l'abbé de Vallemont, probablement mal renseigné. Dès lors, il n'y a rien d'étonnant à ce qu'on ne trouve les lettres de noblesse de l'aïeul de Sébastien ni dans le Trésor des chartes de Lorraine, ni dans dom Pelletier, ni dans aucun nobiliaire lorrain. On doit remarquer, en outre, que si les portraits de Sébastien Le Clerc, gravés par Duflos et autres, portent des armoiries, ce sont celles de chevalier romain, titre qui fut accordé à Sébastien en 1706. Duflos ayant oublié d'entourer l'écu du cordon de l'ordre, et de le surmonter d'une couronne, ces accessoires ont été ajoutés postérieurement à la publication du portrait, ainsi que la croix qui, dans les états postérieurs au premier, est suspendue au cordon passé au col du personnage dans tous les états. Si les ancêtres de Sébastien eussent été anoblis avant qu'il fût pourvu du titre de chevalier romain, les armoiries anciennes auraient été, sans nul doute, reproduites avec les nouvelles.

D'un autre côté, l'aïeul de Sébastien n'a pas quitté Metz en 1600, en abandonnant sa famille, sans qu'on sache ce qu'il est devenu, puisqu'on le trouve établi et faisant le commerce dans cette ville en 1619. Les assertions de l'abbé de Vallemont sont donc fabuleuses.

Quant à la question de savoir si le grand-père de Sébastien Le Clerc était hérétique, elle n'est pas tranchée par les documents dont la découverte est due à M. Abel. Cependant tout porte à croire qu'il était catholique, et que l'abbé de Vallemont a confondu l'aïeul de Sébastien avec des membres de la même famille, en tout cas avec des homonymes qui ont certainement appartenu à la religion réformée au seizième siècle et au dix-septième. On ignore si le protestant Jean Le Clerc, dont l'horrible supplice eut lieu en 1525 (Huguenin, *Chroniques messines*, pages 824 et suiv.), était un ancêtre ou un parent de Sébastien.

Ce qu'il y a de certain, c'est qu'il y avait à Metz, au dix-septième siècle, des Le Clerc anoblis et des Le Clerc protestants qui étaient, selon toute vraisemblance, des parents de Sébastien et de son père Laurent, et que telle est la cause de l'erreur des biographes.

En effet, un Pierre Le Clerc, orfèvre, portait des armoiries qui sont ainsi décrites par M. Michel (*Parlement de Metz*) : « D'azur aux lettres P. L. et C. d'or, accompagnées en chef de trois étoiles mal ordonnées de même, et en pointe de trois roses d'or posées 2 et 1. » Cette description est empruntée à l'armorial de d'Hozier, rédigé en 1696. Voilà donc un Le Clerc, orfèvre, qui était noble de France et non de Lorraine ; ce ne peut être un ancêtre de Sébastien, mais il peut très-bien avoir appartenu à une branche collatérale.

Quant aux Le Clerc protestants, M. Abel en a trouvé qui habitaient la rue du Porte-Enseigne. C'était là en effet que demeurait, en 1637, près de Laurent Le Clerc, père de Sébastien, un orfèvre du nom de Jacques Le Clerc, marié et père de six enfants. M. Abel pense, et nous inclinons à croire avec lui, que ce Jacques Le Clerc était un proche parent de Laurent, peut-être son frère ; mais ils ne se voyaient pas à cause de la différence des religions. Jacques et ses six enfants étaient protestants. On voit, le 20 janvier 1675, le maître orfèvre, Jacques Le Clerc, être parrain au Temple avec son frère Pierre Le Clerc, aussi orfèvre à Metz (peut-être l'anobli dont nous avons parlé). On le voit également assister au mariage de son fils Salomon Le Clerc, maître orfèvre, aussi bourgeois de Metz qui, à l'âge de quarante-neuf ans, épousait Anne Moiré, veuve de l'orfèvre Jacob de Valley, âgée de trente-quatre ans. Ce Salomon était un zélé protestant qui, en 1660, soutenait les intérêts de sa communauté contre Henry d'Anglure de Bourlémont et qui fut condamné, ainsi que sa femme et consorts, à lui payer des sommes considérables. Le 30 avril 1681 était baptisée au Temple Sara, fille de Salomon Le Clerc, maître orfèvre, et d'Anne Moiré ; elle avait pour marraine Sara, fille de feu Jacques Le Clerc, de son vivant maître orfèvre. Après la révocation de l'édit de Nantes, cette branche protestante des Le Clerc passa à l'étranger en 1685.

Quels qu'aient pu être les liens de parenté entre les orfèvres anoblis, les orfèvres protestants et le père de notre artiste, il ne pourrait appartenir qu'à une branche collatérale. Quant à ses ascendants, on a la preuve que son grand-père s'appelait Nicolas, qu'il était marchand, établi à Metz en avril 1619, époque à laquelle il mettait son fils Laurent en apprentissage chez l'orfèvre Jean Darragouze.

Les actes authentiques découverts par M. Abel permettent de suivre la carrière de Laurent Le Clerc depuis son apprentissage, en 1619, jusqu'à sa mort, en 1695. Ces documents rectifient les assertions de Jombert qui, après avoir copié l'abbé de Vallemont, suivant lequel Laurent, né en 1590, serait mort plus que centenaire en 1695, ajoute qu'il alla se perfectionner à Paris en 1610, après son apprentissage à Metz, puisqu'il s'établit à Lyon, où il se trouvait lors de la grande peste qui désola cette ville en 1635. Jombert ajoute que Laurent serait revenu à Metz, pour s'établir orfèvre, quelque temps après cette époque.

Les archives municipales de Metz, sans infirmer le fait des séjours de Laurent à Paris et à Lyon, contredisent le surplus du récit de Jombert. M. Abel a trouvé l'acte de décès de Laurent Le Clerc, qui fut enterré le 7 octobre 1691, à la paroisse Saint-Martin ; il était mort le 4 du même mois. L'acte mortuaire[1] indique qu'il était âgé de quatre-vingt-seize ans (et non cent cinq suivant l'abbé de Vallemont, ou cent sept suivant dom Calmet), ce qui reporte sa naissance à 1599 et non à 1590, comme le disent tous les biographes. Laurent n'a pu aller à

---

[1] Cet acte est ainsi conçu : Ce jourd'huy 7 octobre (16) 95, furent achevés les prières et services pour le repos de l'âme de deffunt le sieur Laurent le Clerc, lequel aagé de quatre-vingt et seize ans, mourut le quatrième desdits mois et an et fut inhumé dans cette église le cinquième. Présent le sieur d'Avrange, son nepveu, lequel a signé avec nous. (Paroisse Saint-Martin.)

Paris en 1610 pour se perfectionner dans son art, puisqu'il entrait en apprentissage à Metz en 1619. Il était revenu à Metz avant la grande peste de Lyon, puisque son mariage est du 17 janvier 1635. M. Abel a trouvé l'acte de ce mariage, d'après lequel Laurent Le Clerc, *maître orphevre*, épousa, à la paroisse Saint-Gorgon, une veuve de cette paroisse, sans doute la veuve d'un autre maître orfèvre [1].

Poursuivant ses recherches sur le père de notre artiste, M. Abel a découvert qu'il ne résidait pas, immédiatement après son mariage, dans la paroisse de Saint-Martin, mais dans la paroisse Saint-Jacques. Un rôle de la population de 1637 fait connaître que, au commencement de cette année, dans la rue Porte-Enseigne, près de maître Abraham Ancillon, procureur des Treize, demeurait « Laurent Le Clerc avec sa femme, un enfant et une servante ». Cet enfant était une fille ; Sébastien n'était pas encore né. — A côté vivait un autre orfèvre avec ses six enfants, Jacques Le Clerc, le protestant, que nous croyons être le frère de Laurent.

On vient de voir que, au commencement de 1637, Laurent Le Clerc demeurait rue Porte-Enseigne. Néanmoins, ce ne fut pas dans cette rue que, le 26 septembre 1637, sa femme donna le jour à l'éminent artiste qui nous occupe. Cette naissance eut

---

[1] Voici cet acte : *17 januarii* (1635) *3 banna proclamata ad futurum matrimonium inter Laurentium le Clerc* (sic) *S^{ti} Simplicii parochianum et Catharinam de Ronne viduam S^{ti} Gorgonii parachianam sine oppositione, testibus presentibus solemni benedictione nuptiali.* (Reg. de Saint-Gorgon.)

lieu dans une maison située sur la paroisse Saint-Martin, ainsi que le démontre l'acte de baptême retrouvé par M. Abel[1]. Cette date avait déjà été précisée par l'abbé de Vallemont et par tous les biographes. Nous l'avions reconnue vraie, même avant la découverte de l'acte authentique, malgré les indications contraires fournies par les actes de mariage et de décès de Sébastien Le Clerc, reproduits par M. Jal dans son *Dictionnaire de biographie et d'histoire*, article Le Clerc. Ces actes placeraient la naissance de Sébastien en 1639 ou 1640; mais ils renferment une erreur évidente. Lors de son mariage, Le Clerc s'était rajeuni de deux ans, et cette erreur, volontaire ou non, a persisté dans sa famille jusqu'à sa mort. Du reste, le secrétaire de l'Académie de peinture ne s'y est pas trompé, et son registre fixe exactement à soixante-dix-sept ans l'âge de Sébastien Le Clerc, lors de sa mort qui eut lieu le 25 octobre 1714. (*Archives de l'art français*, t. Ier, p. 367.)

[1] « Ce 26 septembre 1637 fut baptisé un fils nommé Sébastien; le père, Le Cler; la mère Catherine de Ronne; le parrain Sébastien Marchant; la marraine Elisabeth le Cler. » (Arch. de Metz. — Reg. pour Saint-Martin.) — Cette marraine était une sœur de Laurent, et, par conséquent, la tante de Sébastien. Elle avait épousé un sergent appelé Jean Barbier, dit La Jeunesse. Cet acte de baptême prouve que Laurent Le Clerc et sa femme étaient venus s'établir dans la paroisse Saint-Martin. Laurent avait probablement cédé au désir de sa femme qui voulait se rapprocher de son frère Michel de Ronne, dit du Bouquet, administrateur de Saint-Symphorien. — Sébastien Marchant, parrain de Le Clerc, était établi orfèvre sur la paroisse Saint-Gorgon, en 1621. A cette époque, et pendant tout le dix-septième siècle, il y avait à Metz un grand nombre d'orfèvres qui n'étaient pas de simples marchands, mais de véritables artistes.

L'abbé de Vallemont et tous les biographes indiquent que le premier maître de Sébastien fut son père Laurent, qui lui enseigna le dessin en même temps que l'écriture. Laurent était effectivement un très-habile dessinateur ; d'ailleurs on ne connaît à cette époque aucun artiste qui fût plus en état que l'habile orfèvre de donner à son fils les premières notions du dessin.

Mais le biographe et l'ami de Séb. Le Clerc ne nous fait pas connaître comment le jeune artiste apprit la pratique de la gravure. Il se borne à dire que Sébastien s'y appliqua tellement qu'il ne se souvenait pas de l'âge auquel il avait commencé à graver. On doit en conclure que son père, quoique s'adonnant principalement à la ciselure d'orfévrerie, dut donner à son fils des leçons de gravure que la précoce intelligence de l'enfant rendit bientôt inutiles, l'élève ayant promptement dépassé le maître [1].

Cette explication est plausible en ce qui concerne le maniement du burin ; elle l'est moins à l'égard de la pratique de l'eau-forte. Faut-il admettre que Laurent Le Clerc la possédait, et qu'il l'a transmise à son fils ? Celui-ci a-t-il pu recevoir des leçons de l'ingénieur Brioys qui a certainement gravé quelques planches ? Doit-on supposer qu'il n'eut aucun maître, et qu'il prit pour guide les excellents ouvrages publiés par Abraham Bosse sur l'art du graveur ?

---

[1] Le bénédictin dom Pierron affirme que le père de Le Clerc, orfèvre et dessinateur habile, fut son premier maître. *(Templum Metensibus sacrum, p. 136, ad notam.)*

Toutes ces hypothèses sont également admissibles. Mais la plus vraisemblable est celle d'après laquelle Laurent Le Clerc aurait été l'unique maître de son fils, tant pour le dessin que pour la gravure, car Zani, dont on connaît l'exactitude, le range au nombre des graveurs [1], quoiqu'on ne connaisse aucune planche qui puisse lui être attribuée.

Ce qu'il y a de certain, c'est que Sébastien commença fort jeune à graver, et qu'il dut faire quelques essais, tant au burin qu'à l'eau-forte, avant la publication des pièces portant son nom avec une date certaine.

On doit ici relever une erreur de l'abbé de Vallemont, affirmant que la première pièce datée de Sébastien Le Clerc est une robe de N. S. portant le millésime de 1655, alors qu'il avait environ dix-huit ans.

Une semblable production, d'ailleurs fort médiocre, serait loin d'être une preuve de la grande précocité de Le Clerc. Mais l'abbé ignorait qu'il existe une pièce signée et datée par Le Clerc, avec le millésime de 1650. Elle serait donc antérieure de cinq années à celle que signale le premier biographe de notre artiste.

Cette date reporterait l'exécution de cette pièce, entièrement à l'eau-forte, à une époque où Le Clerc avait treize ou quatorze ans. C'est une vue générale

---

[1] Le mot *intagliatore* dont s'est servi Zani peut s'appliquer également à la gravure d'orfévrerie, aussi bien qu'à la gravure iconographique.

de *Metz*, au haut de laquelle le jeune artiste a fièrement écrit dans une banderole : *Sebastianus le Clerc, designator et sculptor, 1650*. Quoique ce ne soit pas un chef-d'œuvre, ce *Profil de la ville de Metz* (c'est le titre qui se lit en haut de l'estampe), révèle déjà une grande habileté de main et une certaine pratique de l'eau-forte. Il est donc impossible d'admettre que cette pièce soit la première production du jeune graveur. Elle a dû être précédée de plusieurs essais dont les épreuves non datées ne sont probablement pas parvenues jusqu'à nous. Dans tous les cas, il est incontestable que certaines estampes, sans dates, connues et décrites par Jombert, sont antérieures à ce *Profil de la ville de Metz* qui est très-certainement gravé à l'eau-forte.

Des vers français se lisent au bas du *Profil de Metz;* ils sont du même, L. Mangin [1], qui a fait les vers servant d'explications aux figures des deux premières éditions de la première *Messe* (1657-1661) (J., 52).

Les vers de L. Mangin, quelque mauvais qu'ils soient, pourraient servir à l'éclaircissement des doutes qui naissent à la lecture de la date de 1650 qui est bien celle que porte le *Profil de Metz*. Malheureusement il n'en est rien, et les doutes les plus sérieux continuent à subsister sur la véracité de cette date de 1650.

On vient de voir que la pièce où cette date est

---

[1] Le Catalogue de Jombert écrit L. Manain pour le *Profil*, et L. Mangin pour la *Messe*.

inscrite n'est pas la première que Le Clerc ait gravée. Cela est certain, et Jombert a eu tort de dire le contraire. Mais en résulte-t-il que Sébastien ait gravé à l'eau-forte avant 1650 ? Cela est douteux. — Cette date de 1650, gravée sur la banderole du *Profil de Metz*, est-elle bien celle de la gravure, et ne doit-on pas lui assigner une époque plus récente ?

Nous inclinons à croire que cette dernière question doit être résolue affirmativement. Sans doute, suivant une tradition messine dont il va être parlé, Sébastien aurait manié le burin dès l'âge de sept ans, et, à douze ans, il donnait des leçons de dessin aux dames de Metz. Mais il y a loin entre la production d'informes essais de gravure au burin et l'exécution d'une assez grande planche à l'eau-forte qui exige une sûreté de main et une pratique presqu'incroyables chez un enfant de treize ans. Qu'à cet âge Le Clerc ait dessiné le *Profil de Metz*, nous l'admettons volontiers ; mais on voudra bien nous accorder aussi que, au point de vue de la composition et de l'exécution, il existe une différence très-grande, d'une part, entre les *Armes* (J., n° 21) et la *Robe de N. S.* (J., n° 20) qui porte la date de 1655, et, d'autre part, le *Profil de Metz* daté de 1650. Il nous paraît impossible que le graveur qui exécutait la *Robe* de 1655, planche des plus médiocres, ait pu produire, cinq années auparavant, le *Profil de Metz*. Entre ces deux époques, les seules pièces qui soient datées portent le millésime de 1654 ; ce sont *les quatre écrans ronds* (J., 5) et *les Heures à la cavalière* (J., 7). Or, ces pièces se rapprochent beaucoup de la *Robe de N. S.*

Quant aux pièces non datées, le classement de Jombert est très-problématique et souvent peu justifié, en ce qui concerne les planches gravées par Le Clerc dans ses commencements. Ainsi l'on ne peut admettre que la jolie suite des *Mathurins* (J., 18) soit antérieure à la *Robe* et aux *Armes;* comparée à ces deux pièces, la suite des *Mathurins* serait un chef-d'œuvre. Aussi la croyons-nous très-postérieure à 1654, année qui est indiquée par Jombert comme étant celle de sa publication. Il en est de même à l'égard de plusieurs autres pièces, parmi lesquelles nous proposons de ranger le *Profil de Metz*, malgré sa date de 1650. Sans doute, cette date est gravée sur la pièce, et l'on ne peut en lire une autre ; mais est-elle exacte ? c'est ce dont il est permis de douter. Ne peut-on pas admettre que cette date de 1650 soit celle du dessin, et qu'elle aura été reproduite sur la planche par une inadvertance du jeune artiste ? Les quatre derniers vers de L. Mangin, qu'on lit dans la marge, viennent à l'appui de cette conjecture. L'auteur, s'adressant à la ville de Metz, s'exprime ainsi :

> *Estime le repos que la France te donne*
> *Et comme vn membre sain dans ce robuste corps*
> *Ploye au gré de ton Roy connoissant que tu dors*
> *A l'ombre des Lauriers que sa Valeur moissonne.*

Ce roi, dont la *valeur moissonne des lauriers*, n'est autre que Louis XIV qui avait douze ans en 1650, et ne fut déclaré majeur que le 13 septembre 1651. Qu'on suppose l'hyperbole poussée aux plus extrêmes limites, on ne saurait admettre qu'elle puisse aller jusqu'à parler de la valeur guerrière d'un enfant de douze ans, encore sous la tutelle officielle de sa mère et qui ne conduisait que des soldats en métal. Au contraire, en 1655 ou 1656, date qu'on peut assigner à la gravure du *Profil*, Louis XIV avait dix-sept ou dix-huit ans ; on le conduisait aux armées, et, bien qu'il ne commandât pas en personne, l'hyperbole est admissible.

En résumé, si la date de 1650 est bien celle de la gravure du *Profil*, ce qui paraît invraisemblable, il en résulterait que, dans sa vie d'artiste, Sébastien Le Clerc aurait eu des faiblesses, des inégalités tout à fait inexplicables. On doit plutôt supposer une erreur de millésime, erreur assez fréquente, même chez les adultes, plutôt que d'admettre que le jeune artiste se soit montré, dans des pièces datées de 1655, aussi inférieur à ce qu'il était cinq années auparavant.

Une autre explication peut être proposée. La *Robe de N. S.* n'est pas de 1655 ; elle est antérieure de plusieurs années, et cette date a été ajoutée à la planche à l'occasion d'un pèlerinage qui se faisait à Trèves. Alors la date de 1650 du *Profil* serait exacte, celle de la *Robe* serait fausse, et l'excessive précocité de Le Clerc serait pleinement justifiée. Mais, dans cette hypothèse, il resterait à expliquer la date de 1654 des *Écrans ronds* et les quatre vers de L. Mangin qui ne concordent pas avec la date de 1650.

Toutefois, et sous le mérite de ces observations, nous adopterons, dans la suite de notre travail, l'ordre proposé par Jombert, malgré ses erreurs évidentes. Dans l'impossibilité où l'on se trouve de proposer un classement certain, il est préférable de s'en tenir à celui qui est connu et pour ainsi dire vulgarisé depuis un siècle.

Parmi les pièces dont on connaît des épreuves et qui paraissent antérieures au *Profil de Metz*, on peut citer la *Samaritaine, deux essais de gravures au burin,* et *Saint Jean dans le désert* (Jombert, n°s 2, 3, 4). La première de ces pièces représentant Jésus et la Samaritaine, quoique certainement gravée par Le Clerc, lui parut plus tard si peu digne de son talent qu'il se servit du cuivre, sur lequel il avait exécuté cette petite pièce, comme garde d'entrée de la serrure d'un petit coffre où elle est restée jusqu'à sa mort, époque à laquelle on l'a détachée pour en tirer quelques épreuves. Aussi, ces épreuves laissent-elles voir le trou pratiqué dans la planche pour l'entrée de la clef, et quatre autres trous, aux angles, provenant des clous employés pour retenir cette plaque sur le coffre.

C'est à ces premiers essais qu'il faut rapporter une tradition reproduite par M. Teissier [1] qui s'exprime ainsi : « Sébastien ayant, pour la première » fois, à l'âge de sept ans, manié le burin et gravé » en cachette une petite planche, courut chez Claude » Bouchard, libraire et imprimeur en taille-douce, » pour faire tirer son œuvre. Bouchard, qui l'affec- » tionnait beaucoup, lui fit observer qu'il avait eu le » tort de graver (probablement une inscription) de

---

[1] *Essais sur les commencements de la Typographie à Metz,* 1828, in-8°, p. 101. Ce passage a été reproduit, sans indication de provenance, par M. Bégin, *Biog. de la Moselle,* article Le Clerc.

» gauche à droite, et l'enfant fut très-surpris quand
» il vit, sur la première épreuve, l'objet représenté
» à rebours. » Cette tradition n'a rien d'impossible.
On croit aussi, sans en être certain, que dans son
enfance, Sébastien Le Clerc était aide de cuisine à
l'abbaye de Saint-Arnoul. Le fait est attesté par les
Bénédictins, auteurs de l'Histoire de Metz[1].

L'enfant commençait déjà ses études d'artiste.
Ses premières productions tombèrent sous les yeux
du prieur dom Pierre des Crochets, qui donna de
l'éducation au jeune Sébastien[2].

Il est du reste certain que Le Clerc dessinait dès
l'âge de huit ans. Le fait est attesté par son père
qui l'a mentionné au bas d'un dessin à la plume,
exécuté par son fils, et longtemps conservé dans sa
famille. Ce dessin représente un enfant nu dormant
sur le dos, vu en raccourci, les deux mains sur la
poitrine. L'abbé de Vallemont en témoigne, et Jombert a possédé ce dessin dont une copie, si ce n'est
l'original, est entrée dans la collection de Mme de
Bandeville. Cette célèbre collection se conserve aujourd'hui au cabinet des estampes de Vienne. (Jom-

---

[1] Selon cette tradition, peut-être incertaine, Séb. Le Clerc aurait été cuisinier à Metz, peu d'années après que l'illustre Claude Gellée avait quitté la boutique du pâtissier de Toul, chez lequel ses parents l'avaient placé, ainsi que l'atteste Sandrart.

Claude Gellée devint un éminent paysagiste, mais il se ressentit toute sa vie de l'absence d'éducation première. Sébastien Le Clerc, au contraire, devint un savant distingué et il écrivit plusieurs traités sur les sciences exactes.

[2] « Quelques auteurs le font élever à Saint-Arnoul, par d. Pierre des Crochets, prieur de cette abbaye ». (D. Pierron, *Templum, Metensibus sacrum*, p. 136, *ad notam.)*

BERT, *Catalogue de l'œuvre de Le Clerc*, p. 2 et 3, et les notes.)

Un autre exemple presqu'incroyable de l'étonnante précocité de Le Clerc, est rapporté par l'abbé de Vallemont. « Son père, dit-il, lui apprit à dessiner de fort bonne heure, et M. Le Clerc fit sous lui de si grands progrès dans le dessin, qu'il en faisait lui-même des leçons à l'âge de dix ou douze ans, ce qui se trouve attesté par des personnes de considération qui, dans ses commencements, avaient été ses élèves ».

A l'attestation de l'abbé de Vallemont, on peut joindre celle du véridique Mariette, qui ajoute ce curieux détail : « A dix ou douze ans, il s'attachait déjà à dessiner et montrait à plusieurs dames de Metz. Il était si faible et si fluet que, l'hiver, il avait des engelures à ne pouvoir marcher, et que celles qui voulaient l'avoir dans ce temps étaient obligées d'envoyer un valet pour l'emporter entre ses bras ». (*Abecedario*, t. III, p. 100.)

Jombert (n° 6) place parmi les premiers ouvrages de Le Clerc la *Chapelle de Sainte-Catherine, à Stockholm*, appelée, mal à propos, par les marchands d'estampes, le *Tombeau du roi de Portugal*. Ce serait plutôt celui de Charles-Gustave, roi de Suède.

Cette planche, aussi médiocre que rare, aurait été, suivant Jombert, gravée à Metz en 1654, pour entrer dans la collection des monuments de Suède, connue sous le titre *Suecia antiqua et Hodierna*, 3 vol. in-fol., où il y a 353 planches.

Jombert reconnaît que cette planche n'a pas été employée pour cet ouvrage, mais qu'elle a été copiée par Perelle pour former la 25ᵉ planche du recueil [1]. Elle est, dit-il, restée nombre d'années dans le cabinet de M. Le Clerc, qui l'a fait enfin effacer pour y graver l'*Apothéose d'Isis*, en 1693 (nº 236). On ne s'explique pas comment Perelle aurait pu copier une planche gravée à Metz en 1654 et dont les épreuves n'étaient pas dans le commerce. Mais la vérité est rétablie par un simple changement de dates et par les explications suivantes de Mariette (*Abecedario*, t. III, p. 109).

Voici ce qu'il dit dans deux notes différentes : « Ce n'est point le tombeau du roi de Portugal, mais bien la vue de l'église Sainte-Catherine à Stockholm, *et cette planche n'a point été gravée par Le Clerc à Metz*, mais pendant les premières années de son arrivée à Paris, à peu près dans le temps qu'il grava les *Gonds* d'Angleterre (J., nº 79). Elle est du moins dans la même manière. Il la fit pour la suite des vues du royaume de Suède, qu'on avait entrepris de faire graver à Paris[2], et soit que M. Le Clerc ne

---

[1] Suivant Heinecken, t. IV, p. 481, l'ouvrage intitulé *Suecia antiqua et Hodierna* aurait été publié en 1704. C'est une erreur. Le premier volume parut en 1693 et le dernier en 1714 (Brunet, art. *Suecia*). Heinecken ajoute que cet ouvrage contient *deux* pièces de Le Clerc qui ne se trouvent pas dans tous les exemplaires. C'est encore une erreur. Le Clerc n'a gravé pour cet ouvrage qu'une seule pièce. Elle ne s'y trouve jamais. Elle a été remplacée par une copie de Perelle, ainsi que l'explique Mariette.

[2] « Pour l'ouvrage intitulé : *Suecia antiqua et Hodierna*, publié en 1693, mais commencé longtemps auparavant. » — Voy. Brunet, art. *Suecia*.

se fût pas accommodé avec ceux qui étaient chargés de ce soin, soit que ceux-ci ne fussent pas contents du travail de Le Clerc, la planche resta entre ses mains. On la fit recommencer sur le même dessin par Perelle, et ce fut cette planche qui fut agréée et portée en Suède.

» La planche de Perelle n'est donc pas une copie. Il s'en faut bien que celle de Le Clerc soit de ses belles choses ; à tout prendre, elle me paraît cependant préférable à celle de Perelle ; car, quoique celle-ci soit plus proprement gravée, l'autre est moins maniérée ; Perelle n'ayant pu s'empêcher de remettre les fabriques, les terrasses et les ornements dans sa manière. A cela près, tout est entièrement conforme. L'idée et la disposition générale du peu de figures qui sont sur le devant est presque la même.

» Il est pourtant vrai que Perelle a beaucoup alourdi et grossi toutes les parties du dessin, suivant sa coutume. Quoi qu'il en soit, il est certain que la planche en question resta à M. Le Clerc, et que, ne sachant qu'en faire, elle servit pendant longtemps à ramasser les ordures qu'on balayait dans son cabinet. Enfin le sujet de l'*Apothéose d'Isis* s'étant présenté à graver, il fit repolir cette planche pour y graver ce beau sujet (J., 236), c'est ce qui fait que les épreuves de cette vue sont si rares, et que les deux qu'on connaît à Paris, chez M. d'Ozenbray (l'œuvre qu'a M. d'Ozenbray vient de chez M. Thuret, il le lui a vendu 1,800 livres), et chez M. d'Argenville, peuvent passer pour uniques¹. La planche, avec le blanc qui est autour, a 8 p. de long sur 12 p. 10 lignes de travers. Ce qui est gravé dans la bordure a 7 p. 9 l., 12 p. 6 lignes de travers. »

Cette rectification faite, nous revenons aux travaux réellement exécutés à Metz en 1654, et pendant les années suivantes.

Toutes les planches de cette époque ont été tirées à Metz, jusqu'en 1665, par l'éditeur Claude Bouchard, ami du père de notre artiste. Les épreuves en sont extrêmement rares, et l'on peut constater, par celles qui sont venues jusqu'à nous, que ces tirages n'ont pas été également soignés. Lorsque le tirage est bon, sans empâtement ou sans sécheresse, les épreuves sont très-remarquables, et l'on s'étonne à bon droit qu'un jeune homme de dix-sept ou dix-huit ans, au plus, ait pu produire un ouvrage aussi distingué que la suite de *Tableaux de l'institution des Mathurins* (Jombert, n° 18).

Cette suite de onze pièces, dont l'invention et l'exécution appartiennent à Le Clerc, eut un succès prodigieux attesté par l'usure des planches. Néanmoins les épreuves en sont extrêmement rares. L'exemplaire du cabinet des estampes à Paris, laisse à désirer. Celui de Vienne, au contraire, est d'une incomparable beauté. Les épreuves que nous avons sous les yeux, fort belles aussi, montrent que l'artiste

---

¹ L'épreuve de d'Argenville est à Vienne ; une autre (peut-être celle de Thuret) fait partie de la riche collection de M. le Président de Baudicour.

CHAPITRE I. — 1650—1665.   27

s'est inspiré tout à la fois de Callot et de La Belle. L'imitation de la manière de ce dernier est sensible dans les pièces portant les n°s 9, 10 et 11. Sans atteindre le moelleux que le graveur florentin savait donner à sa pointe, Le Clerc fait pressentir, dans cette suite, qu'il deviendra plus tard un merveilleux artiste.

Déjà l'on peut remarquer, outre l'habileté à manier l'outil, la science de la composition unie à la richesse de l'architecture. Il est évident que Le Clerc avait mis à profit les leçons de perspective qui lui avaient été données par un chanoine de Metz, dont l'abbé de Vallemont ne nous a pas fait connaître le nom. Mais ce qu'on n'a pu lui apprendre, ce qu'il a évidemment tiré de son propre fonds, c'est l'exécution si soignée de cette jolie suite [1].

Parmi les pièces de cette époque, il faut citer *les deux vases de fleurs et le dos de livre*, le tout gravé sur la même planche (J., 44). Ces gravures sont des

---

[1] Nous avertissons, une fois pour toutes, que la vérité de nos appréciations ne peut être sentie que si l'on a sous les yeux d'excellentes épreuves, surtout pour la période messine de la vie d'artiste de Le Clerc. Celles qui proviennent de planches usées sont d'une sécheresse désespérante; celles qui sont mal encrées ou boueuses ne donnent pas une meilleure idée de ces charmantes productions.

Florent le Comte avait, depuis longtemps, reconnu cette vérité: « Il est bien vrai, dit-il, que, dans le choix d'une estampe, le grand curieux qui veut avoir du plus beau, sans se soucier du prix, ne saurait être trop difficile dans la recherche des belles épreuves, des véritables originaux et de la belle impression; il y a de la différence, du tout au tout, dans une même pièce, suivant qu'elle est conditionnée. » (*Cabinet des singularités*, t. I, page 160, Paris, 1689, in-12.)

dessins de fers à dorer pour la couverture d'un livre. Il n'est pas à notre connaissance qu'aucun fer à dorer ait été exécuté sur ces dessins. — Le Clerc grava aussi, vers la même époque, des planches dont les épreuves étaient destinées à être collées sur les gardes des livres des grandes bibliothèques. C'est ce qu'on appelle aujourd'hui des *ex libris*. Nous avons vu notamment celui qu'il a gravé, en 1655, pour la bibliothèque de Nicolas Martigny, archidiacre de Marsal. Cet *ex libris*, d'assez forte dimension, n'a pu servir que pour les livres de format in-folio ou in-4°. Il est décrit par Jombert ainsi que plusieurs autres pour les formats in-4°, in-8° et in-12. Voy. aussi J., n° 65, 1 à 7 et n° 77.

Citons encore *deux petites vues des environs de Metz* (J., 45), dont l'une représente les arches de l'aqueduc de Jouy.

Indiquons ici qu'il existe deux états, dont le premier n'a pas été décrit, de deux jolies pièces sans date : *Saint Maur* (J., n° 17) et *Saint Placide* (J., n° 47). Malgré l'opinion contraire de Jombert, nous croyons que ces deux planches sont contemporaines l'une de l'autre et que la date de leur exécution peut être celle des *Mathurins* et de la *Première Messe*. Quoi qu'il en soit, il est certain qu'il existe, de chacune de ces pièces, deux états caractérisés ainsi qu'il suit :

Saint Maur :

Ier *État*. — Sur la terrasse à droite, on voit seulement le *C* de la signature de Le Clerc.

CHAPITRE I. — 1650—1665. 29

IIe État. — La signature a été complétée et on lit : *Séb. le Clerc*.

Saint Placide :

Ier État. — Comme au St Maur, on voit seulement le *C* de la signature de Le Clerc.

IIe État. — En avant du nom *Clerc* on voit un monogramme composé d'une *L* et d'une *S*, et, à la suite : *Clerc f*.

Sans parler de nombreux morceaux gravés de 1650 à 1657, nous nous arrêterons à cette date pour rectifier une erreur de Jombert qui attribue à Sébastien Le Clerc le portrait d'Abraham Fabert, placé au verso du frontispice des *Remarques sur la coutume de Lorraine* [1]. (J., n° 51.)

Nul doute que le beau frontispice de ce livre ne soit l'ouvrage de Sébastien Le Clerc, ainsi que la riche bordure entourant le portrait de Fabert, qui, dans le premier tirage, se voit au verso du frontispice. Dans le second tirage, cette bordure a été supprimée et remplacée par un portrait à mi-corps de Fabert, exécuté par Gabriel Ladame [2].

---

[1] Il a été démontré par M. Digot, *Mémoires de l'Académie de Stanislas*, 1849, p. 239, que Thierriat avait confié à Fabert le manuscrit de ses *Remarques* pour en exécuter l'impression. La fin tragique de l'auteur suspendit l'exécution de ce projet. A la mort de Fabert, ses héritiers, trouvant le manuscrit dans ses papiers, crurent de bonne foi qu'il en était l'auteur. En conséquence, ils le publièrent sous son nom.

[2] Heinecken, t. IV, p. 489, dit que le portrait de Ladame est une copie de celui de Sébastien Le Clerc. Cette assertion est doublement inexacte : d'une part, le portrait placé dans la bordure de

Quant au portrait en buste auquel a servi la bordure, en forme de passe-partout, spécialement gravée par notre artiste pour ce portrait, il n'est pas de Le Clerc, mais plutôt de Michel Lasne. Quelqu'habile que fût alors le jeune messin, il n'avait pu réussir dans le genre du portrait. C'est ce dont on peut se convaincre en jetant les yeux sur les quatre pièces gravées en 1659, deux années après le frontispice des *Remarques*. Ces portraits de 1659 n'ont d'autre mérite que celui d'une excessive rareté, et témoignent de l'infériorité, nous dirions presque l'incapacité de Le Clerc à représenter, à cette époque, la figure humaine [1]. Il suffit de comparer ces portraits à celui d'Abraham Fabert pour être convaincu que ce dernier n'est pas l'ouvrage du graveur messin ; les héritiers de Fabert durent recourir à Michel Lasne pour exécuter un ouvrage que Le Clerc lui-même ne se sentait pas en état de produire. Ce ne fut que beaucoup plus tard que Le Clerc, rompu à toutes les pratiques du graveur, put exécuter avec succès la représentation de la figure humaine. Encore n'y parvient-il que dans les dimensions restreintes d'une gravure de médailles, sans se hasarder à exécuter des ouvrages de la dimension de ceux de Nanteuil, d'Edelinck, de Van Schuppen et autres grands portraitistes de son temps.

Le Clerc, n'est pas de lui ; et, d'autre part, le travail de Ladame n'est pas une copie de ce portrait. Ajoutons qu'il existe, dans la collection de M. Chartener, une très-belle épreuve du frontispice sans aucun portrait au verso.

[1] Exceptons cependant de la sévérité de ce jugement le portrait d'Egon de Furstemberg.

Le Clerc retrouve toute sa supériorité dans les différentes *Messes* dont la première est datée de 1657 (J., 52). Si l'abbé de Vallemont n'a pas parlé de cette charmante production, non plus que de la *Seconde Messe*, exécutée en 1661 (J., 66), c'est qu'il ne lui a pas été donné d'en voir des épreuves satisfaisantes. Il ne paraît avoir connu que la *Troisième Messe*, gravée à Paris (J., 162), dont les épreuves, très-communes, se rencontrent dans toutes les collections, tandis que celles des suites exécutées à Metz, dans les années 1657 et 1661, sont d'une excessive rareté.

Les trois Messes. — Chacune de ces trois suites forme un petit volume, au verso de toutes les pages duquel se trouve une prière en caractères typographiques. Les trente-cinq planches dont chaque suite se compose (le titre forme la trente-sixième dans les deux premières messes), représentent la passion de Jésus-Christ, dont une scène est figurée par un tableau placé sur un autel devant lequel officie le célébrant. Des inscriptions gravées au haut des tableaux en indiquent les sujets, tandis que les inscriptions du bas, également gravées, font connaître la partie de la Messe dont la représentation se trouve figurée, en avant de l'autel et du tableau, dans les différentes positions prises successivement par l'officiant. — Les planches de ces trois suites sont chiffrées dans toutes les éditions. Le titre seul n'est pas chiffré.

Les légendes des six premiers morceaux de la première et de la seconde Messe feront connaître, mieux que notre description, la disposition des doubles sujets représentés dans chaque estampe.

1º Quand le prêtre vient à l'autel. — *Sujet du tableau* : Jésus-Christ ayant l'âme triste, va au Jardin des Oliviers.

2º Au commencement de la Messe. — *Tableau* : Jésus-Christ arrivé au Jardin y fait sa prière.

3º Au confiteor. — *Tableau* : Jésus-Christ prosterné sue du sang.

4º Quand le prêtre baise l'autel. — *Tableau* : Jésus-Christ est trahi par un baiser.

5º Quand le prêtre va du côté de l'épître. — *Tableau* : Jésus-Christ est pris et lié.

6º A l'introït. — *Tableau* : Jésus est mené en la maison d'Anne, etc., etc.

La première Messe est de format petit in-12. La planche du titre, un peu plus grande que celles de la suite, porte ce qui suit dans un ovale : *Tableavx parlants ov sont représentées la passion de N. S. Jésus-Christ et les actions du prêtre à la sainte Messe, Auec des prières en vers correspondantes aux tableaux, par L. Mengin, prestre*[1]. Au bas de l'estampe, on lit dans un cartel en travers : *A Metz, chez Claude Bouchard, libraire, proche la grande église, 1657, avec privilége du Roy.* Sébastien Le

---

[1] Nous n'avons trouvé aucun renseignement sur ce L. Mengin, qui est l'auteur des mauvais vers français gravés au bas du *Profil de Metz.* (Jombert, 1.)

Clerc, f. — Cette inscription est celle du titre de la première édition, dans la seconde le mot *parlants* a été supprimé.

Quoique l'exécution de cette première Messe soit assez faible, elle eut un succès prodigieux. Jombert en a décrit quatre éditions présentant des différences sur le titre, bien que les planches n'aient subi d'autre altération que celle d'un prodigieux tirage. Ces quatre éditions différentes portent les dates de 1657, 1661, 1664 et 1665 ; mais Jombert suppose qu'il y en eut au moins sept ou huit. Ajoutons, à titre de renseignement, que les deux premières éditions donnent seules des épreuves satisfaisantes, et que la seconde contient, en plus de la première, trois pièces relatives à la communion. (J., n° 53.)

Ces trois pièces supplémentaires furent exécutées en 1661, l'année même où parut la seconde édition de la première Messe. Malgré cette addition, il semble que Le Clerc ait été peu satisfait de son premier travail, car, en même temps que Claude Bouchard en publiait la seconde édition, il faisait paraître simultanément la seconde Messe (Jombert, n° 66), qui est un spécimen des chefs-d'œuvre de la première manière de Le Clerc, avant de quitter sa ville natale.

Cette nouvelle publication, de format petit in-8°, est très-supérieure à la première qui cependant parut avoir obtenu un plus grand débit, si l'on en juge par les éditions qui se succédèrent, même après 1661, tandis qu'on ne compte que deux éditions de la seconde Messe, suivies d'un dernier tirage en 1680, mais qui est complétement défectueux. Jombert indique qu'il existe une édition sans date qui serait la première. C'est une erreur. On connaît effectivement des exemplaires avec un titre sans date, mais ils sont exactement semblables à ceux de l'édition datée de 1661. La seule différence entre les deux éditions, qui ont paru sous la même date de 1661, est que la première (la seule bonne), est imprimée en gros caractères, et que chaque prière se termine par *Ainsi soit-il*. Dans la seconde édition, le texte est différent, les caractères sont plus petits et l'*Ainsi soit-il* a disparu.

On peut, à l'occasion de ces trois Messes, remarquer que Le Clerc ne s'est jamais répété en traitant, à trois reprises, les mêmes sujets. Les compositions des tableaux de chacune des trois suites sont entièrement différentes, et dans la seconde, les ornements sont plus riches et plus travaillés que ceux de la première. Son imagination était tellement féconde qu'il lui fut facile de rendre plusieurs fois la même pensée sans jamais se répéter. Bien peu d'artistes sont capables de produire ainsi trois compositions différentes d'après les mêmes données, et cela non pas une ou deux fois, mais sur des planches dont le nombre s'élève à 106 pour les trois suites.

Le Clerc suivit constamment cette méthode dans le cours de sa longue carrière. Il se copia très-rarement ; il aimait peu à travailler d'après les compositions d'autrui ; il se sentait alors gêné et inférieur à lui-même, si ce n'est quand il reproduisait à Paris les dessins de son ami Le Brun.

Après la première Messe, mais avant la seconde, Le Clerc grava *La vie de saint Benoît* en 32 sujets, plus le frontispice et quatre planches de bordures servant de passe-partout. Cette suite intitulée : *Vita et Miracula sanctissimi patris Benedicti*, de format petit in-fol. (J., 57), paraît avoir été gravée pour une vie de saint Benoît dont le texte n'a jamais paru. Le nom de Claude Bouchard ne se voit pas sur le frontispice ; mais il est vraisemblable que le tirage eut lieu dans son atelier.

Très-supérieure à la première Messe, la vie de saint Benoît, quoique fort remarquable, est inférieure à la seconde Messe, et il est très-difficile d'en rencontrer des épreuves satisfaisantes. On répute généralement pour telles celles qui sont tirées sans les bordures. Nous avons vu effectivement plusieurs suites en cet état qui sont très-recommandables. Cependant nous devons dire, contre l'assertion de Jombert, que l'absence des bordures n'est pas toujours un indice de primauté et de supériorité du tirage. En effet les bordures et les sujets étant gravés sur des planches différentes, il a pu y avoir de bons et de mauvais tirages avec ou sans bordures. Néanmoins les épreuves que nous avons rencontrées dépourvues de bordures étaient généralement supérieures à celles qui les contenaient. — Les bonnes épreuves de cette suite, avant les bordures, sont extrêmement rares.

On voit au musée de Bruxelles (n°s 142 à 151), du Catalogue de 1874, dix tableaux de Philippe de Champaigne, représentant différents actes de la vie de saint Benoît qui ont été également traités par Séb. Le Clerc dans la suite dont il vient d'être parlé. Rien n'indique que Sébastien ait eu connaissance des peintures exécutées par le célèbre maître que nous avons comparées avec les eaux-fortes en 1875. En tout cas, l'artiste messin n'a rien emprunté à l'artiste bruxellois, et, dans plusieurs compositions, le graveur n'est pas trop inférieur au peintre.

Dans toutes ces suites, Le Clerc conserve presque toujours un type qui lui est particulier. Rarement il, s'inspire de ses prédécesseurs. Ce n'est que très-accidentellement qu'on le voit imiter Callot (la Bohémienne des *Modes de Metz*, Jombert, 70-16), et Abraham Bosse dans la *Grande destruction de Lustucru* (Jombert, n° 68). Ces pièces sont de rares exemples des imitations que Le Clerc a cru pouvoir se permettre dans sa jeunesse.

Cette dernière estampe est une réparation que Le Clerc devait aux dames de Metz, après les avoir gravement insultées par une gravure satirique connue sous le nom de *Lustucru, ou les hommes vengés*. Le sujet de cette satire est le redressement des têtes féminines acariâtres que Lustucru, *l'opérateur céphalique*, se charge de mettre à bien en les battant sur l'enclume, puis en les polissant à la lime. La vogue de l'opérateur est telle qu'on lui apporte des paniers pleins de têtes ; on voit même, dans le lointain, la mer couverte de vaisseaux chargés de cette étrange marchandise.

Le Clerc sentit lui-même combien cette triste plaisanterie était de mauvais goût, car il n'acheva pas sa planche qui, de son vivant, est demeurée au simple trait. On n'en connaît que deux épreuves dont l'une, incomplète, se conserve au cabinet des estampes de Paris (Jombert, n° 68). Plus tard, la planche vint à Paris, entre les mains de Campion, mauvais graveur, qui la termina et y ajouta des légendes dignes de son travail. Le tout est d'un goût détestable. C'est en cet état qu'on en rencontre des épreuves qui sont loin d'être communes.

Pour détruire le mauvais effet de sa tentative, Le Clerc publia la *Grande destruction de Lustucru, par les femmes fortes et vertueuses* (Jombert, n° 68-2). L'opérateur céphalique est puni d'après la loi du talion, et ce sont des femmes qui brisent sa tête sur sa propre enclume. Ses aides sont battus et chassés. Les femmes envahissent sa boutique ; plusieurs retrouvent leurs têtes accrochées le long des murs et les remettent sur leurs épaules.

Cet essai de caricature, très-éloigné du genre grave de Le Clerc, ne fut pas renouvelé. Cependant on trouve encore un reste d'esprit satirique dans une suite dite les *Modes de Metz* (Jombert, n° 70), différente de celle qui a été publiée à Paris en 1685, avec une dédicace au duc de Bourgogne.

Ces *Modes de Metz* ne sont pas, comme on pourrait le croire, des figures de modes telles qu'en ont gravées Callot, Abraham Bosse, Watteau et Le Clerc lui-même, qui dédia au duc de Bourgogne une suite de ce genre (J., 205). Le vrai titre qui a été donné plus tard par Pierre Landry, éditeur de cette suite à Paris, est : *Divers états et conditions de la vie humaine.* On voit effectivement, dans cette série de vingt pièces, une grande diversité de conditions religieuses ou civiles : le pape, le cardinal, l'abbé, le président à mortier, le marchand, le cabaretier, le ramoneur, le magicien, la bohémienne, etc. Le marchand offre un type israélite très-caractérisé, plus accusé même que celui du Juif qui figure aussi dans la suite.

Le Clerc s'était réservé la propriété de ses planches qu'il remania avant de les céder à Landry[1]. Il en conserva même quelques-unes, au nombre de sept, dont les épreuves, aussi rares que belles, n'ont pas été mises dans le commerce. Les sujets de ces sept estampes, dont Landry n'a jamais possédé les planches, sont : le roi, le chasseur, l'abbé (en manteau court), l'hermite, le cavalier et le gentilhomme. Ces sept pièces ne se trouvent réunies que dans une

---

[1] Les épreuves de la suite non remaniée sont dites : *Aux grands chapeaux*, parce que Le Clerc diminua, à Paris, la hauteur de quelques formes de chapeaux, qu'il trouvait trop allongés. (J., t. I, p. 59, *ad notam.*)

Les épreuves aux grands chapeaux sont toujours avant les mauvais vers ajoutés par Landry. On rencontre quelquefois des épreuves de la suite remaniée dont la lettre a été dissimulée par *un cache,* lors de leur tirage. Sans être aussi rares que les épreuves avant la lettre, celles du tirage de Landry (avec les vers) se rencontrent difficilement.

seule collection, celle que M. Hennin a léguée au cabinet des estampes. Du temps de Jombert, elles appartenaient à M. Paignon-Dijonval[1].

Pendant que Le Clerc était occupé à ces divers travaux, on venait de Nancy, où il n'y avait plus aucun artiste, lui demander de graver des titres de livres et autres ouvrages. C'est à lui que s'adressa un religieux lorrain, le Père Cyrille de la Passion, pour graver le frontispice de son *Traité de la divine sagesse*, imprimé à Nancy en 1658. Jombert, qui connaissait l'estampe, ignorait l'existence de ce livre dont un exemplaire se trouve à Metz, dans les riches collections de MM. le baron de Salis et Chartener.

Ce fut aussi à cause de l'absence complète de graveurs à Nancy qu'on fut obligé de faire remettre en lumière par Le Clerc les compositions préparées par Deruet, pour célébrer le retour de Charles IV dans ses états, en 1641. On devait donner, à cette occasion, des fêtes dont Deruet avait dessiné les machines dans le goût du temps. Mais Charles IV, brouillé de nouveau avec la cour de France, fut obligé de sortir de ses états avant la célébration

---

[1] Une note trop laconique de Mariette (*Abecedario*, t. III, page 107), indique qu'il a vu les *Habillements de diverses nations* en 197 dessins; il (Le Clerc) faisait ces dessins-là pour donner à dessiner à ceux à qui il apprenait. On ignore ce que sont devenus ces dessins. Ceux des *Modes de Metz* en font-ils partie? et Le Clerc aurait-il choisi les meilleurs pour les graver? Cela est assez vraisemblable. En tout cas ces dessins, faits pour des élèves, ont dû être exécutés à Metz, car il n'est pas certain que Le Clerc ait donné des leçons à Paris, si ce n'est, peut-être, avant son installation aux Gobelins.

de ces fêtes ; les dessins de Deruet restèrent en portefeuille. Ils n'en sortirent qu'en 1660 pour être confiés à Sébastien Le Clerc qui exécuta, sur ces dessins, les gravures décorant le très-rare volume, petit in-folio, intitulé : *Triomphe de Charles IV*, Nancy, 1664.

Jombert n'a pas fait preuve de son exactitude ordinaire en décrivant les estampes qui décorent cet ouvrage (n° 71). Il attribue à Le Clerc la totalité des pièces qui le composent, tandis qu'elles lui appartiennent seulement pour partie. Ainsi Jombert donne, sans hésiter, à Le Clerc, la planche représentant le *Palais Ducal* de Nancy. Il suffit de comparer cette pièce à la *Carrière*, du même volume, pour reconnaître que l'une et l'autre appartiennent au même artiste. Or la *Carrière* est signée en toutes lettres *C. Deruet*, et Jombert ne peut le contester ; mais il affirme que les petites figures qui se voient sur cette planche n'en sont pas moins de Le Clerc, alors qu'elles sont incontestablement de Deruet.

L'erreur se perpétue à l'égard du grand portrait de Charles IV. Quoique cette pièce soit signée *Cl. Deruet fecit*, cette signature, dit Jombert, n'empêche pas de mettre cette estampe dans l'œuvre de Le Clerc, parce que la petite vue de Nancy et les autres lointains sont certainement de lui.

Malgré cette assertion, il n'est plus aujourd'hui douteux pour personne que la vue de Nancy et les lointains du portrait de Charles IV sont entièrement de Deruet. Ce qu'il y a d'étrange, c'est que Jombert attribue à Le Clerc une partie de la planche du portrait de Charles IV, où il n'a rien fait, tandis qu'il ne signale pas le travail de l'artiste messin dans une autre partie de la même planche, la figure du prince, qu'il a entièrement refaite.

La vérité est que la planche, *dans son état primitif*, ne présente d'autre travail que celui de Deruet, y compris la vue de Nancy et les lointains. Mais il est également vrai que, lors de la publication du *Triomphe de Charles IV*, la planche de Deruet est venue entre les mains de Le Clerc, qui fut chargé de vieillir la tête du prince représenté plus jeune de vingt-quatre ans environ, dans le travail primitif. Il fut également chargé de lui ajouter une perruque à la mode de 1660 [1].

Enfin Jombert attribue encore à Le Clerc une planche de bataille (celle de Nordlingen, t. I, p. 72), qui est également de Deruet, car elle est signée par lui, et tout à fait dans sa manière [2].

---

[1] Voy., sur les différents états des pièces faussement attribuées à Le Clerc, nos *Recherches sur Deruet*. Paris, Dumoulin, 1854, in-8º.

[2] Ce n'est pas seulement Jombert qui s'est trompé, à l'égard de Deruet, dont le nom a été souvent estropié par les écrivains de l'histoire de l'art. Plusieurs l'ont confondu avec l'un des graveurs qui ont illustré le nom de Drevet. Deruet n'a pas d'article dans les Biographies générales. La seule qui parle de lui est celle de Michaud. (Art. Lorrain, Claude). On lit dans la première édition de cet ouvrage qu'en 1625, Claude Lorrain revint dans sa patrie où *Charles Dervent*, peintre du duc de Lorraine, se servit de lui pendant un an pour peindre l'architecture de l'église des Carmes

Mais Le Clerc ne voulut laisser à personne le soin de graver, en 1665 (Jombert, n° 73), le plan du siége de Metz, fait par Charles-Quint, en 1552, que l'éditeur Collignon lui avait demandé pour décorer la réimpression de l'ouvrage de Bertrand de Salignac devenu excessivement rare. Le Clerc se servit sans doute du plan qui accompagne l'édition originale ; mais il ne le reproduisit pas servilement et y fit d'heureuses améliorations.

En suivant ainsi pas à pas, et d'après l'ordre chronologique, les travaux et les progrès de l'artiste

à Nancy. La vérité est qu'il s'agit de Claude Deruet, et que *Charles Dervent* est un nom imaginaire. L'erreur continue dans la seconde édition de la *Biographie*, et elle a été reproduite par M. Villot (*Catalogue des Musées du Louvre*, p. 135), où, après avoir dit, comme la *Biographie*, que Claude Gellée est né au château de Chamagne (il n'y a jamais eu de château à Chamagne), ajoute qu'un de ses parents lui fit connaître à Nancy *Charles Dervent*, peintre du duc Henry de Lorraine..., etc. Ce qui est plus singulier, c'est que M. Villot signale l'artiste imaginaire Charles Dervent comme un peintre dont le Musée du Louvre ne possède pas de tableaux. On peut être certain qu'il n'en possédera jamais.

L'erreur une fois produite se perpétue, et nous lisons dans le *Catalogue des Musées de La Haye*, imprimé en 1874, une notice sur Claude Gellée, où l'on retrouve l'inévitable et fantastique château de Chamagne et le non moins fantastique *Charles* DERVENT, dont le nom est imprimé en petites capitales pour bien appeler l'attention du lecteur.

Ceci montre combien nos artistes lorrains sont peu connus, même en France. Cependant ils mériteraient de l'être davantage. Tout au moins doit-on désirer que quand on parle d'eux ce soit avec exactitude. Ces erreurs sont d'autant plus étranges que la vérité sur Deruet et sur ses ouvrages a été dite, il y a plus de vingt-cinq ans, par M. de Chennevières, par M. Beaupré, par M. Lepage et par nous-même ; mais il paraît que nous n'avons pas eu le bonheur d'être lus par les faiseurs de biographies et de catalogues.

messin dans sa ville natale, nous touchons au moment où il va s'exercer sur un plus grand théâtre. On ne peut, en effet, se dissimuler que les œuvres de l'art, tant qu'elles sont exécutées dans un milieu éloigné d'une capitale, en l'absence de toute rivalité et de la comparaison qu'elle entraîne, ne suffisent pas à consacrer la réputation de leur auteur.

Presque tous les grands peintres ont vu l'Italie. Le Sueur, seul, n'y alla jamais; mais il avait sous les yeux assez de chefs-d'œuvre provenant de la terre classique des arts pour qu'il pût produire les toiles immortelles où se reflète d'une manière si puissante l'union du goût français au goût italien.

Quant à Le Clerc, il n'avait pas besoin de visiter l'Italie, où les productions de la gravure étaient alors inférieures à celles de la France. Il lui suffisait de s'établir à Paris pour acquérir ce qu'il lui manquait encore.

Toutefois, avant de quitter Metz, il grava encore quelques-unes des eaux-fortes qui décorent le livre de Jean Brioys intitulé : *Nouvelle manière de fortification*, publié en 1666 à Metz, aux frais de l'auteur (J., n° 75). Ces gravures sont plus rares que belles. Jombert s'est trompé en les attribuant toutes à Le Clerc. Plusieurs ont été évidemment exécutées par une main beaucoup moins habile, peut-être celle de Brioys lui-même qui, dans tous les cas, en a dessiné au moins une qu'il a signée *J. Brioys, inu*.

Malgré la date de 1666 qui est celle de l'impression de ce rare volume, il est certain que celles des gravures de Le Clerc qui le décorent ont été exécutées plusieurs années auparavant.

Deux titres ont été gravés pour cet ouvrage : Le premier représente Minerve assise, tenant une lance de la main droite. Une banderole, soutenue par deux génies, se déploie dans le haut ; derrière cette banderole, une renommée indique le titre suivant qui s'y trouve gravé : NOUVELLE MANIÈRE DE FORTIFICATION | *composé par Iean Brioys Ingenieur du Roy* | *Pour la Noblesse Françoise* | *avec privilege de Sa Majesté.* Ce frontispice anonyme, dont nous n'avons vu qu'une seule épreuve chez M. Chartener, n'est pas de Séb. Le Clerc. Il paraît avoir été gravé pour décorer un certain nombre d'exemplaires du livre de Jean Brioys.

Le second titre, moins rare que le premier, ce qui ne veut pas dire qu'il soit commun, est de Séb. Le Clerc. Il représente Minerve debout conduisant un guerrier, casqué et cuirassé, vers un plan de fortification qu'elle soutient de la main droite, dans laquelle se trouve la hampe d'un drapeau qui se déploie dans le haut avec l'inscription suivante : NOUVELLE MANIÈRE DE FORTIFICATION | *Composée pour la Noblesse Françoise* | *Par Jean Brioys Ingénieur et* | *Géographe Ordinaire du Roy.* | *avec privilege de Sa Majesté.* (Morceau anonyme.)

Les études dans l'art de la fortification étaient poursuivies tout à la fois par Jean Brioys et par Le Clerc, qui réunirent leurs talents dans la *Nouvelle manière de fortification*, dont le texte appartient à Brioys. Quoique Sébastien Le Clerc n'ait produit à Metz aucun travail analogue, il fut cependant, dès 1660, préféré à son futur collaborateur pour occuper la charge d'ingénieur géographe, qui lui fut conférée par le maréchal de la Ferté [1]. « Ce fut par son ordre, dit l'abbé de Vallemont, qu'il leva les plans des principales places du gouvernement du pays Messin et du Verdunois [2].

» Ayant parfaitement réussi à faire le plan de Marsal, dont le roi (Louis XIV) pensait à démolir les fortifications, il se piqua de ce qu'on avait envoyé ce plan à la cour sous le nom d'un ingénieur, à la vérité plus vieux que lui, mais qui, depuis quelques années, n'était plus capable d'agir. »

Reconnaissant qu'il se plaignait inutilement, il abandonna cet emploi où il ne voyait aucun avantage ni pour sa fortune ni pour sa réputation. Tel est le motif que l'abbé de Vallemont assigne à la résolution prise en 1665 par Sébastien Le Clerc de se fixer à Paris. Il y en eut peut-être un autre dont aucun biographe ne fait mention et qui se joignit à celui ci-dessus signalé pour l'engager à se démettre de ses fonctions d'ingénieur.

---

[1] Il s'agit ici de Henri de la Ferté de Senneterre ou Sennecterre, dont Sébastien Le Clerc avait gravé le portrait en 1659. (Jombert, n° 58). Sa seconde femme, Madeleine d'Angennes, fut célèbre par ses galanteries, et ses prouesses amoureuses remplissent les romans-pamphlets publiés pendant la seconde moitié du XVIIe siècle. En faisant la part de l'exagération dont ces écrits sont empreints, il reste encore trop de vérités.

[2] On ignore ce que sont devenus les plans levés par Sébastien Le Clerc ; ils n'ont jamais été publiés. Ce fut beaucoup plus tard qu'il dessina et grava à l'eau-forte la belle planche représentant la reddition de Marsal (Jombert, n° 174), qui fut terminée au burin par Ch. Simonneau.

Nous avons vu qu'il devait ce titre au maréchal de la Ferté, gouverneur du Pays Messin, dont l'avarice proverbiale est attestée par les contemporains. Avant d'être pourvu du gouvernement de Metz, il avait succédé à M. de Lenoncourt dans le gouvernement de Nancy, vers 1643. Une députation des bourgeois de Nancy lui ayant fait présent, à son arrivée dans la capitale de la Lorraine, d'une bourse de jetons d'or, où ses armes étaient gravées d'un côté et de l'autre l'effigie de la ville. *Qu'est-ce ceci ?* dit-il. On lui répondit que c'était Nancy. — « Quoi, une si petite empreinte pour une si grande ville ! Faites-moi faire des jetons plus gros et vous verrez que je la reconnaîtrai mieux. » (M. d'Haussonville. *Hist. de la réunion de la Lorraine à la France*, 2ᵉ éd., p. 175, d'après l'Histoire mss. de Charles IV, par Guillemin.)

Les auteurs qui rapportent cette anecdote en racontent une autre qui concerne la ville de Metz et qui témoigne du goût du maréchal de la Ferté pour les riches cadeaux. A son entrée dans cette ville, les chefs de la synagogue avaient demandé à lui présenter leurs hommages. « Je ne veux pas, dit-il en colère, voir ces marauds-là ; ce sont eux qui ont fait mourir mon maître. » — Mais quand on lui eut appris qu'ils apportaient un présent de 4000 pistoles. « Ah ! faites-les entrer, dit-il, après tout ils » ne le connaissaient pas quand ils l'ont crucifié. »

Ces témoignages sont confirmés par le marquis de Beauveau, contemporain du maréchal de la Ferté et qui, dans ses Mémoires, en trace le portrait suivant :

« M. de la Ferté, ayant une furieuse avidité pour les richesses, n'oublia, pendant près de vingt ans que dura son gouvernement (en Lorraine), ni invention de contributions, ni rigueur pour épuiser le plus pur sang, non-seulement du pauvre peuple, mais de ceux qui pouvaient en avoir de reste dans les veines, c'est-à-dire des nobles qui n'étaient pas encore réduits à la misère comme le peuple. »

En présence de ces révélations de l'avarice du maréchal de la Ferté, est-il téméraire de supposer que s'il aimait beaucoup à recevoir, il aimait moins à récompenser les services de ceux qu'il employait! Il est donc tout à fait vraisemblable que Sébastien Le Clerc tenait peu à travailler pour un semblable personnage, et qu'il abandonna sans regret une position où il ne trouvait ni honneur, ni profit.

Lorsque Sébastien Le Clerc, mécontent du maréchal de la Ferté, quitta Metz à l'âge de vingt-huit ans, il avait déjà acquis, par son travail, une certaine aisance. Les idées d'ordre et d'économie, qu'il conserva toute sa vie, étaient pour ainsi dire innées chez lui, et il les pratiqua dès son jeune âge. La preuve de ce fait nous a été récemment révélée par M. J. J. Guiffrey, auquel on doit la publication, dans les *Nouvelles archives de l'art français* (1872, p. 317), du partage des biens de l'illustre graveur qui eut lieu, entre ses enfants, après le décès de leur mère, en juillet 1736. Au nombre de ces biens se trouve une maison située à Metz, acquise, selon toute probabilité, peu d'années avant 1665, époque du départ de Sébastien Le Clerc pour Paris. Cette maison n'était pas bien considérable, et elle dut être payée, au moins en partie, avec les économies du jeune artiste dont le père vivait encore.

Le prix d'acquisition n'est pas connu ; mais nous savons, par le partage de 1736, qu'elle était louée 90 livres et que, depuis, elle a été revendue par la veuve de Sébastien Le Clerc moyennant 2000 livres, ce qui équivaut à plus de 6000 francs d'aujourd'hui. Il serait intéressant de retrouver à Metz, sinon cette petite maison, du moins son emplacement ; mais le fil conducteur de cette recherche fait absolument défaut.

En terminant le récit de la période entièrement messine de la vie de Sébastien Le Clerc, nous devons rectifier une erreur échappée à dom Pierron, et reproduite par plusieurs biographes.

On lit à la page 143 du *Templum metensibus sacrum*, à la suite des vers consacrés à Le Clerc :

> *Tanti clara viri documenta secutus, et ipse*
> NAUCRETIUS *laudemque sibi nomenque paravit.*
> *Ut blandos vivosque adhibet, miscetque colores !*
> *Ut cunctos animi sensus, atque œmula vivis*
> *Exprimit ora ! fere egregiis natura tabellis*
> *Invidet ; et celebri quantum olim Cypris Apelle ;*
> *Tantum* NAUCRETIO *Pallas nunc picta superbit.*

Ce que l'auteur lui-même traduit ainsi, pour la commodité du lecteur, brouillé avec le latin : « Naucret fut le disciple de ce grand maître (Séb. Le Clerc). Fidèle à suivre ses leçons, il se fit la réputation la plus brillante. Que son coloris est vif et agréable ! comme il exprime les différents sentiments ! Ses portraits sont parlants, et l'art y paraît l'emporter sur la nature. Minerve[1] n'a pas moins d'avantage d'avoir été peinte par cet habile homme, que Vénus de l'avoir été par le célèbre Apelle. »

Puis l'auteur ajoute en note : « *Naucret, peintre messin, fut disciple de Le Clerc;* il mourut en 1672 recteur de l'Académie de peinture et sculpture. Il reussissoit parfaitement dans le portrait. On a beaucoup gravé d'après Naucret ; il a peint aux Thuilleries la reine Marie-Thérèse, sous la figure de Minerve. »

L'estimable bénédictin aurait pu s'épargner les exagérations de sa poésie laudative s'il avait fait la moindre recherche en dehors de Metz. Il lui suffisait de consulter ou de faire consulter les registres de l'Académie de peinture dont Nocret (et non Naucret) était membre, comme le dit dom Pierron. Voici ce qu'il y aurait lu ainsi que l'a fait M. Dussieux : « Nocret (Jean), peintre d'histoire, né à Nancy ; mort à 55 ans, le 12 novembre 1672[2]. » Ces deux lignes auraient forcé le bon bénédictin à retrancher du Panthéon messin son *Naucret*, qui est bien le même que le Nancéien Nocret. Un peu de réflexion, et l'impitoyable logique des dates auraient pu, d'ailleurs, le conduire à reconnaître l'impossibilité absolue que Sébastien Le Clerc ait été le maître de Nocret.

[1] Allusion aux portraits de la reine Marie-Thérèse en Minerve, dont plusieurs décoraient les Tuileries et n'ont péri qu'en 1871.
[2] Archives de l'art français, t. 1er, p. 561.

La vérité est que ces deux artistes ne se sont connus qu'à Paris, alors que Nocret était membre de l'Académie, dès 1663, c'est-à-dire avant l'arrivée de Le Clerc à Paris, et bien avant que ce dernier ait fait partie de ce corps illustre où il ne fut admis qu'en 1672, l'année même de la mort de Nocret.

Un simple rapprochement de dates aurait suffi pour dissiper l'erreur. Les registres de l'Académie prouvent que Nocret avait cinquante-cinq ans, lorsqu'il est mort en 1672. Il était donc né en 1617, et non en 1612 comme l'indiquent certains biographes. Il avait par conséquent vingt ans de plus que Sébastien, né en 1637. Si Le Clerc a donné des leçons de dessin aux dames de Metz dès l'âge de douze ans, il n'est pas admissible que cet enfant ait enseigné, non la peinture qu'il ne savait pas, mais le dessin à un homme de trente-deux ans. Outre cette impossibilité morale, il y a une impossibilité physique. Nocret vint à Rome fort jeune, probablement à l'âge de seize ans. Dans tous les cas, les lettres de Nicolas Poussin le montrent déjà occupé comme peintre en 1643 (il avait alors vingt-six ans et Le Clerc six ou sept). A cette époque, il avait été chargé de faire, pour M. de Chantelou, des copies qu'on lui payait fort cher et dont Poussin surveillait l'exécution.

Si notre Sébastien n'a pu être le maître de Nocret, il est très-possible et même vraisemblable que ce dernier ait reçu, à Nancy, les premières notions de dessin et de peinture d'un autre artiste nommé Jean Le Clerc, qui n'a de commun que le nom avec le graveur messin. Jean Leclerc avait travaillé en

Italie, surtout à Venise, avec le plus grand succès, et une de ses immenses toiles se voit, encore aujourd'hui, dans la grande salle du palais des doges.
— C'est vraisemblablement la similitude des noms qui a dû égarer dom Pierron, dont les erreurs ont été fidèlement reproduites par ses copistes.

APPENDICE AU CHAPITRE Ier.

PIÈCES GRAVÉES A METZ QUI N'ONT PAS ÉTÉ CONNUES PAR JOMBERT.

Parmi les pièces dont nous allons parler, quelques-unes sont sans date et peuvent être antérieures à 1655. La dernière est datée de 1661.

I. — Un jeune prince paraissant âgé de onze ou douze ans (peut-être Louis XIV) est représenté en pied avec de très-longs cheveux, la main gauche appuyée sur la hanche ; de la droite il fait partir un pistolet. On lit à la droite du bas *S. le Clerc f.*

Cette eau-forte, qui nous paraît être contemporaine du Profil de Metz (J., n° 1), n'est connue que dans la magnifique collection d'estampes rassemblée par M. le baron Edmond de Rothschild.

II. — Un petit saint Nicolas, gravé tout à fait dans le même goût et les mêmes dimensions que la *sainte Barbe* (J., n° 13).

III. — Parmi les pièces dont il nous reste à parler, une seule est datée de 1658. Nous ne l'avons pas vue, mais son existence est attestée dans les termes suivants par une lettre de feu M. de Fienne, qui paraît en avoir possédé la planche : « L'une des planches que je possède représente le père de Sébastien, en pied, avec cette légende : *Gratus filius honorabili et bono patri S. le Clerc f. 1658.* »

IV. — Nous n'avons pas vu davantage un *sanctus Bercharius* mentionné également par M. de Fienne dans une lettre adressée à M. Chabert et publiée par lui dans les *Mémoires de l'Académie de Metz* (1857-1858, pages 509 et 510). — Cette planche ne paraît pas être la même que celle représentant le même saint dont M. Chabert a fait tirer des épreuves qui ont été insérées dans le même volume. On connaît d'anciennes épreuves de cette dernière planche dont la description se trouve dans Jombert, n° 48.

V. — Nous connaissons une pièce exécutée dans le même genre, mais peut-être antérieure au saint Berchaire dont il vient d'être parlé. Elle représente *Jésus-Christ recevant le cœur de sainte Gertrude agenouillée devant lui.* Le Christ est debout, à droite ; il s'incline pour recevoir le cœur de Gertrude. Une banderole posée sur l'épaule de Gertrude et qui se déroule vers le haut de l'estampe porte cette légende : *Deliciæ meæ in sacramento Altaris, et in corde Gertrudis.* La pièce est entourée d'une bordure de fleurs gravée dans le goût du saint Berchaire n° 48. Entre la bordure et la terrasse on lit, sur une seule ligne : *Sancta Gertrudis Elpidiona ordinis*

S. Benedicti abbatissa; et sur la terrasse, sous les pieds du Christ, *le Clerc.*

Haut., 135 millim.; larg., 98 millim.

VI. — La pièce suivante est datée de 1661. Elle représente saint Eustase exorcisant un possédé sur les fonds baptismaux. Au bas, dans un cartouche rectangulaire, on lit l'inscription suivante en sept lignes : *St Eustase Abbé Benedictin et Patron de L'Abbaye des Religieuses Bene- | dictines de Vergauille en laquelle reposent ses sacrées Reliques, y operent journe | lement plus^r miracles et guerisons extraord^{res} et deliurance des Energu | menes, possédés et autres malades trauaillés de Sortileges. Cette Abbaye a été reformée en | l'an 1633 par le zele et la pieté de très illustre et vertueuse D^e Madame Dieudonné de Li- | gneuille Tantonville qui en est encore présentement Abbesse, à laquelle Séb. le Clerc dedie la présente | en faueur des deuots pelerins qui prieront Dieu pour elle et pour sa maison 1661.*

Haut., 168 millim.; larg., 103 millim.

Nota. — On est loin de connaître toutes les pièces gravées à Metz par Séb. Le Clerc. Plusieurs planches ont été détruites; d'autres ont été conservées dont on ne connait que des épreuves modernes. C'est en cet état qu'on rencontre quelques-unes des pièces décrites dans cet Appendice. Nous ne connaissons, en épreuves anciennes, que le petit prince tirant un coup de pistolet (*supra* n° I), la *Gertrude* (*supra* n° V) et le petit *saint Nicolas* (nº II), lequel n'existe que dans notre collection et paraît faire partie d'une suite plus considérable dont, avec le temps, on finira peut-être par retrouver quelques pièces.

CHAPITRE II.

TRAVAUX DE LE CLERC A PARIS AVANT SON MARIAGE.

Arrivée de Sébastien Le Clerc à Paris. — État des arts à cette époque. — Lebrun conseille à Le Clerc d'abandonner le génie militaire et de se consacrer à la gravure. — Il travaille pour les libraires. — Il devient graveur officiel et pensionnaire du roi ; son élection à l'Académie en 1672 ; il est logé aux Gobelins et célébré par Marolles. — Son mariage.

1665-1673.

Travaux cités. (*Les numéros renvoient au Catalogue de Jombert.*)

Psautier de Dumont (Jombert, 74) ; les Gonds de pierre (79) ; Trois estampes d'armes et de chiffres (81) ; la Cour d'amour (82) ; Cléopâtre (83) ; les Tireurs de Nantes (86) ; Devises pour les tapisseries (88 et 98) ; Fleuron allégorique de Jason à la louange de Louis XIV (89) ; la Promenade de Saint-Germain (91) ; la petite Géométrie (92 et 100) ; Histoire sacrée en tableaux (93, 94 et 116) ; Prières du matin et du soir (95) ; Bible de Royaumont (96) ; Histoire de l'empire ottoman (97) ; Tapisseries du Roi (98) ; Médaille du père Souhaitty (99) ; Histoire naturelle (101, 122, 230) ; Mesure de la terre par Picart (102) ; Vignette aux quatre enfants (103) ; Problèmes d'architecture de Blondel, faussement attribués à Le Clerc (106) ; Mausolée du chancelier Séguier (105).

Les plus grands succès attendaient Sébastien Le Clerc à Paris, où il arriva, comme nous l'avons dit, à la fin de 1665, déjà fortifié par d'excellentes études. « A d'heureuses dispositions, dit Mariette (*Abecedario*, t. III, p. 98), il joignait une envie insatiable d'apprendre ; aucune des sciences ne lui échappa. Géométrie, physique, perspective, architecture, for-

tifications, il les étudia toutes et s'y rendit habile. »
— En arrivant à Paris, il apportait plusieurs planches gravées à Metz et dont la publication eut quelques succès ; mais il comptait moins mettre à profit son talent de graveur que sa science d'ingénieur. — L'abbé de Vallemont et Jombert disent qu'il « vint à Paris dans l'espérance de s'avancer dans le génie. » Cet espoir fut déçu ; notre artiste ne réussit pas à être ingénieur ; mais il devint un graveur merveilleux, grâce à un concours de circonstances que nous allons retracer.

A la fin de l'année 1665, Charles Le Brun tenait le sceptre des arts à la cour de France. La grande école de peinture qui avait illustré le règne de Louis XIII et la minorité de Louis XIV, n'existait plus. Le Sueur était mort depuis dix ans. La tombe de Nicolas Poussin était à peine fermée ; Philippe de Champaigne, plus que sexagénaire, n'avait que quelques années à vivre ; les disciples de Simon Vouët végétaient dans l'obscurité ; il ne restait plus que deux grands peintres : Mignard et Le Brun. Ce dernier était particulièrement apprécié par le grand roi, et quoi qu'il fût très-inférieur à son illustre maître, Nicolas Poussin, sa grande manière, sa propension vers l'héroïque étaient tout à fait dans les goûts du souverain. Aussi était-il l'intermédiaire obligé entre le prince et les artistes. Le Clerc lui fut présenté ; il examina ses productions, et, comme il était connaisseur, il sut les apprécier. Il reconnut dans l'artiste messin, non-seulement un habile graveur, mais aussi un compositeur à imagination féconde, dessinant à merveille, et sa protection fut acquise au jeune artiste qui, dès ce moment, renonça complétement au génie militaire pour se livrer exclusivement à la gravure à l'eau-forte.

Les premières planches publiées, après l'arrivée de Sébastien Le Clerc à Paris, sont tellement semblables à celles qu'il avait exécutées à Metz, qu'on pourrait supposer qu'elles avaient été commencées dans cette ville. Cette supposition est fondée quant à la suite gravée pour Brioys (Jomb., n° 75), qui fut certainement exécutée et publiée à Metz en 1666[1]. Il est également certain qu'un grand nombre de planches de la petite Géométrie, publiée seulement en 1669 (Jomb., 92), ont été commencées à Metz. Tous ces ouvrages présentent la plus grande analogie avec ceux qui datent des premières années de la vie parisienne de notre artiste, comme par exemple : Le *roi David* pour le *Psautier de Dumont* (Jomb., 74) ; les *Gonds de pierre* (79) ; la *Chapelle de Sainte-Catherine à Stockholm,* improprement appelée le tombeau du roi de Portugal (J., 6), voyez ce que nous avons dit *supra*, chapitre 1er ; *Trois estampes d'armes et de chiffres* (81) ; sept pièces pour la *Cour d'amour de du Perret* (J., 82) ; douze autres pour l'*Abrégé du roman de Cléopâtre* (J., 83), etc. Ce ne fut qu'en 1668 que Le Clerc commença à modifier sa manière en

---

[1] Malgré la date de 1666 qui se lit sur le livre de Brioys, il est certain que les planches de Le Clerc qui s'y trouvent ont été exécutées avant 1665 à Metz et non à Paris.

gravant la grande et belle estampe pour les *Chevaliers de l'Arquebuse de Nantes* (Jomb., 86).

L'extrême rareté de cette pièce rend difficile la vérification du changement que nous signalons et qui est tout à l'avantage de l'artiste. Cette rareté est due au tirage excessif de la planche dont les épreuves étaient distribuées, tous les ans, aux Chevaliers de l'Arquebuse et par conséquent perdues. Ajoutez que cette belle composition ayant été gravée sur un cuivre mou, la planche, promptement ruinée, ne fournissait plus que des épreuves tellement faibles qu'on l'abandonna. Quand elle fut retrouvée, beaucoup plus tard, elle eut encore à subir les maladroites retouches d'un ignorant nommé Garreau. En cet état, quoiqu'elle ne donne plus que la composition, on en recherche encore les très-rares épreuves portant la date presqu'effacée de 1708.

Ce travail était, jusqu'alors, le seul qui n'eût pas été exécuté pour le compte des libraires parisiens. C'était eux, en effet, qui faisaient gagner à Le Clerc le pain de chaque jour, et ses charmantes estampes ne contribuaient pas peu au débit de leur marchandise.

Ce fut encore un éditeur, mais qui était en même temps un artiste, le miniaturiste Bailly[1], qui vint commander à Le Clerc un ouvrage très-important.

---

[1] Jacques Bailly, de Gracey en Berry, peintre en miniature, membre de l'Académie de peinture, mort le 2 septembre 1679, âgé de 50 ans. (Liste des membres de l'Académie, par Reynès, publiée par M. Duplessis, p. 13.)

Bailly venait de terminer, en 1668[1], les dessins des devises pour les Tapisseries du roi. Il les fit graver par Le Clerc, qui s'en acquitta si bien que Le Brun lui confia plus tard l'exécution des huit grandes planches qui reproduisent les compositions représentant les saisons et les éléments (Jomb., 88 et 98). Nous ne donnons pas ici la description de ces devises, elle se trouve dans Jombert. Mais quoiqu'il ait indiqué quelques différences dans cette suite, il en existe d'autres que nous allons signaler en suivant l'ordre des numéros adoptés pour sa description.

Nos 88. — 5 et 6. — Il y a eu certainement deux planches différentes pour cette devise. La première est très-supérieure à la seconde, et l'on s'explique difficilement qu'elle n'ait pas été employée. Peut-être Le Clerc s'était-il écarté du dessin un peu lourd de Bailly, reproduit fidèlement dans la seconde planche; peut-être la gravure de la première a-t-elle été jugée trop légère pour résister à un nombreux tirage? Quoi qu'il en soit, il est certain qu'elle n'a pas été employée et que les épreuves en sont extrêmement rares.

88. — 8. On connaît deux états de cette planche :
1. Le fond est blanc, derrière le dragon, dans le bas.

---

[1] Cette date de 1668 est celle de la première édition des Devises, dont il y eut plus tard d'autres éditions, notamment celle de 1669, exécutée à l'imprimerie royale. Nous avertissons, une fois pour toutes, que, pour cet ouvrage, ainsi que pour ceux que nous aurons à citer ultérieurement, c'est toujours les dates des éditions originales que nous reproduisons.

II. Ce fond est garni de points ; en outre, plusieurs travaux ont été ajoutés à la guirlande, par en bas à gauche.

88. — 15. On connaît deux états de cette planche :
I. Avant les travaux dont nous allons rendre compte et qui caractérisent le second état.

II. L'ombre, à droite, sous la vasque, a été étendue par des traits horizontaux et d'autres travaux qui l'accentuent plus fortement ; en outre, les ombres ont été prolongées sur les filets, principalement au milieu, aux environs de l'anneau au milieu de la vasque ; enfin, des traits horizontaux ont été ajoutés en avant du jet d'eau.

Le Clerc a gravé, probablement pour cette suite, une pièce *anonyme* qui est tout à fait dans le goût des *Devises*, mais qui n'a pas été employée dans le livre. Voici la description de cette pièce inconnue à Jombert, qui n'existe, à notre connaissance, que dans la collection de M. le baron Edmond de Rothschild.

Le sujet est renfermé dans une espèce de store ou rideau déployé et retenu, à droite et à gauche, par des nœuds qui se voient au haut de l'estampe. Au milieu du haut, Mercure, dont on n'aperçoit que la tête et les épaules, déploie une seconde draperie sur laquelle une tête rayonnante d'Apollon verse des flots de lumière. Plus bas, à gauche, Junon et Cérès sont assises sur des nuages, en arrière d'un paon. Au-dessous de ces divinités sont le Temps et Neptune dont le coude gauche s'appuie sur un dauphin. A droite sont quatre autres figures mythologiques également assises sur des nuages. — *Morceau anonyme.*

Hauteur, 202 millim.; largeur, 158 millim.

Dans cette même année 1668, Le Clerc exécuta, pour l'abbé de Brianville, un magnifique *fleuron allégorique à la louange de Louis XIV* (Jomb., 89). Cet abbé, qui sollicitait sans doute quelque faveur à la cour, avait imaginé de comparer à Jason le jeune conquérant de la Flandre et de la Franche-Comté, et de mettre le monarque français bien au-dessus du conquérant de la Toison d'or.

Si l'idée est de Brianville, l'exécution de la composition appartient à l'artiste de Metz, ainsi que l'atteste sa signature suivie des mots : *in et fecit.* Le centre de cette eau-forte représente un trophée. On y voit la Toison d'or traversée par une épée gigantesque. Dans le haut, sont des lions et l'arbre du jardin des Hespérides gardé par un dragon ; le tout est surmonté d'une banderole avec cette inscription : ET MAJOR JASONE VINDEX. — Le rapport entre Jason et Louis XIV est indiqué au bas de la composition où l'on voit des drapeaux, des enseignes du dix-septième siècle, des canons et une mêlée de soldats au milieu desquels le roi, armé à l'antique, met en fuite ses ennemis. Enfin, sur l'envers d'une peau de bélier, dont on aperçoit la tête et les pieds, se lisent ces six mauvais vers, signés de Brianville :

Des Monstres surveillans tromper la Vigilance,
Des Monstres foudroians domter la violance (sic)*,*
Aux Enfants de la Terre enleuer la toison,

Et dans les champs de Mars éterniser sa Gloire;
Si ce fut dans la Fable un conte pour Jason,
C'est une vérité pour LOUIS dans l'Histoire.

L'abbé de Vallemont (p. 65) trouve qu'il y a beaucoup d'esprit dans ces vers. Il n'est, en vérité, pas difficile.

Cette jolie pièce, dans laquelle la pointe de Le Clerc est égale, sinon supérieure, à tout ce qu'il avait fait jusqu'alors, montre quel était le goût du temps où ces fadaises étaient remarquées presqu'à l'égal des ouvrages de Molière, de Corneille et de Racine. Il n'est pas impossible que la triste poésie d'Oronce de Brianville n'ait été pour quelque chose dans l'avancement de la fortune de Le Clerc.

Du reste, cet artiste infatigable avait toujours plusieurs ouvrages sur le chantier, et il aimait à revenir à ses propres compositions qu'il gravait avec amour, de préférence aux planches destinées à reproduire les pensées d'autrui. C'est ainsi que, tout en travaillant à la *promenade de Saint-Germain*, par Louis le Laboureur (J., 91), et au commencement de l'*Histoire naturelle*, dont nous parlerons plus loin, il parvint à terminer les 82 planches de sa petite *Géométrie* (J., 92) qui eut un succès prodigieux, ainsi que l'atteste l'abbé de Vallemont dans les termes suivants : « Ce fut vers ce temps-là qu'il acheva sa petite *Géométrie pratique* qu'il avait fort avancée à Metz et qui fut imprimée à Paris en 1668, avec des ornements très-agréables pour lesquels ceux-là même que la géométrie ne touche point recherchent tous les jours ce livre. En effet, rien n'est plus intéressant que près de 82 petits paysages ornés de morceaux d'architecture et qui sont dessinés et gravés d'une correction et d'une force où l'art paraît épuisé. Cette géométrie pratique fut réimprimée en 1682. Les curieux d'estampes sont pour la première édition, où les figures sont plus vives et plus noires.

» Cet ouvrage fit tout l'effet que l'auteur en devait espérer. Il fut reçu du public avec applaudissement; et à la cour, ceux qui sont amateurs des beaux-arts, s'intéressèrent fortement à retenir M. Le Clerc en France. »

L'abbé de Vallemont est dans le vrai, lorsqu'il dit que la première édition achevée en 1668, mais qui porte la date de 1669, est préférable à celle de 1682. Nous ajouterons que c'est la seule bonne, et qu'il est difficile d'en rencontrer des exemplaires bien conservés. On conçoit qu'il doit en être ainsi, puisqu'il s'agit d'un livre élémentaire destiné à l'éducation et par suite exposé aux plus étranges fatigues. Ajoutez que l'édition de 1669 fut, elle-même, tirée à un très-grand nombre d'exemplaires, et qu'il est souvent nécessaire de choisir les épreuves dans plusieurs. Jombert (t. I, p. 104 *ad notam*) donne sur ce joli livre les détails suivants: « M. Le Clerc a commencé les gravures de cet ouvrage en 1664, étant encore à Metz. Il s'en est perdu quelques planches dans le voyage qu'il fit de Metz pour venir s'établir à Paris, telles que celles des n°s 104 et 105 qui n'ont jamais servi dans le livre, n'y ayant même aucune démonstration de gravée au-dessus du sujet. Aussi les épreuves en sont-elles *rarissimes*.

» La première édition de ce livre, achevée d'imprimer le 16 novembre 1668, porte l'année 1669. Aux premiers exemplaires de cette édition, on voit deux planches qui, ayant été perdues, ont été remplacées par deux autres : ces deux planches *rarissimes* sont le pêcheur à la ligne (n° 31 de la suite) et la femme vue par le dos un panier au bras (n° 61, id.).

» La seconde édition, imprimée aussi chez Thomas Jolly, a paru en 1682 avec dix nouvelles planches, dont trois tirées du *Discours sur le point de vue;* la troisième édition a été faite en 1700, chez Jean Jombert, avec sept nouvelles planches. »

Ainsi, il y a effectivement trois éditions de la petite Géométrie et non pas deux seulement, comme l'indique l'abbé de Vallemont. Si les épreuves de la seconde sont mauvaises, celles de la troisième sont détestables, à l'exception de celles provenant des sept planches nouvelles que fit graver le grand-père de Jombert, et que les amateurs ajoutent dans les suites choisies et tirées du volume portant la date de 1669.

Nous venons de voir qu'il y eut trois éditions avec texte différent ; mais on ignore combien on exécuta de tirages sur le texte portant la date de 1669. Ces tirages ont dû être nombreux, car on ne procédait à un nouveau tirage, qu'autant que les exemplaires, contenant tout à la fois le texte et les gravures, étaient épuisés.

On ne produisait ainsi, pour la première fois, qu'un petit nombre d'exemplaires complets, c'est-à-dire contenant le texte et les planches. Sans doute, le texte entier a été composé et tiré d'une seule fois pour toutes les feuilles dont l'ouvrage se compose. Mais l'impression au rouleau des planches gravées n'avait lieu que successivement sur les espaces blancs réservés soit au recto, soit au verso du texte, et cette impression, ou tirage, ne s'exécutait qu'après l'épuisement des exemplaires restés au magasin. C'est ce qui explique comment, dans les exemplaires datés de 1669, il y a des différences dans la composition de deux planches. Il y eut d'abord un premier tirage d'essai dont faisaient partie le pêcheur à la ligne et la femme au panier, vue par le dos.

Puis, cette dernière planche ne s'étant pas retrouvée, lors du second tirage d'essai, Le Clerc exécuta une composition différente. Ce ne fut que plus tard, et après que la planche du pêcheur à la ligne fut elle-même perdue, qu'on fit les tirages successifs dont nous avons parlé.

Nous croyons devoir persister à qualifier de tirages d'essai ceux où figurent les deux planches ci-dessus, parce que l'excessive rareté des exemplaires de cette espèce ne permet pas de supposer que ces tirages aient pu être considérables.

Ajoutons que, suivant Jombert (t. I, p. 125), dix planches ont été recommencées pour la seconde édition de 1682, de sorte que, en réalité, Sébastien Le Clerc aurait gravé pour ce livre 105 planches, savoir :

Frontispice et épître dédicatoire.	2
Planches de la suite	82
Deux planches recommencées pour l'édition de 1669.	2
Deux planches exécutées à Metz et qui n'ont jamais servi.	2
Dix planches nouvelles pour la seconde édition.	10
Sept planches pour la troisième.	7
Total.	105

Ce calcul de Jombert ne concorde pas avec celui de la p. XXXVIII de son *précis historique* où il indique que l'édition de 1682 parut avec 14 planches nouvelles.

L'auteur ajoute *(loc. cit.)* : « Il y eut encore d'autres éditions, outre celle de 1700 ; l'ouvrage a été copié en Hollande, et traduit en latin en Angleterre. » — Citons encore, mais pour mémoire, les 42 planches exécutées par Le Clerc, pour les additions qu'il se proposait de faire à la petite *Géométrie* (J., n° 100). Les quelques épreuves qui ont été tirées de ces planches n'ont pas été mises dans le commerce.

Peu de temps avant la publication de l'ouvrage dont nous venons de parler, Séb. Le Clerc perdit sa mère à Metz. Son acte de décès, daté du 3 février 1668, a été retrouvé par M. Abel dans les registres de la paroisse Saint-Martin. Cet acte constate qu'elle fut enterrée en présence de son mari, Laurent Le Clerc.

Les libraires-éditeurs commençaient à rechercher le talent de Le Clerc pour décorer leurs publications. Déjà, en 1665, au moment de l'arrivée à Paris du graveur messin, Le Petit l'avait employé pour le *Psautier de David*, par Dumont (J., 74). De Luynes lui avait fait graver un frontispice pour l'*Histoire de la guerre des Goths, en Italie*, Paris, 1667, in-12 (J., 80); la même année, il avait illustré la *Cour d'Amour* de Du Perret (J., 82), l'*abrégé de Cléopâtre* (J., 83) et l'*Histoire des Antilles du père Du Tertre ;* en 1668, il gravait deux planches pour le *plaidoyer de Girard van Opstal* (J., 85). Enfin, en 1669, il produit son premier chef-d'œuvre en ce genre. Ce sont quatre pièces gravées pour la *Promenade de Saint-Germain*, ouvrage dédié à *Mademoiselle de Scudéry*, par Louis Le Laboureur, Bailly de Montmorency, Paris, de Luynes, 1669, in-12. Cette suite est devenue fort rare. Elle l'était déjà en 1744, lors de la vente Quentin de Lorangère, à laquelle le cul-de-lampe du Laboureur : *Labor et dolor* a été payé 24 livres.

C'est à cette époque (1669) que l'abbé de Vallemont et Jombert font remonter les relations de Le Clerc avec Colbert. Le ministre lui fit donner, aux Gobelins, un logement qu'il conserva jusqu'à la fin de sa vie [1] avec une pension de six cents écus et

---

[1] Nous n'avons pu découvrir la date précise de l'entrée de Le Clerc aux Gobelins, mais elle se place nécessairement entre le mois de novembre 1667, date de l'édit qui a créé la manufacture, et le 21 novembre 1673, date du mariage de Le Clerc avec la fille du teinturier en chef des Gobelins.

qui entraînait pour l'artiste l'obligation de consacrer presqu'exclusivement son talent au service du roi.

Néanmoins, Le Clerc put achever les travaux qu'il avait commencés pour des libraires. C'est ainsi qu'il publia, en cette même année 1669, le premier volume de l'*Histoire sacrée en tableaux*, qui parut successivement en trois volumes, chez Th. Jolly.

L'auteur de cet ouvrage est le même Oronce de Brianville qui avait eu l'idée du fleuron de Jason. Sa prose valait mieux qne ses vers, aussi son *Histoire sacrée* eut-elle un immense succès, auquel la richesse, la variété et la perfection des gravures de Sébastien Le Clerc contribua pour beaucoup.

Dans cette suite, qui ne comprend pas moins de 152 planches (J., 93, 94 et 116), notre artiste est arrivé à l'un des points culminants de son talent et désormais il n'en descendra plus. Loin de là, il montera encore, il montera toujours ; et chose remarquable ! il se maintiendra sur ces sommets jusqu'à la fin de sa carrière, sans jamais s'en écarter, sans qu'aucune défaillance se remarque dans son imagination ou dans sa main. Désormais, il ne produira que des chefs-d'œuvre.

Arrêtons-nous à celui-ci, qui est le premier en date. C'est, ainsi que nous l'avons dit, l'*Histoire sacrée en tableaux*, par Oronce de Brianville.

Comme cet ouvrage est inexactement décrit dans le *Manuel du libraire* de Brunet, et même dans Jombert, nous croyons devoir donner les indications propres à reconnaître le premier tirage de ces jolies planches.

Les deux premiers volumes comprennent l'Ancien Testament; le troisième est réservé à la Loi Nouvelle.

Le tome premier se présente indifféremment sous la date de 1669 ou celle de 1670 ; mais comme il pourrait arriver qu'on ait adapté un titre portant l'une ou l'autre de ces deux dates à un exemplaire de la seconde édition de 1671, ou même d'une édition encore plus récente, comme celle de 1679, il importe d'indiquer les caractères matériels qui distinguent la première édition de la seconde.

La première édition ne porte, au-dessous des vignettes représentant chaque sujet, aucune indication chronologique; tandis que, dans le tome premier de la seconde édition, on trouve à gauche l'an du monde, et à droite, l'année avant Jésus-Christ. Ces indications se rencontrent toujours dans le tome second, quelle que soit l'édition.

Dans la première édition, les figures de la planche représentant Adam et Ève mangeant le fruit défendu, sont plus petites que dans la seconde ; en outre, l'estampe de la page 43 représente Loth marchant ; tandis que, dans la seconde édition faite en 1671, Loth est représenté dans une caverne, assis entre ses deux filles.

Mariette indique avec raison (*Abecedario,* t. III, p. 103) que la planche représentant l'inceste de Loth ne se trouve pas dans la première édition. « Sans doute, dit-il, que cette planche fut supprimée » à cause du sujet. » Nous doutons que la cause de cette suppression soit celle que signale Mariette, car la scène de l'inceste se trouve représentée dans la seconde édition, et son absence est un des signes qui servent à distinguer la première édition de la seconde. — Enfin, dans ce même tome premier de la première édition (ou tout au moins du premier tirage), on a placé la vignette représentant le passage du Jourdain (page 173) au-dessus du texte relatif à la mort de Moïse, et réciproquement. Cette erreur n'existe pas dans les exemplaires de la seconde édition. — Voilà pour le tome premier[1].

Quant au tome second, il peut être daté de 1670 ou de 1671, et les épreuves en sont également bonnes, à la condition qu'on y reconnaîtra les remarques suivantes : Dans les exemplaires du premier tirage, la planche de la page 41 ne porte pas le nom de Le Clerc, tandis que, dans la seconde édition, la vignette de cette page se présente avec le nom de Le Clerc, et la planche est entièrement changée (Jombert, (t. I, p. 129). Dans la planche gravée pour l'édition première, David est à droite et l'Éternel à gauche. C'est le contraire dans la planche gravée pour la seconde édition. En outre, l'ange exterminateur, qui est sur le premier plan dans la première édition, se trouve au dernier plan dans la seconde. Néanmoins nous avons rencontré la planche de la première édition dans un exemplaire de la seconde et toujours sans le nom de Le Clerc. La remarque

---

[1] Cette erreur peut exister seulement dans un tirage des planches, sans qu'elle se trouve reproduite dans les exemplaires de la même édition provenant de tirages différents.

indiquée peut donc n'être pas toujours exacte. Le meilleur moyen de s'assurer que le tome second est réellement de premier tirage, est de comparer les caractères d'impression de ce volume avec ceux du tome premier. Lorsqu'on a reconnu l'antériorité du tirage pour le tome premier, si les caractères du second volume sont identiques à ceux du premier, la priorité du tirage du second volume est certaine, car on a employé des caractères différents pour les éditions postérieures à la première.

Enfin, la première édition du tome troisième doit porter la date de 1675 et le nom de Th. Jolly ou de Charles de Sercy. Nous ne connaissons pas de différences matérielles dans le corps de ce volume qui est moins rare que les deux premiers.

On rencontre quelquefois des épreuves de tout ou partie de cette suite sans aucun texte au verso, et qu'on présente comme ayant été tirées avant la première édition. Il est possible qu'il en existe de telles, mais les épreuves sans texte que nous avons vues provenaient de tirages exécutés après les éditions, ce dont témoignait suffisamment la faiblesse des épreuves.

L'auteur de cet ouvrage est, comme nous l'avons dit, Oronce de Brianville. Il était abbé de Saint-Benoît de Quinçay-lès-Poitiers et aumônier ordinaire du roi. Il avait en grande estime le talent de Le Clerc, et il appréciait particulièrement « ces figures de la Bible que M. Le Clerc a gravées à l'eau-forte avec cette grande habileté qui le rend si digne de cette réputation. » (Avertissement de l'*Histoire sacrée*, en tête du tome Ier.)

Mariette nous a conservé, relativement à la gravure de ces planches, un détail resté inconnu jusqu'à lui. « Il fallut, dit-il, permission du roi pour graver ces planches, car il était en ce temps-là à sa pension ; encore ne les gravait-il qu'à la chandelle. M. son fils m'a dit que son père en faisait une par jour, n'en faisant jamais le dessin qu'au bout de la pointe, ce que j'ai de la peine à croire. » (*Abecedario,* t. III, p. 104.)

Le Clerc n'était pas tellement absorbé par ces divers travaux qu'il ne pensât à son père, à ses chers compatriotes, et notamment à François Bouchard, son ami, fils du premier éditeur de ses planches. (M. Teissier, *Recherches....,* p. 102.) A sa prière, Le Clerc grava, pour le curé de Saint-Livier, en 1670 (J., 95), le joli frontispice d'un livre intitulé : *Prières du matin et du soir,* etc. Nous avons sous les yeux une épreuve de ce frontispice avec la date de 1679, toujours chez François Bouchard, pour lequel Le Clerc grava ultérieurement différentes suites que nous aurons occasion de signaler. La beauté de cette épreuve, datée de 1679, pour la seconde édition, semble indiquer que le tirage de la première a dû être peu considérable.

Toujours dans cette même année 1670, Le Clerc fut appelé par le libraire Pierre Petit à concourir, avec d'autres artistes, à la décoration de la Bible de Royaumont (J., 96). Ce livre est resté l'un des plus recherchés parmi ceux produits par les presses françaises au dix-septième siècle. Le Clerc n'y a gravé que deux planches : la Vocation d'Abraham et la Pénitence des Ninivites. Ce sont incontestablement les plus belles de celles qui se trouvent dans ce rare volume ; il atteint aujourd'hui dans les ventes un prix très-élevé.

Jombert possédait deux épreuves d'essai de chacune de ces planches de Le Clerc. Il les décrit exactement (t. Ier, p. 130 et 131, *ad notam*). Nous possédons celle qui représente la Pénitence des Ninivites et qui est peut-être la même qui se trouvait dans la collection de Jombert. Elle est tirée sur une feuille au verso de laquelle se trouvent des figures de géométrie avec des démonstrations explicatives de la main de Le Clerc. On voit que l'artiste s'occupait déjà d'un travail sur le point de vue dont un fragment, sous la forme de *Discours*, parut seulement en 1679. Cette page manuscrite, qui se conserve dans notre collection, était alors le seul autographe connu de Sébastien Le Clerc. Depuis, nous avons découvert, derrière des épreuves avant la lettre, des planches gravées pour l'*Histoire de l'empire Ottoman*, deux autres fragments autographes du même travail, qui est peut-être l'ébauche d'un *Traité de perspective*, dont le manuscrit autographe, enrichi de nombreux dessins, fait partie de la belle collection de M. le baron de Salis.

C'est encore à l'année 1670 qu'appartient la publication de l'*Histoire de l'état présent de l'empire Ottoman*, par Ricault, et traduit de l'anglais par Briot. (Paris, Mabre-Cramoisy, 1 vol. in-4°. V. Brunet, art. Ricault.) « Il l'orna, dit Jombert, d'un très-beau frontispice, où l'on voit le Grand-Seigneur sur son trône recevant les hommages de ses sujets; il y a aussi, dans ce livre, plusieurs vignettes très-intéressantes, surtout celle du commencement de l'ouvrage qui représente la mort tragique de l'ancienne sultane, grand'mère de l'empereur régnant alors, et une vingtaine de très-jolies planches où l'on voit les portraits et les habillements des principaux officiers de l'empire des Turcs, rendus avec une précision et une vérité surprenantes. » (*Précis*, nos 39 et 40, et *Catalogue*, n° 97.) Cette publication eut un grand succès, et les planches de Le Clerc obtinrent les honneurs d'une contrefaçon en Hollande. Ces copies anonymes, quoique un peu lourdes, sont néanmoins fort belles. Le titre reproduit celui qui a été réduit par Noël Cochin pour l'édition in-12 de 1670. Quelques sujets sont réunis sur la même planche, de sorte que le nombre des pièces dont se compose cette suite de copies est inférieur à celui des estampes qui se trouvent dans les éditions originales.

Cette *Histoire de l'empire Ottoman* est un très-beau livre, comme tous ceux qui sortent des presses de Mabre-Cramoisy. La première édition, in-4°, eut un grand succès, et l'éditeur en publia, la même année (1670), une seconde dans le format in-12 Cette édition est, comme la première, ornée de figures de Sébastien Le Clerc; mais les épreuves en sont moins bonnes, et le frontispice, qui ne pouvait entrer dans le livre, a été copié et réduit par Noël Cochin.

Les vignettes placées en tête de chaque livre se rencontrent avec une inscription dans la marge du bas et le nom de Diacre. Quoique le tirage, ainsi caractérisé, soit postérieur à celui de l'édition, et par conséquent sans texte au verso, les épreuves qui en proviennent doivent cependant à un tirage très-soigné une netteté et un éclat qui manquent souvent aux premières épreuves.

On rencontre quelquefois des épreuves avant le nom de Diacre et sans texte au verso, mais il est impossible de distinguer celles qui ont été tirées avant l'édition de celles qui ont été obtenues postérieurement.

Il existe des épreuves d'essai et avant toute lettre, non des vignettes dites têtes de livres, mais des planches tirées au milieu du texte. Nous en possédons trois, dont deux ont été tirées par Le Clerc lui-même sur le verso des feuilles manuscrites contenant la première pensée de ses études sur le point de vue ou sur la perspective.

Ajoutons que le titre de l'édition in-4º a servi pour une *Histoire des Croisades*, publiée à Paris en 1686, in-4º (Jomb., 206). Le Clerc a fait les changements nécessaires pour approprier cette planche à sa nouvelle destination. Ces changements consistent principalement dans la suppression de trois figures sur le devant.

La première publication officielle à laquelle Le Clerc concourut, après son installation aux Gobelins, fut celle des *Tapisseries du roi*, dont nous avons parlé à propos des devises dessinées par le miniaturiste Bailly et gravées par notre artiste.

Cette suite a été décrite par Jombert (n° 98). Elle représente, dans ses parties principales, huit compositions de Le Brun pour symboliser les saisons et les éléments. La seule inexactitude que nous ayons à relever dans la description de Jombert consiste en ce que, suivant lui, on ne trouve pas de nom d'imprimeur sur la tapisserie représentant l'élément de l'air. Cela peut être vrai pour les mauvaises épreuves, mais les initiales de Goyton sont ainsi figurées sur les bonnes : *I. G. exc.*

La première édition est sortie des presses de l'imprimerie royale avec la date de 1670. C'est un volume in-folio de 43 et 47 pages. Le texte, assez important, est signé : *Félibien.* Cette édition fut dirigée par un homme très-intelligent, Nicolas Clément, né à Toul en 1647, qui était garde de la bibliothèque du roi, et chargé particulièrement de la conservation des estampes dont la collection s'était enrichie, en 1667, par l'acquisition de celles rassemblées par l'abbé de Marolles. Goyton, célèbre imprimeur en taille-douce, avait donné ses soins à l'impression des planches des *Tapisseries*, et son *excudit* figure sur quelques-unes. Cette suite fut, plus tard, incorporée dans le recueil connu sous le nom de *Cabinet du roi*, qui n'était pas formé en 1670 et qui fut seulement constitué en 1727. La preuve de ce fait a été fournie par M. Duplessis, dans un article du *Bibliophile français* (Paris, Bachelin-Deflorenne, 1869), où il rapporte un passage du *Mercure Galant*, contenant le

Catalogue des livres d'estampes gravées pour le roi et données au public *depuis quelques mois*, avec le prix de ces ouvrages. Au nº VIII de ce Catalogue on lit ce qui suit : « Le livre des tapisseries des quatre éléments et des quatre saisons, contenant *huit grandes pièces et trente-deux devises gravées par Le Clerc* : en grand papier, 7 liv. 10 s. ; en petit papier, 6 livres. Les estampes des tapisseries séparées, 10 s. »

Une seconde édition fut publiée en 1679, par Mabre-Cramoisy, et avec différents changements dont Jombert a rendu compte (nº 98). Quant à la troisième édition, dont Jombert ne parle pas, elle fut donnée par l'imprimerie royale en 1727, lorsqu'on eut l'idée de réunir et de tirer d'un format uniforme les différentes planches appartenant au roi pour composer la publication connue sous le nom de *Cabinet du roi*. Les tapisseries (y compris les devises), composent le neuvième volume de cette collection, au nombre de 48 planches. (M. Duplessis, *loc. cit.*)

On se tromperait donc gravement si l'on considérait comme bonnes les épreuves du *Cabinet du roi*. Celles de Mabre-Cramoisy sont acceptables, mais les meilleures sont incontestablement celles de l'édition de 1670. Ces planches existent encore à la Chalcographie du Louvre, mais elles ne donnent plus que des épreuves dures, sèches et dépourvues d'effet.

L'année suivante, le père Souhaitty eut recours au talent de Le Clerc pour graver une pièce qui présente un caractère historique, en ce sens qu'elle fixe, par une date précise, l'époque où le nom de *Grand* fut donné à Louis XIV. L'honneur de l'invention revient au père Souhaitty dont la flatterie plut au roi qui accepta et garda ce surnom glorieux.

L'idée conçue, Le Clerc fut chargé de la réaliser par une grande médaille allégorique dont la composition lui appartient. « C'est, dit Jombert (n° 99), une grande estampe carrée, au milieu de laquelle est une médaille au trait, où l'on voit le portrait de Louis XIV, et, sur le revers, la ville de Paris assise tenant une corne d'abondance, ayant pour légende *FELICITAS PVBLICA*, et, à l'exergue, LVTETIA. Le tout est entouré de branches de laurier et porté sur un soubassement d'architecture, avec quantité de drapeaux, étendards, boucliers, casques, épées et autres armes. Au haut, deux renommées volantes sonnent de la trompette. On y voit une légende sur laquelle est écrit : LVDoVICVs MAGNVs, au bas : *Le Clerc fecit.* »

Cette estampe est quelquefois accompagnée d'une planche accessoire où sont gravés huit mauvais vers du père Souhaitty. L'auteur de cette espèce de logogryphe trouve (nous ne savons comment) le nombre 1671, date de la publication de l'estampe, dans les deux mots *Ludovicus Magnus*, en les écrivant ainsi : LVDoVICVs MAGNVs. Cette pensée ne se révèle pas seulement dans les vers français ; elle se complète par leur intitulé rapproché d'une légende latine qui se lit sur un ruban entourant les feuillages, au haut de l'estampe et sur lequel se trouvent, en partie, ces beaux vers :

> *Magnus ab integro sœclorum nascitur ordo ;*
> *Jam redit et virgo, redeunt Saturnia regna.*
> Virg., Egl. IV.

Il en résulte que, selon l'auteur, le monde chrétien devrait adopter une ère nouvelle, laquelle serait celle de l'année 1671, où il a donné à son roi le nom de Grand. « Souhaitty, dit M. J. Dumesnil, en fut pour sa platitude, et le grand roi dut se résigner à voir la continuation de son règne datée comme auparavant, selon le calendrier grégorien. Sans l'ingénieuse et belle gravure de Sébastien Le Clerc, cette flatterie n'aurait laissé aucune trace. » *(Histoire des amateurs français*, t. II, p. 256 et 257.)

Antérieurement à ce travail, Le Clerc avait commencé à s'essayer dans un genre nouveau pour lui : la reproduction des animaux. Il fut officiellement chargé de décorer les *Mémoires pour servir à l'Histoire naturelle des animaux, par MM. de l'Académie royale des sciences*. Le premier volume de ce grand ouvrage sortit des presses de l'imprimerie royale en 1671, mais quelques planches avaient été publiées précédemment, avec un texte de Claude Perrault. (Jomb., t. I, p. 103 et 104.)

L'ouvrage complet est divisé en trois parties ou volumes ; mais les deux premiers furent seuls publiés en 1671 et en 1676 ; le troisième ne fut jamais mis au jour. Ces dates sont celles des premières éditions. Plus tard, on en fit de nouvelles, dans un moins grand format, ce qui obligea Le Clerc à rogner les planches et à y faire de notables changements, surtout dans les parties anatomiques. Cette importante publication, qui mit le talent de Le Clerc sous un nouveau jour, a été exactement décrite par Jombert (nos 101, 122 et 230). Nous nous bornerons aux indications suivantes.

Les premières planches gravées sont le Caméléon, le Castor, le Dromadaire, l'Ours et la Gazelle. Ces cinq planches ont d'abord formé l'atlas d'un ouvrage in-4º de Perrault, intitulé : *Description anatomique d'un Caméléon, d'un Castor...* Paris, Léonard, 1669. C'était une espèce de prospectus de la grande édition qui devait paraître deux années plus tard, et dans laquelle ces cinq pièces furent comprises.

Le volume paru en 1671, imp. roy., tr.-gr. in-fol., ne contient que la première partie de l'*Histoire naturelle*. Outre la grande vignette, non réduite, représentant la dissection du renard, dont il existe des épreuves avant le texte au verso (celles de la planche réduite sont toujours sans texte et sans signature), on y trouve plusieurs fleurons et lettres ornées accompagnant quatorze planches d'animaux décrites par Jombert (nº 101). Les épreuves qui ont appartenu à ce volume sont préférables à celles de l'édition de 1676, quoique, dans cette dernière, les planches ne soient pas encore tronquées. Les changements apportés aux planches par Le Clerc, et leur diminution, n'ont été opérés qu'après la mort de Perrault, et postérieurement à 1688. Ces opérations ont eu lieu en vue d'une édition projetée, qui fut commencée à l'imprimerie royale en 1690, mais qui resta inachevée.

Le second volume, très-grand in-folio, a paru, pour la première fois, en 1676. Il comprend la seconde partie ; la première était épuisée et elle fut réimprimée. Dans cette édition, aucune planche n'est tronquée ; elles ne l'ont été qu'en 1690, en même temps que celle de la première partie (Jombert, n° 122).

Quant à la troisième partie (J., n° 230), dont le texte n'a jamais paru, les planches, au nombre de douze, ont été gravées par Le Clerc dans les dimensions des planches réduites qui devaient servir à l'édition complète projetée en petit format. On a tiré très-peu d'épreuves de ces douze planches ; elles sont extrêmement rares. (V. Jombert, t. II, p. 73, *ad notam.)*

Toutes les planches de ces trois suites ne sont pas gravées par Le Clerc. Quelques-unes l'ont été par L. Chatillon et par Abraham Bosse. Le Clerc a imité ce dernier artiste dont la pointe a la fermeté et presque l'éclat du burin. Ce genre de gravure, qui serait un défaut pour le paysage ou les petites vignettes, est au contraire avantageusement employé dans les planches qui représentent des animaux.

Dans cette suite, et dans quelques-unes de celles qui précèdent, Le Clerc a inséré quelques lettres ornées que nous le verrons plus tard prodiguer dans ses publications. Il imite en cela Stefano Della Bella, en le dépassant. Nul n'a poussé aussi loin que Le Clerc l'art de renfermer dans un carré de quelques centimètres une lettre accompagnée de fabriques, de paysages gravés avec une finesse et une habileté incomparables.

A l'époque où nous sommes arrivés, la fécondité de Le Clerc est si grande, les chefs-d'œuvre produits par sa pointe se succèdent avec une telle rapidité qu'on se trouve forcé de transformer la biographie en catalogue. Néanmoins, comme il est impossible d'analyser toutes les productions de l'artiste, nous nous arrêterons principalement à celles qui sont les plus remarquables, ou à celles qui nous donneront occasion de rectifier quelques erreurs de Jombert dont le livre fait autorité et qui cependant ne doivent pas être propagées.

Dans la *Mesure de la terre*, par Picart, (Paris, impr. roy. 1671, très-grand in-folio, Jomb., 102), nous signalerons principalement la belle vignette représentant les observations astronomiques et les lettres ornées qui l'accompagnent.

Dans le *Recueil de poésies latines* de dom Le Houx (Paris, 1672, in-4º), nous devons signaler la très-rare vignette dite *aux quatre enfants* qui, du temps de Jombert (nº 103), se vendait vingt-quatre livres, lorsqu'on la rencontrait seule. Une note de Mariette nous apprend que « ce fut son grand-père qui fut chargé de faire regraver cette vignette pour le père dom le Houx, qui était curieux d'estampes. On ne fut pas content de la première planche. En effet, les enfants qui y sont représentés sont maussades ; on en fit recommencer une seconde planche. » (*Abecedario*, t. III, p. 112.)

Citons encore les estampes sur *La guerre de 1672* (Jombert, 104), suite de quatre pièces dont une est très-rare.

C'est par une erreur évidente que Jombert attribue à Le Clerc, sans hésitation (n° 106), la gravure des vignettes décorant le livre de Blondel, intitulé : *Résolution des quatre principaux problèmes d'architecture*, imp. roy., Mabre-Cramoisy, 1673. Ces vignettes ne sont de Le Clerc, ni pour le dessin, ni pour la gravure ; elles sont de La Boissière, ainsi que le reconnaît avec raison le savant Mariette. *(Abecedario, t. III, p. 106.)*

Parmi les plus belles planches de Séb. Le Clerc, appartenant à l'époque que nous étudions, se trouve celle qui représente *le mausolée érigé dans l'église de l'Oratoire de la rue Saint-Honoré, à la mémoire du chancelier Séguier*.

Cette cérémonie eut lieu le 5 mai 1672. Jombert a décrit la pièce qui la représente (n° 105). Toutefois, ce n'est pas sa description que nous reproduirons. Nous la demanderons à une plume bien autrement élégante que celle de Jombert. La personne qui tenait cette plume n'a peut-être jamais vu l'estampe de Le Clerc ; mais elle assistait à la cérémonie, et le compte qu'elle en rend concorde tellement avec l'œuvre du graveur qu'elle semble vouloir la décrire, ce qui est impossible, puisque la planche n'existait pas encore lorsque la lettre a été écrite. Cette coïncidence atteste, tout à la fois, la fidélité de la narration et celle de l'artiste.

Voici ce que Mme de Sévigné écrivait à sa fille, le 6 mai 1672, le lendemain même de la cérémonie : « Je fus hier à un service de Monsieur le Chancelier, à l'Oratoire. C'était la plus belle décoration qu'on pût imaginer. Le Brun avait fait le dessin. Le mausolée touchait à la voûte, orné de mille lumières et de plusieurs figures convenables à celui qu'on voulait louer. Quatre squelettes, en bas, étaient chargés des marques de sa dignité, comme lui ôtant les honneurs avec la vie. L'un portait son mortier, l'autre sa couronne de duc, l'autre son ordre, l'autre ses masses de chancelier. Les quatre arts étaient éplorés et désolés d'avoir perdu leur protecteur : la Peinture, la Musique, l'Éloquence et la Sculpture. Quatre vertus soutenaient la première représentation : la Force, la Justice, la Tempérance et la Religion. Quatre anges, ou quatre génies, recevaient au-dessus cette belle âme. Le mausolée était encore orné de plusieurs anges qui soutenaient une chapelle ardente qui tenait à la voûte..... toute l'église était parée de tableaux, de devises, d'emblèmes qui avaient rapport à la vie ou aux armes du Chancelier. Plusieurs actions principales y étaient peintes [1]. »

---

[1] Une description de la cérémonie de l'Oratoire, plus étendue encore que la précédente, se trouve dans les *Entretiens* de Félibien, t. IV, p. 181 et suivantes (édition d'Amsterdam, 1706). Elle n'occupe pas moins de vingt pages. Félibien décrit minutieusement

Que maintenant on compare cette description avec la gravure de Le Clerc, et l'on reconnaîtra qu'elle est d'une scrupuleuse exactitude. L'abbé de Vallemont parle aussi de cette planche, mais nous croyons que la lecture des deux pages qu'il y consacre pâlirait étrangement à côté de celle que nous venons de reproduire. Ajoutons cependant ce que nous apprend le bon abbé, qu'on tira fort peu d'exemplaires de cette planche, qui passa assez promptement en la possession de l'Académie de peinture. « Heureux, dit-il, les curieux qui firent alors la conquête de l'estampe qui représente ce catafalque. »

Le Brun fut tellement satisfait de la manière dont Le Clerc avait rendu son dessin de ce mausolée, que, le 6 août 1672 [1], il présenta en même temps à l'Académie et cette estampe et son auteur. Israël Silvestre, beaucoup plus âgé que Le Clerc, l'y avait précédé de dix mois. Il y fut reçu, dit Jombert, t. I,

---

non-seulement tous les détails du catafalque, mais encore les douze tableaux à la louange du chancelier Séguier, qui décoraient la nef.

L'un de ces tableaux (le quatrième), représentait le succès obtenu par le Chancelier, lorsqu'il vint à Nancy en 1633 (et non 1632, comme on l'a imprimé par erreur), pour justifier les cours souveraines, et notamment le Parlement de Paris, faussement accusées d'avoir désobéi au roi. Félibien décrit ce tableau et rapporte les devises dont il était accompagné. Il en est de même à l'égard des onze autres. Chose étrange, Félibien ne dit pas un mot de la belle estampe de Le Clerc. Mais elle était rare de son temps, et il ne l'a peut-être pas connue.

[1] Cette date est fournie par les *Archives de l'art français*, t. II, p. 375. Au t. Ier du même recueil, p. 567, on trouve la date du 16 août de la même année.

p. 12, d'un consentement unanime, en qualité de graveur ; on le fit, en même temps, professeur de géométrie et de perspective, avec une pension de trois cents livres. La planche de ce mausolée lui servit de morceau de réception, et resta, suivant l'usage, à l'Académie[1], où il continua avec succès ses leçons de perspective pendant plus de trente années. Cette planche est actuellement à la Chalcographie du Louvre. Est-il besoin d'ajouter que les épreuves qu'elle donne ne peuvent figurer dans une collection choisie !

Une épreuve de cette planche a figuré au Salon de 1673, où elle était accompagnée de l'*Arc triomphal de la porte Saint-Antoine*. Si cette pièce est la même que celle décrite par Jombert, n° 146, ce ne pourrait être qu'une épreuve d'essai de la pièce cataloguée sous ce numéro, et qui porte la date de 1679. Après cela, c'était peut-être une épreuve d'une planche restée inconnue et qui n'a pas été publiée. A ces deux épreuves se trouvait jointe celle de la *Façade du Louvre*, gravée par Marot. Elle n'a été publiée qu'en 1676 ; Séb. Le Clerc n'en a

---

[1] Le fait est attesté par Guérin, secrétaire perpétuel de l'Académie, qui a publié en 1715 une *Description des salles* de cette Académie. On y lit p. 161 que l'épreuve du *Catafalque*, présentée par Séb. Le Clerc, pour sa réception, était exposée dans la seconde salle, dans l'embrasure de la troisième croisée. Elle est inscrite dans cette partie de la description sous le n° 4, avec cette mention :
« Gravé par M. Le Clerc (Sébastien), reçu académicien en considération de cet ouvrage dont il a donné la planche à l'Académie, le 6 août 1672. Il a été choisi pour professeur en géométrie et perspective, le 27 juillet 1680, dont il a fait la fonction pendant dix-neuf ans. »

gravé qu'une partie qui est indiquée par Jombert, nº 121.

La réception de Le Clerc à l'Académie, dont il était l'un des plus jeunes membres, fut un acte important dans la vie de l'artiste et qui décida du reste de son existence.

Les premières années de son séjour à Paris durent être assez pénibles, et la pensée du retour à Metz se présenta plus d'une fois à son esprit. C'est ce qu'on peut conclure de cette phrase de l'abbé de Vallemont (p. 13) : « Ceux qui sont amateurs des beaux-arts s'intéressèrent fortement à *retenir* M. Le Cerc en France [1] *et travaillèrent à le fixer à Paris.* » On comprend en effet que, séparé de son père et de ses amis de Metz, isolé pendant les rares moments de repos que lui laissait un travail incessant, Le Clerc dut songer plus d'une fois à la famille et à la patrie absentes. Ces idées s'effacèrent définitivement de son esprit après qu'il fut membre de l'Académie, logé aux Gobelins et pensionné du roi. Il s'y trouvait d'ailleurs en bonne compagnie, ainsi que le prouve la liste des artistes qui habitaient, comme lui, la manufacture de tapis, et dont l'abbé de Marolles nous a conservé les noms dans son opuscule rimé (quelles rimes!) sur les peintres et les graveurs. Un chapitre de ce livre est intitulé : *Ceux qui font florir les beaux arts dans l'hostel des manufactures royales aux Gobelins sous la direction*

---

[1] L'abbé de Vallemont ne considérait pas Metz comme une ville française.

de M. Le Brun premier peintre du Roy, selon les mémoires qu'en a baillez Monsieur Rousselet, le 7ᵉ jour de May 1677.

Le premier quatrain commence ainsi :

> *L'hostel des Gobelins, pour les manufactures,*
> *Est conduit par les soins de ce peintre fameux,*
> *Le Brun,...*

Puis vient l'énumération des différents artistes : peintres, graveurs, architectes, auxquels l'abbé consacre un nombre de vers proportionné au mérite de chacun. Van der Meulen a deux strophes, comme Le Brun ; les deux Sèves en ont une pour les deux ; Ouasse (Houasse) en a une, ainsi que Yvart ; quant à Henri Testelin, à Verdier et à Bonnemer, ils doivent se contenter d'un quatrain pour trois.

Voici celui qui est consacré à Séb. Le Clerc, accolé à G. Audran, tous les deux vulgarisateurs des ouvrages de Le Brun, l'un en grand, l'autre en petit :

> *Audran, Le Clerc de Metz, travaillent à l'eau forte,*
> *Leur poinçon est exquis, l'on en fait de l'estat ;*
> *Lebrun même leur donne aussi de son éclat,*
> *Et dans ses beaux dessins chacun d'eux se comporte.*

Dans sa première partie consacrée aux peintres et graveurs en général, l'abbé de Marolles avait déjà parlé de Sébastien Le Clerc, l'associant, dans la même strophe, à Callot, Mauperché, La Belle, Hermann d'Italie et Dominique Barrière. Voici cette strophe ou plutôt cette étrange prose rimée :

> *Mais de Callot qui peut surpasser l'industrie ?*
> *Callot, presque divin, devançant Mauperché ;*

La Belle, dont Le Clerc pourrait estre fasché,
Sans Herman et Barrière honorant leur patrie.

La société des artistes logés aux Gobelins devait avoir un grand charme pour Le Clerc qu'un lien plus puissant encore attacha définitivement à la manufacture pour le reste de sa vie. Il épousa, le 21 novembre 1673, à la paroisse Saint-Hippolyte, la fille du teinturier en chef des Gobelins, Josse Van Kerkove. Cette date est fournie par le précieux Dictionnaire de M. Jal, auquel nous empruntons aussi les détails qui suivent : « La jolie flamande qui devenait sa femme, avait vingt ans. Le ciel l'avait douée de cette fécondité dont il gratifia tant de femmes d'artistes, ses contemporains. Charlotte Van Kerkove donna treize enfants à son mari, de 1676 à 1695 [1]. »

---

[1] Cette dernière assertion ne s'accorde pas, comme on le verra à la fin de notre travail, avec les indications données par M. Guiffrey dans les *Nouvelles archives de l'art français*.

CHAPITRE III.

TRAVAUX DE LE CLERC AUX GOBELINS.

1re Décade. — 1673-1682.

Travaux cités. (*Les numéros renvoient au Catalogue de Jombert.*)

Le Livre de paysages dédié au marquis de Beringhen (107) ; les Académies (108) ; le grand Vitruve (109) ; l'Abrégé de cet ouvrage (110) ; les Iconoclastes (113) ; pièces gravées pour le président Rossignol (114) ; les Conty (115) ; Saint-Optat (119) ; Racine (120) ; Ovide (129) ; Histoire des plantes, par Dodart (123) ; Oraison funèbre de Turenne, par Mascaron (127) ; par Fléchier (128) ; les Métamorphoses d'Ovide en rondeaux, par Benserade (129) ; la Jonction des deux mers (131) ; la Pierre du Louvre (132) ; la Vignette au chiffre du roi (133) ; le Labyrinthe de Versailles (134) ; le Glossaire de Ducange (135) ; le Mercure géographique (136) ; Saint Paul (137) ; les Confessions de saint Augustin (138) ; la Carte des environs de Paris (139) ; les Poëtes italiens (140-144) ; la bataille de Cassel (145) ; l'Arc de triomphe de la porte Saint-Antoine (146) ; Saint Augustin prêchant (147) ; Catalogue de de Thou (148) ; les Boucœur (149) ; les Colbert d'Hormoy (150) ; Discours sur le Point de vue (151) ; l'Oraison funèbre de la duchesse de Longueville (152) ; les Tapisseries historiques (156, 171, 174) ; Tivoli (158) ; l'Éloge de Bernin (159) ; Heures à la Dauphine (160) ; les Panégyriques du Roi, par Tallemant (161) ; la Troisième Messe (162) ; le Camouflet (164) ; les Conversations (165) ; Panégyrique de saint Louis (166) ; les Édifices de Rome, par Desgodetz (167) ; Poëme à la louange de Le Brun (168) ; les Fables d'Ésope (170).

La vie de famille ne nuisit pas aux travaux de Le Clerc. Il semble au contraire que, depuis son mariage, il travailla avec une nouvelle ardeur. Nous le verrons, en effet, renoncer à la plus grande partie de ses pensions, afin de recouvrer sa liberté. L'artiste, devenu père de famille, comprit les devoirs que lui imposait cette nouvelle situation. Obligé de consacrer presqu'exclusivement son talent au service du roi, moyennant une rémunération insuffisante pour satisfaire aux besoins de sa famille qui s'augmentait presque chaque année, il fut forcé de renoncer à son titre de graveur officiel, afin de pouvoir se livrer, en toute liberté, aux travaux qui lui étaient demandés par les particuliers.

« Quelque temps après son mariage, dit l'abbé de Vallemont, M. Le Clerc quitta la pension du roi, de 1800 livres, dans l'espérance que, travaillant à son choix, et pour ceux qui demandaient instamment de ses ouvrages, il lui reviendrait des ressources plus considérables pour le soutien de sa famille naissante. Cependant on lui laissa, sur les bâtiments, une pension de 100 livres, et, trois ou quatre ans après, on le gratifia d'une autre de 300 livres (p. 20). »

Ayant ainsi reconquis sa liberté d'action, Le Clerc donna successivement, en 1673, la suite de douze pièces formant le *Livre de paysages dédié à M. de Beringhen* (J., 107); un recueil de trente-deux académies destinées à décorer la seconde édition de l'*Art de peindre par Dufrenoy, traduit et commenté par de Piles;* Paris, Nic. Langlois, 1673, in-12 (J., 108)[1]; les gravures décorant les *Dix livres d'architecture de Vitruve traduits par Perrault* (J., 109).

---

[1] Suivant Mariette, il est certain que les Académies ont été gravées avant 1673. « Je crois même, dit-il, qu'elles ont été gravées en divers temps. Il y en a parmi (ce sont les meilleures) qui sont dans la manière des Tapisseries ». (*Abecedario*, t. III, p. 102.)

Ces suites considérables avaient été commencées avant le mariage de Le Clerc. — *Le Livre de paysages dédié à Beringhen* est particulièrement remarquable. C'est un des chefs-d'œuvre du maître qui n'a jamais rien fait de mieux en ce genre. Cette suite charmante n'a qu'un défaut, aux yeux des amateurs, c'est d'être trop commune. Ces planches ont effectivement subi un tirage énorme, mais les dernières épreuves ne donnent aucune idée de ces compositions. Tout le charme de la pointe badine et légère qui les a créées a disparu. Il en est tout autrement des premières épreuves de cette suite dont Le Clerc a corrigé et amélioré les planches avec amour, soit en fortifiant les ombres, soit en rectifiant quelques parties. On peut remarquer à cette occasion combien Le Clerc reconnaissait les moindres défauts qui pouvaient se trouver dans ses ouvrages et qu'un œil aussi exercé que le sien pouvait seul apercevoir. Lorsqu'il trouvait dans une estampe une défectuosité quelconque, il la signalait par des corrections indiquées au crayon qui, peu de temps après, se trouvaient réalisées sur la planche. Nous avons vu ainsi une vingtaine de pièces dont les épreuves ont successivement appartenu à l'un des fils de Le Clerc et ensuite à Le Normand du Coudray, grand amateur résidant à Orléans au dix-huitième siècle. Ces épreuves font aujourd'hui partie de notre collection. — Nous en possédons quelques-unes où les changements à exécuter sont successivement indiqués, jusqu'à trois reprises. Des changements analogues ont été opérés dans plusieurs pièces de la suite de Beringhen. Ils sont indiqués par Jombert (*loc. cit.*), dont la description est préférable aux phrases emphatiques que l'abbé de Vallemont a consacrées à ces chefs-d'œuvre, pages 74 à 88.

Nous n'avons qu'une seule rectification à faire au travail de Jombert; elle concerne le n° 9 de la suite: *Paysage dans le genre noble*. Suivant Jombert, le nom de Le Clerc qui se voyait à gauche, sur un terrain ombré d'une seule taille, ne se distingue plus qu'avec peine aux dernières épreuves où cette taille a été élargie et fortifiée par le burin. Jombert veut peut-être parler des retouches faites après la mort de Le Clerc dont nous n'avons pas à nous occuper. Ce qu'il y a de certain, c'est que, de son vivant, l'artiste a ajouté certains travaux sur le terrain, à la suite de son nom qui se lit toujours très-distinctement, même après cette addition. Il a, en outre, fortifié les ombres à gauche de l'arcade au-dessus de son nom.

Quant au n° 5: *Paysage dans le genre terrible,* les indications de Jombert sont trop confuses pour qu'on puisse reconnaître facilement qu'il existe trois états de cette planche que nous allons détailler:

I. Avant les arbres entre les deux rochers à gauche, sous les nuages; avant les ombres sur les rochers en avant de la cascade; avant les tailles croisées sur les rochers, à droite, et une multitude d'autres travaux.

II. Avec les travaux dont l'absence constitue le premier état, le rocher de la cascade est toujours blanc, seulement la partie derrière la chèvre est couverte de travaux légers : plusieurs parties de la planche ne sont pas encore arrivées à l'effet voulu par le maître.

III. Avec les travaux nécessaires pour produire l'effet désiré.

Vitruve traduit par Perrault. — Le beau frontispice de cet ouvrage, quoique dessiné par Le Clerc, n'est pas entièrement gravé par lui. Scotin en a fait tous les devants. Ce qui appartient à Le Clerc est fidèlement indiqué par Jombert (109-1). Ce livre devait être dédié à Colbert, et il y eut un premier tirage de la vignette de dédicace portant la couleuvre du grand ministre. Du temps de Jombert, on ne connaissait qu'une seule épreuve de cette planche avec les armes de Colbert. Cette épreuve, réputée unique, se trouvait chez Mme de Bandeville ; elle est aujourd'hui à Vienne. Cependant cette épreuve est loin d'être unique. Nous en avons sous les yeux deux autres, dont l'une est avant les ombres ajoutées sur les draperies du piédestal supportant les armes, avant que les genoux de la figure représentant l'Architecture aient été couverts d'une demi-teinte, et avant divers autres travaux qui se trouvent sur une seconde épreuve, toujours avec les armes de Colbert.

Ce fut seulement au troisième tirage que les armes royales furent substituées à celles de son ministre. La draperie qui les surmontait fut supprimée, et une statue de Louis XIV vint s'ajouter sur le fronton du Louvre qui se voit à la gauche de l'estampe.

On connaît quatre états de cette vignette (J., 109-2).

I. Avant les ombres ajoutées sur la draperie du piédestal supportant les armes ; avant que les genoux de l'Architecture aient été couverts d'une demi-teinte et avant divers autres travaux. — *Rarissime*.

II. On voit tous les travaux dont l'absence caractérise le premier état. — *Très-rare*.

III. Les armes de Colbert qui se voyaient dans les deux états précédents ont été remplacées par celles du roi ; la draperie a été supprimée ; une statue de Louis XIV a été ajoutée sur le fronton du Louvre. — *Rare*.

IV. La statue de Louis XIV a été supprimée non sans laisser quelques traces. Cet état est celui de l'édition. — La suppression de cette statue paraît indiquer qu'on avait eu le projet de placer sur le fronton du Louvre la statue équestre de Louis XIV, projet qui a été abandonné.

On lit ce qui suit dans l'ouvrage de M. Duménil : *Histoire des amateurs français*, t. II, p. 266, sur les relations de Colbert et de Cl. Perrault, à l'occasion du Vitruve. « Il (Colbert) voulut que Cl. Perrault traduisît les dix livres d'architecture de Vitruve, et fît connaître à fond, à l'aide de savants commentaires et de planches explicatives, toutes les règles, tous les procédés des architectes grecs et romains. La première édition de cette traduction parut en 1673, avec des notes et des figures. Ce qu'il y a de singulier, c'est que cet ouvrage, élevé à la gloire des anciens, commence par une sorte de dithyrambe en l'honneur du médecin-architecte, aussi grand novateur dans l'art de bâtir que son frère Charles dans la littérature. L'ouvrage s'ouvre, en effet, par un magnifique frontispice admirablement dessiné par Sébastien Le Clerc et non moins bien gravé sous sa direction par G. Scotin, un de ses élèves. On y voit, au premier plan, à gauche, les arts du dessin avec leurs différents attributs, tenant ouvert le titre des dix livres d'architecture de Vitruve ; à droite, la France et l'Agriculture, ou ce que les médailles romaines appellent *Felicitas publica*. Sur le second plan, tous les monuments construits par Perrault. Dans le fond, la colonnade du Louvre ; plus loin, sur une élévation, le bâtiment de l'Observatoire ; à gauche, l'arc de la porte Saint-Antoine, vers lequel Louis XIV semble se diriger dans un carrosse à six chevaux. Il était impossible à Claude Perrault de se mieux louer lui-même.

» Dans sa préface, Claude Perrault, toujours préoccupé, comme son frère, d'établir un parallèle entre les anciens et les modernes, et justement désireux de faire ressortir le talent trop longtemps méconnu de ses compatriotes, s'attache à présenter l'éloge des architectes français et des monuments qu'ils ont élevés. Pour appuyer son discours de preuves irréfragables, il montre, dans un très-beau dessin, gravé par son inséparable Sébastien Le Clerc (J., 109-2), la tribune et les cariatides de Jean Goujon dans une des salles du Louvre. Il a soin également de ne pas s'oublier, et il donne les plans, coupes et profils de son bâtiment de l'Observatoire.....

» Dans un second frontispice (vignette) placé en

tête de la traduction de Vitruve (J., 109, 4), Sébastien Le Clerc, qui excellait à rendre les dessins et les perspectives d'architecture, montre Vitruve expliquant à l'empereur Auguste les règles de cet art, tandis que, dans le lointain, on aperçoit un cirque, des temples, des palais et d'autres édifices antiques. »

Cette traduction de Vitruve par Cl. Perrault eut du succès. Le libraire Coignard en fit une seconde édition en 1684. Un *Abrégé* de cet ouvrage avait été publié, en 1674, sans nom d'auteur, avec des planches de S. Le Clerc (J., 110). — On pourrait croire que cet *Abrégé* est de la composition de Le Clerc, pour le texte et pour les gravures ; mais le privilége du 24 mars 1673, qui se trouve à la fin du grand Vitruve in-fol., est aussi donné à Cl. Perrault pour un *Abrégé* de cet ouvrage, et un extrait de ce même privilége est reproduit à la fin de l'*Abrégé*.

Nous avons sous les yeux une épreuve d'une planche anonyme évidemment gravée pour servir de frontispice à l'*Abrégé de Vitruve*. C'est une réduction du frontispice dessiné par Séb. Le Clerc et gravé par G. Scotin qui décore le grand *Vitruve*. Elle est dans le même sens, et l'on n'y voit pas les fleurs de lys qui, dans le second état de la grande planche, existent sur la draperie de la France (J., 109-1) ; mais on y voit la statue équestre sur le fronton du Louvre. Bien que la gravure de cette planche soit dans la manière de Séb. Le Clerc, nous ne croyons pas qu'elle ait été exécutée par lui. Jombert ne l'a pas connue, et nous devons dire que nous ne l'avons jamais rencontrée dans les différents exemplaires de l'*Abrégé* qui ont passé entre nos mains. Nous n'en avons jamais vu d'autre exemplaire que celui que nous possédons. Il est vraisemblable que cette planche aura été perdue avant d'avoir pu être utilisée à la décoration du livre auquel elle était destinée.

Nous passons sous silence diverses pièces se rapportant à l'année 1674 ; mais nous signalerons les jolies planches ovales dites les *Iconoclastes* (J., 113), dont la troisième est presqu'introuvable. On connaît deux états de la première.

1. Avant le prolongement des tailles croisées sous les pieds des hommes dans le fond.

2. Ce prolongement existe.

En 1675, Le Clerc grava, pour le président Rossignol, des morceaux que Jombert qualifie de rarissimes (nº 114). Cette suite, aussi belle que rare, se compose de sept estampes, en quatre planches, dont chacune est séparée en plusieurs parties. Les sujets de ces ingénieuses allégories ayant été indiqués par Jombert, nous nous dispenserons d'en donner la description qui, d'ailleurs, se retrouve dans la note suivante de Mariette, laquelle se rapporte principalement au nº 114-1 de Jombert :

« Quatre pièces énigmatiques par rapport à la pierre philosophale, à ce qu'on prétend. La première est partagée également, par une ligne perpendiculaire, en deux sujets, où, dans l'un, un aigle enlève un enfant dans un berceau ; dans la seconde partie de cette première pièce, l'aigle a déposé l'enfant à terre ; — la seconde pièce représente des montagnes couvertes de neige et un aigle, en l'air, portant un rameau à son bec ; — la troisième représente deux villes situées sur des montagnes et un aigle portant un rameau à son bec ; — la quatrième représente une ville assiégée par terre et par mer, et un aigle portant à son bec un rameau[1]. Il y a encore quelques-uns des mêmes sujets et de la même suite. Cela est très-rare. C'est M. Rossignol, maître des comptes, qui les a fait graver, à ce que m'a dit M. Le Clerc, et il n'y a que M. Thuret qui les ait complètes. Ces quatre sujets n'ont aucun rapport avec la pierre philosophale. M. Rossignol, maître des comptes, si célèbre par sa sagacité et son habileté à déchiffrer, montra ce qui a le plus contribué à sa fortune ; c'était, étant né calviniste, d'avoir eu le bonheur d'être, presque sur-le-champ, élevé dans la religion catholique. Il était d'Alby ; il commença par faire connaître ses talents au siége de Réalmont, ensuite à celui de la Rochelle, au Pas-de-Suse, etc. Il faut lire son Éloge dans le livre de Perrault, et l'on y trouvera l'éclaircissement de ces sujets, ainsi que

---

[1] Les quatre pièces décrites par Mariette, et qu'il avait probablement sous les yeux, font partie de notre cabinet. Nous ne les connaissons nulle part ailleurs. Nous n'avons jamais rencontré les autres. — Jombert possédait seul une suite complète de ces pièces ; nous ignorons ce qu'elle est devenue. Le n° 114-1 se compose en réalité de quatre sujets différents qui, bien que gravés sur la même planche, ont chacun leur trait carré distinct. Il y a même, en réalité, cinq sujets sur cette planche, puisque la première pièce, bien que représentant un seul paysage, se divise en deux sujets.

des vers français qui sont au bas de la planche. Il ne faut pas, du reste, s'étonner s'il paraît du mystère dans cette planche ; le métier que faisait M. Rossignol devait nécessairement l'engager à en répandre dans tout ce qui sortait de son cabinet. »

Voici le passage de Perrault auquel renvoie la note de Mariette : « L'esprit vif et pénétrant du président lui fit découvrir ce que les sciences ont de plus caché et de plus curieux ; il parvint, par la connaissance exacte de ces sciences, et principalement par la force de son génie, à deviner toutes sortes de chiffres, sans en avoir presque trouvé un seul, pendant toute sa vie, qui lui ait été impénétrable. Ce fut en l'année 1626, et au siége de Réalmont, ville de Languedoc, alors en la puissance des Huguenots, qu'il fit son premier coup d'essai. Elle était assiégée par l'armée du roi que commandait M. le prince de Condé, et elle faisait une telle résistance que ce prince était sur le point de lever le siége, lorsqu'on surprit une lettre des assiégés, écrite en chiffres, où les plus habiles en l'art de déchiffrer ne purent rien comprendre. Elle fut donnée à M. Rossignol qui la déchiffra sur-le-champ, et dit que les assiégés mandaient aux Huguenots de Montauban qu'ils manquaient de poudre, et que, s'il n'y était pourvu incessamment, ils se rendraient aux ennemis. Le prince de Condé envoya aux assiégés leur lettre déchiffrée, ce qui les obligea de se rendre le jour même, » etc.

Les morceaux gravés pour le président Rossignol

n'ont pas été mis dans le commerce. Il en conserva les planches dont il n'a été tiré qu'un petit nombre d'épreuves presque toutes détruites. — Il en est autrement des deux charmantes vignettes et des deux lettres grises qui décorent le *Recueil de divers ouvrages en prose et en vers dédiés au prince de Conty*. Paris, Coignard, 1675, in-4º (J., 115). Une note de Jombert nous apprend que le manuscrit de ce Recueil, dont Ch. Perrault est l'auteur, a été dérobé dans le cabinet du roi et publié par Le Laboureur. Ce manuscrit a figuré au nº 1830 de la vente Labedoyère (Potier, 1862). Il n'a pas été revendiqué par l'État, probablement parce que l'origine n'en était attestée que par la note de Jombert.

Au commencement de 1676, Le Clerc grava une magnifique vignette destinée à décorer les *Œuvres de saint Optat*, publiées par le libraire Dupuis (J., 119). Cette vignette, aux armes de Colbert, et la grande lettre grise E qui l'accompagne sont un des chefs-d'œuvre de notre artiste.

Nous négligeons quelques autres vignettes sans importance, appartenant aux années 1675 et 1676, pour arriver aux planches destinées à orner l'édition des *OEuvres de Racine* publiées par Barbin en 1676, 2 vol. in-12 (J., 120). Cette édition des œuvres du grand tragique est aujourd'hui très-recherchée, tant à cause des vignettes de Le Clerc et de Chauveau dont elle est décorée, que parce qu'elle est la première où se trouvent réunies les neuf pièces de

Racine représentées jusqu'alors (décembre, 1675). Les pièces gravées par Le Clerc et décrites par Jombert sont au nombre de quatre, savoir : 1° le Frontispice général qui se place en tête du tome 1ᵉʳ ; 2° le Titre du t. II ; 3° Bajazet ; 4° les Plaideurs. C'est par une erreur évidente que Jombert indique comme faisant partie de cette édition Phèdre qui a paru pour la première fois en 1677, et Esther qui date de 1689. La vérité est qu'il n'y a, dans cet ouvrage devenu rare, que quatre vignettes de Le Clerc ; toutes les autres sont de Chauveau. Le frontispice général est d'après Le Brun ; le titre du tome II est composé et gravé par Le Clerc ; la vignette de Bajazet, ainsi que celle des Plaideurs, est composée par Chauveau et la gravure est de Le Clerc. On croit même que ces deux planches ont été laissées inachevées par F. Chauveau, mort en 1674, et qu'elles ont été achevées par l'artiste messin. — Les épreuves qu'on rencontre dans cette édition sont généralement d'un tirage défectueux. On y joint souvent l'édition originale de Phèdre (1677) dont la vignette est de Le Clerc, d'après un dessin de Le Brun. — Pour les deux vignettes d'Esther, voy. ci-après à la date de 1689.

La fin de l'année 1675 et l'année suivante furent surtout employées à terminer des suites dont nous avons déjà parlé : *l'histoire sacrée en tableaux*, par Brianville (J., 116) ; la seconde partie de l'*Histoire naturelle* (J., 122), et à graver quantité de vignettes, parmi lesquelles nous citerons la jolie suite des

Métamorphoses d'Ovide, mises en rondeaux par Benserade (J., 129)[1]. Il y a dans ce livre recherché par les bibliophiles (Brunet, v° Ovide), des vignettes de Chauveau, dont la pointe lourde fait contraste avec la pointe badine et légère de Le Clerc. On connaît des épreuves de cette suite dont le tirage a eu lieu avant celui de l'édition, lequel est généralement inégal [2].

La plupart des ouvrages dont nous venons de parler furent publiés seulement en 1676, ainsi que les *Mémoires pour servir à l'histoire des plantes*, par Dodart, imp. roy., 1676, tr.-gr. in-fol. (J., 123), et les *Oraisons funèbres de Turenne*, par Mascaron (J., 127) et par Fléchier (128), etc., etc.

La belle vignette *pour l'Histoire des plantes*, dont il existe des épreuves avant le texte au verso, a été exactement décrite par Jombert (123-1), mais il n'a pas connu un premier état de la magnifique lettre

---

[1] Voici une note de Mariette qui se rapporte au titre de cette suite : « Une muse, faisant des guirlandes des fleurs qui lui sont présentées par des amours. Titre d'après Le Brun, des *Métamorphoses d'Ovide* en rondeaux, imprimées à l'imprimerie royale en 1676. La lettre de M. Le Brun à M. Benserade (elle est imprimée en tête du volume), qu'il lui écrit en lui envoyant le dessin du frontispice, est datée du 1er novembre 1674 ; ainsi, je crois que les planches auront été gravées dans cette même année 1674. » (*Abecedario*, t. III, p. 105.)

[2] Nous avons publié, dans le *Bulletin du bibliophile* (année 1875), une note développée sur cet ouvrage qui fut commandé par Louis XIV, alors très-épris de la belle Mme de Ludre. — Il existe un tiré à part de ce travail sous le titre suivant : *Madame de Ludre et Madame de Montespan. — Benserade et les Métamorphoses d'Ovide en rondeaux. 1676*. Paris, Techener, 1875. Gr. in-8°.

grise L qu'il décrit (123-3). Cet état, non signalé jusqu'alors, se distingue de celui de Jombert en ce que tout le terrain du parterre, derrière les deux figures, est blanc, moins les ombres portées, ainsi que les deux angles sur l'un desquels (celui de droite) se trouve écrit le nom de Le Clerc. Dans les exemplaires ordinaires, toutes ces parties sont teintées par des lignes transversales ; en outre, des travaux ont été ajoutés dans les vêtements des figures.

En ce qui concerne la vignette de l'*Oraison funèbre de Turenne,* par Mascaron, nous devons remarquer que les bonnes épreuves de la vignette du tombeau (J., 127-1) ainsi que du cul-de-lampe décrit par Jombert (127-4), ne sont pas celles de l'édition donnée par Dupuis en 1676. On doit leur préférer celles qui ont été tirées avant l'édition et qui sont beaucoup plus brillantes. Depuis cette édition, le cul-de-lampe a été changé, et la figure qui le surmonte a été retouchée ; Le Clerc a substitué une femme à l'Apollon du premier état. Pour les autres changements, voyez Jombert (*loc. cit.*).

Le 1er janvier de l'année 1677, l'abbé d'Estrehan présentait à Louis XIV un grand cartel surmonté d'un médaillon contenant le buste du roi, et dont la composition est une *allégorie relative à la jonction des deux mers* (J., 131). Les figures de cette grande et belle pièce sont généralement gravées par Le Clerc, dans la manière de La Belle et de Mellan, c'est-à-dire sans tailles croisées. Les bonnes épreuves en sont difficiles à rencontrer. On doit y apercevoir, sous l'inscription commençant par *Ludovico Magno*..., une tête de soleil rayonnante, très-légèrement tracée, dont on voit à peine quelques vestiges dans les tirages postérieurs.

Peu de temps après, Le Clerc publiait la plus grande estampe sortie jusqu'alors de sa pointe. Elle représente les *machines qui ont servi à élever les deux grandes pierres couvrant le fronton de la principale entrée du Louvre, au-dessus de la colonnade* (J., 132). On en connaît des épreuves avant la lettre qui sont très-rares.

Cette très-grande et très-belle planche a été imprimée par Goyton, dont le nom, écrit à rebours, se lit à la suite de celui de Le Clerc dans les premières épreuves auxquelles la lettre a été ajoutée. Les épreuves de cette catégorie, pour être bonnes, ne doivent pas porter la date de 1677, à la suite du nom de Le Clerc. Au surplus, le nom de Goyton sert à reconnaître l'ancienneté du tirage que l'absence de l'année ne suffit pas, à elle seule, à caractériser, car on rencontre des épreuves où cette date a été, soit grattée, soit dissimulée frauduleusement à l'aide d'un *cache*.

L'estampe de Le Clerc reproduit son dessin qui doit être de 1674, époque à laquelle furent placées les deux immenses pierres tirées de la carrière de Trossy à Meudon. Elles ont 54 pieds de long sur 8 de large et 18 pouces d'épaisseur. M. de Clarac (*Description du Louvre*, p. 377) parle des difficultés qu'offrait le placement de ces énormes monolithes.

On s'en rend compte en examinant l'estampe de Le Clerc qui indique comment ces difficultés ont été surmontées à l'aide d'une ingénieuse série de trucs ou camions, imaginée par le charpentier Quiclin, dont les appareils, avec tous leurs détails, sont fidèlement reproduits dans l'estampe dont il s'agit.

On connaît quatre états de cette pièce.

I. Avant toute lettre. — *De toute rareté.*

II. Avant la lettre dans la marge ; mais on lit vers le milieu, à gauche, près d'une petite hache : *S. le Clerc f.* — *Très-rare.*

III. Avec la lettre. Les mots *S. le Clerc f.* qui se lisaient au-dessus du trait carré, à l'endroit indiqué, dans le troisième état, ont disparu, et on lit au milieu de la marge : *S. le Clerc f.*, et, immédiatement après, le nom de Goyton écrit à rebours. A la suite du nom de Goyton on lit : *1677.*

IV. Le nom de Goyton a disparu.

Deux épreuves, l'une du second état et l'autre du quatrième, se voient au cabinet des estampes ; deux autres, du premier et du troisième état, se conservent dans notre collection.

C'est encore à la même année 1677 que se rapporte une belle *vignette au chiffre du roi* (J., 133). Elle devait décorer quelque volume du cabinet du roi ; mais elle n'a pas servi, et l'on n'en a tiré qu'un très-petit nombre d'épreuves.

Le *labyrinthe de Versailles* est, au contraire, très-commun. La meilleure édition est celle qui est sortie des presses de l'imprimerie royale, en 1677 (J., 134). Il y a eu un tirage avant l'édition et qui, par conséquent, ne porte aucun texte au verso de chaque planche. Suivant Jombert *(loc. cit.)*, il y aurait des épreuves du titre représentant le plan du labyrinthe dans lesquelles il n'y aurait pas d'allées conduisant du chiffre 25 au chiffre 26. Nous n'en avons jamais rencontré de telles; cependant l'assertion de Jombert, sur ce point, est si positive qu'elle ne peut être révoquée en doute.

Nous indiquons ici les différents états de ces planches, qui sont incomplétement décrits par Jombert :

I. — Avant le texte, au verso, il n'y a pas de numéros au haut des planches. Il est impossible d'affirmer que les épreuves sans texte et sans numéros appartiennent à un tirage exécuté avant l'édition, car il y a eu des tirages sans texte et avant les numéros (M. Duplessis, *Cabinet du roi*).

II. — Avant ou avec le texte ; mais toujours sans aucun numéro.

III. — Avec les numéros à droite, en haut de chaque planche. C'est en cet état que se rencontrent les planches de la seconde édition, publiée en 1679. Il y a des exemplaires de cette seconde édition qui ne sont pas datés. Les numéros des planches correspondent à la pagination du volume.

IV. — Les planches ont été retouchées ; il n'y a aucun texte au verso, mais les numéros sont à gauche. L'existence de ces numéros permet de distinguer le quatrième état du premier. Dans cet état (qui est celui de la Chalcographie), les numéros se suivent exactement, tandis que, dans le troisième, ils sont placés selon l'ordre des chiffres impairs : 1, 3, 5, 7, etc. Plusieurs planches ont été diminuées de quelques millimètres, notamment celle qui porte le n° 3.

Il existe une contrefaçon de cet ouvrage ; *à Amsterdam, chez Pierre Mortier*, in-8° oblong, et aussi *Schoonbeck*, 1693, in-4° oblong.

Les occupations de Le Clerc étaient alors tellement nombreuses qu'il ne pouvait suffire à graver toutes ses compositions. C'est ainsi qu'il dut réserver à J. Nolin l'exécution du beau frontispice, décorant l'édition du *Glossaire de Ducange* de 1678 (J., 135), dont le dessin lui appartient, ainsi que l'indique l'inscription gravée au bas de la planche.

Il put cependant exécuter le frontispice du *Mercure géographique* du P. Lubin (J., 136), dont il existe des épreuves avant toute lettre. La gravure de cette planche rappelle la manière de Séb. Le Clerc, lorsqu'il travaillait à Metz. Mais il s'éloigna de cette manière, lorsqu'il exécuta deux charmantes petites vignettes, aussi belles que rares, pour l'*Épître de saint Paul aux Romains* (J., 137) et les *Confessions de saint Augustin* (J., 138).

Nous donnons ci-après la description de ces deux pièces qui manque dans Jombert, ce qui ne permet pas, le plus souvent, de les reconnaître :

Épître de saint Paul aux Romains (J., 137).

L'estampe représente la *conversion de saint Paul*. Il est renversé de cheval, au milieu, après avoir été atteint par un vaste rayon lumineux qui l'éclaire encore. On voit, à droite, des soldats frappés d'étonnement et, à gauche, dans le lointain, d'autres soldats à cheval en avant d'une ville fortifiée. On lit à la droite du bas : *S. Le Clerc f. — Très-rare, surtout avant le texte au verso.*

Largeur, y compris une petite marge, 83 millim. ; hauteur, 31 millim., marge comprise.

Confessions de saint Augustin.

Le saint est représenté à demi couché, à droite, sous un arbre. Il est occupé à lire dans un livre ouvert devant lui, lorsqu'un rayon lumineux, partant du haut de la gauche, vient se projeter sur le livre. A gauche, un jardin potager et, dans le fond, des maisons. On lit dans la petite marge du bas à droite *S. Le Clerc f.*

Largeur, 71 millim.; hauteur, 27 millim., marges comprises.

On connaît deux états de cette pièce :

I. Avant les mots *Tolle lege* qui, dans le second état, se lisent sur le rayon lumineux. Dans le premier état on ne voit sur ce rayon que des caractères indéchiffrables. — *De toute rareté.*

II. Les mots *Tolle lege* se lisent distinctement sur le rayon lumineux. — *Rare.*

La *Carte des environs de Paris* (J., 139) est sans grande valeur artistique. Le travail topographique a été exécuté par les membres de l'Académie ; il a été gravé par Lapointe, en 1678 ; celui de Le Clerc s'est borné à l'exécution de quatre grands cartels, dont l'un est aux armes du roi et l'autre à celles de Colbert.

C'est à l'année 1678 qu'appartient la publication de différents *poëtes italiens*, dont les œuvres parurent sous le nom des Elzevier, quoiqu'imprimées à Paris et éditées par le libraire Thomas Jolly ; mais il est certain que la gravure des vingt-deux vignettes qui décorent l'édition de la *Jérusalem délivrée* (Jombert, n° 140), qui fait partie de cette collection, est de beaucoup antérieure à la publication. Cette certitude résulte de ce que nous avons sous les yeux une suite de ces planches dont plusieurs portent au verso la signature de P. Mariette, tantôt avec la date de 1660, tantôt avec celle de 1668. On est donc forcé d'admettre que les épreuves datées de 1660 proviennent de planches gravées à Metz. Il ne serait même pas impossible que la suite entière, dont la manière rappelle celle de la *Petite géométrie,* gravée en partie à Metz, ait été exécutée dans la patrie de l'artiste.

S'il est incontestable que ces planches ont été gravées avant 1678, il ne l'est pas moins que les épreuves n'en ont été mises dans le commerce qu'à cette dernière date. C'est alors que, suivant Jombert, l'artiste y aurait mis son nom ; mais il n'en est pas moins certain, quoique le fait ne soit pas arrivé à la connaissance de Jombert, qu'il existe des épreuves avant le nom, lequel fut effacé dans la suite ; ce qui constitue un troisième état des planches.

Les faits qu'on vient de retracer laissent sans explication plausible l'existence d'indications figurant même sur les épreuves signées par Mariette, en 1660 et 1668, et qui ont pour objet de marquer les pages de l'édition de 1678, où les planches doivent être placées. La seule explication qui soit admissible, est la suivante : il existe une édition elzevirienne du *Goffredo,* publiée en 1652 sous le nom de *Combi et la Noue,* que l'éditeur de 1678 a eu la prétention de reproduire. L'idée de faire décorer par Séb. Le Clerc une édition semblable à celle de 1652, vint peut-être, dès avant 1660, à l'esprit d'un éditeur qui remit à Le Clerc un exemplaire de cette édition. En gravant ses planches, l'artiste eut le soin d'indiquer dans les marges inférieures le numéro du chant auquel se rapporte le sujet gravé pour l'édition qui fut publiée dix-sept ans après. Tel est le seul moyen de résoudre cette difficulté.

Les épreuves qui se trouvent dans l'édition de T. Jolly, ne portent pas le nom de Le Clerc. Le tirage est généralement défectueux, et ne peut donner une idée exacte de ces charmantes compositions.

D'après nos observations, il y aurait quatre états de ces planches :

I. — Avant toute lettre, autre que le numéro du chant indiqué à gauche dans la marge du bas.

II. — Avec l'indication du tome et du folio, dans la marge du haut. C'est en cet état que les planches ont servi à l'édition de 1678, quoique nous en ayons vu quelques épreuves portant la signature de Mariette, accompagnée de la date de 1668.

III. — Avec le nom de Le Clerc (état indiqué par Jombert).

IV. — Ce nom supprimé (id.).

Nous n'avons pas rencontré ces deux derniers états, qui doivent être très-défectueux.

Après, ou simultanément avec le *Goffredo*, T. Jolly publia, dans le même format : l'*Aminta* (J., 143) ; l'*Adone del Cavaliere Marino* (141) ; le *Pastor fido de Guarini* (142) ; et la *Filli di Sciro* (144).

Nous n'avons aucune observation particulière à présenter sur l'*Aminta* et le *Pastor fido,* si ce n'est qu'il en existe probablement des épreuves avant les indications des marges supérieures ; mais nous n'en avons pas rencontré de telles. Le fait est, au contraire, certain pour l'*Adonis*, dont nous avons sous les yeux une suite entière, tirée avant les indications pour la pagination. Le nom de Le Clerc se trouve sur la première pièce dans cet état, aussi bien que dans les états postérieurs.

Quant à la *Philis*, Jombert cite Mme de Bandeville et M. Paignon-Dijonval, comme possédant des épreuves avec des différences qu'il ne signale pas. Voici celles que nous avons remarquées : le premier état du titre est avant le nom de Le Clerc, avant divers travaux ajoutés aux arbres à gauche, et avant les traits renforcés et prolongés sur le ciel. Même dans le premier état, toutes les pièces de cette suite sont chiffrées de 1 à 8, mais aucune ne porte le nom de Le Clerc, ni dans le premier, ni dans le second état.

Le second état se reconnaît à ce que les pièces chiffrées 2, 3, 4, 5 et 7 portent, à la droite du haut, des indications pour le placement des planches dans le volume. Ces indications n'existent pas dans le premier état. Quelques pièces ont subi des corrections, mais elles sont peu importantes, et il est difficile de les signaler.

Quant à la pièce portant le n° 8, il en existe trois états bien caractérisés :

I. — Les terrains sous les pieds des personnages sont blancs ; les branches des arbres, au fond, n'atteignent pas le sommet de la tête de la femme ; la planche est peu travaillée, et le nom de Le Clerc se lit distinctement à la gauche du bas.

II. — La figure de la femme debout a été complétement changée ; le terrain au-dessous des personnages est entièrement couvert de travaux ; le nom du maître est, en partie, caché par des tailles horizontales ; on voit des touffes d'arbres derrière la tête de la femme ; la planche a plus d'effet.

III. — La femme debout a été en partie changée une seconde fois, ainsi que la petite femme couchée qui se voit au fond. Le pied droit de la femme debout, qui était blanc dans le second état, est ombré dans le troisième ; tout le bas de cette figure, à partir de la main droite, a été refait ; les terrasses à droite ont été étendues ; la planche est encore plus fortifiée de ton ; le nom de Le Clerc se voit toujours difficilement.

L'année 1679 s'ouvre par la publication de la *bataille de Cassel* (J., 145). C'est la plus grande planche que Le Clerc ait gravée. Il en existe des épreuves avant la lettre. Vient ensuite l'*Arc de triomphe de la porte Saint-Antoine* (J., 146). En décrivant cette estampe, Jombert relève avec raison plusieurs erreurs de l'abbé de Vallemont : « En général, dit-il, on ne peut rien établir de certain sur ce qu'il avance dans son livre, tant sur les dates que sur le nombre des estampes qui doivent composer chaque suite. »

Il est certain, en effet, que cette estampe, dont il existe des épreuves avant la lettre, est datée de 1679, à la suite du nom du maître, et non de 1676, comme l'indique l'abbé de Vallemont. — Cependant une estampe représentant le même sujet a figuré à l'exposition de 1673.

Le monument que cette estampe représente est resté à l'état de projet, bien qu'un modèle en grand ait été construit à l'extrémité du faubourg Saint-Antoine, où l'abbé de Vallemont l'a vu. Les dix colonnes corinthiennes, qui devaient soutenir l'entablement, auraient pu offrir un spécimen du nouvel ordre français, inventé par Le Brun, sur lequel Guillet de Saint-Georges donne des détails dans les *Mémoires sur les membres de l'Académie de peinture,* publiés par MM. Dussieux et de Chennevières, etc., t. Ier, p. 33. Malgré les encouragements donnés à cette innovation par Louis XIV et Colbert, elle fut abandonnée.

« Peut-être, dit M. M.-J. Dumesnil (*Hist. des plus*

célèbres amateurs, tome II, p. 262), l'arc de triomphe que Cl. Perrault avait commencé à la porte Saint-Antoine, aurait-il donné une idée avantageuse de l'innovation soutenue par le surintendant des bâtiments. On sait que cet arc, commencé en 1670, ne fut élevé qu'en plâtre (et bois) et détruit quelques années plus tard. Sébastien Le Clerc en a conservé la représentation par la gravure. Ce monument devait avoir des proportions colossales : 150 pieds de haut sur 146 de large. Les faces étaient ouvertes par trois portes décorées de dix colonnes corinthiennes, ou de nouvel ordre français, car la gravure de Le Clerc ne peut faire discerner lequel des deux on voulait employer... Cet arc se terminait par une pyramide : deux renommées, portant l'écusson de France surmonté de deux lions rampants de chaque côté de la statue équestre de Louis XIV qui était placée au sommet du monument. Cette disposition, contraire à celle en usage dans l'antiquité pour les arcs de triomphe, qui se terminent presque toujours par une surface plane, ne devait pas produire un heureux effet à en juger par la gravure. »

On trouve des détails sur l'ordre français dans le supplément au *Traité d'architecture de Le Clerc* (J., 313-188 et suiv., t. II, p. 285), et aussi dans l'abbé de Vallemont, *Éloge de Le Clerc*, p. 196.

Nous arrivons à une des plus ravissantes compositions de Le Clerc, la vignette de *saint Augustin prêchant*, qui se trouve au cinquième volume des œuvres de ce Père de l'Église, publiées chez Muguet, de 1679 à 1700, en onze volumes in-folio (J., 146).

Cette planche a tous les mérites. Outre la perfection de la composition et de la gravure, elle se distingue encore par sa rareté. En effet, pour la placer dans une collection, il a fallu la couper dans le volume, et, par conséquent, déshonorer un ouvrage estimé à 200 francs par Brunet. Aussi ne la trouve-t-on généralement qu'en épreuves tirées après l'édition, c'est-à-dire défectueuses.

Nous avons sous les yeux cinq épreuves de ce chef-d'œuvre, qui présentent les différences suivantes :

I. — Avant toute lettre et avant les arbres derrière les fenêtres, à droite et à gauche de la porte du fond. — Épreuve d'essai avec des indications au crayon pour des corrections à effectuer dans différentes parties de l'estampe.

II. — Également avant la lettre, mais avec les arbres et toutes les corrections indiquées dans l'épreuve d'essai. Les épreuves de cet état sont arrivées à l'effet voulu par le maître et d'une merveilleuse beauté.

III. — Avec la lettre, mais avant le texte au verso.

IV. — Avec ce texte.

V. — Toujours avec la lettre, mais après le tirage du texte au verso.

Cet état se distingue du troisième par une grande raie sur le pilier, laquelle vient couper le livre du lecteur.

Cette vignette a été copiée. — L'original est accompagné de la lettre Q, dont l'intérieur représente saint Augustin écrivant son livre éclairé par la lumière divine.

Les variétés qui viennent d'être signalées n'existent que dans notre collection.

Quoique moins rare que la vignette de saint Augustin, celle qui a été gravée en 1679 par Le Clerc, pour le *Catalogue de la bibliothèque du président de Thou,* est loin d'être commune (J., 148). Les deux volumes, contenant la description de cette magnifique collection, sont décrits par Brunet (art. Thou). La petite vignette représentant l'intérieur de la bibliothèque, est un chef-d'œuvre de perspective.

La suite dédiée à M. de Boucœur (J., 149) est une imitation des Caprices de Callot.

Sans être aussi finement spirituelle que celle qui a été gravée à Florence par le grand artiste de Nancy, la suite de Le Clerc se recommande par des qualités très-réelles. Souvent il égale Callot, et il n'est surpassé par lui que dans les merveilleuses pièces de la suite des *Caprices* de Florence, dont la perfection est telle, qu'il n'a été donné à aucun artiste de l'atteindre. Callot lui-même n'a pu, en recopiant son ouvrage à Nancy, atteindre ce sommet de l'art auquel il était parvenu.

Si, dans cette suite des *Boucœur*, Le Clerc est un imitateur de Callot, il n'est nullement son copiste, ainsi qu'on pourrait le supposer à la vue de deux pièces qui se rencontrent quelquefois dans les anciens œuvres de Le Clerc, mais qui ne sont pas de lui. Ces pièces sont effectivement des copies d'une charmante pièce de Callot, représentant une dévideuse et une fileuse sur une même planche (M., n° 671). Un anonyme, dont la pointe a quelque ressemblance avec celle de Sébastien Le Clerc, a imaginé de faire deux planches avec la composition de Callot. Il a placé la dévideuse dans une chambre presque nue ; quant à la fileuse, il a eu la singulière idée de la substituer à la femme debout qui se voit à la pièce des *Boucœur*, chiffrée 18. Toutes les parties mortes de l'estampe de Le Clerc ont été servilement reproduites, mais elles reviennent en contre-partie. Jombert (t. Ier, p. 249) avait déjà signalé, dans l'œuvre de Lenormant du Coudray d'Orléans, les particularités que nous venons d'indiquer. Il fait remarquer, en outre, que les deux copies de Callot sont tirées sur des cuivres dont les dimensions sont inférieures à celles des planches des *Boucœur*, et il n'hésite pas à déclarer que ces deux copies sont étrangères à cette suite.

Quant à la pièce rarissime (l'homme à l'échelle), qui termine la description de Jombert, on n'en connaît pas plus de cinq ou six épreuves dont les fonds sont assez mal venus, sans que cette faiblesse soit due à l'usure. Il est vraisemblable que cette planche aura subi un accident, à la suite duquel Le Clerc a coupé son cuivre et tiré de cette planche, ainsi réduite, quelques épreuves qui n'ont pas été mises dans le commerce et qui sont presqu'aussi rares que celles de la planche entière. — Il n'avait tiré qu'une seule épreuve de chacune des deux autres planches que Jombert qualifie de *très-rarissimes*. Ces deux pièces ont figuré, jusqu'au commencement de ce siècle, dans la collection Paignon-Dijonval. On ignore ce qu'elles sont devenues.

Ces pièces dites *Les Boucœur* sont encore fort agréables, alors même qu'elles ont été fortifiées de ton et qu'elles ont subi les changements indiqués par Jombert. Les premiers tirages de cette suite, ainsi numérotée, ne sont donc pas à dédaigner ; mais les derniers ne peuvent donner aucune idée du talent du maître. Il y a quelques années encore, les cuivres originaux donnaient des épreuves déshonorées.

Disons aussi qu'il existe, de cette suite, des copies molles, sans franchise et sans esprit. La signature de Le Clerc est assez bien imitée ; mais les numéros diffèrent de ceux des tirages des planches originales, ce qui sert à faire reconnaître la fraude. Ainsi la femme debout, chiffrée 18 dans l'original, porte le n° 10 dans la copie ; le n° 17, original, est devenu le n° 4, et le n° 10 porte le n° 7 dans la copie, etc.

La suite, dédiée à *Colbert d'Hormoy*, appartient à la même famille iconographique. Ces deux suites peuvent servir à ceux qui apprennent à dessiner à la plume. C'est principalement à cet usage que sont destinées les trente planches composant les *Colbert d'Hormoy* (J., 150). La description de Jombert est exacte, ainsi que l'indication des changements qu'il signale entre le tirage de Langlois, qui est le premier, et celui de Jeaurat qui est le second. Ajoutons cependant qu'il y a, pour le n° 8 de cette suite, trois états au lieu de deux qui sont indiqués par Jombert. Ces trois états sont caractérisés ainsi qu'il suit :

I. Le bourgeois a la main pendante ; on ne voit pas de plumes à la partie supérieure de son chapeau ; on n'aperçoit pas, sur son manteau, un pli faisant crochet.

II. On voit les travaux indiqués ci-dessus ; le bourgeois retient son manteau à pleine main.

Dans ces deux états, il n'y a point de numéro.

III. La figure du bourgeois a été entièrement refaite pour le tirage de Jeaurat ; la main est autrement posée, elle retient le manteau avec l'index et l'annulaire ; on ne voit plus les attaches de la culotte au-dessus du mollet.

Discours touchant le point de vue, par Séb. Le Clerc. Paris, Thomas Jolly, 1679. In-12. (J., 151).

Si nous mentionnons cet ouvrage, c'est uniquement pour ne pas paraître en avoir ignoré l'existence. Il est cité par Brunet comme un des principaux ouvrages de Le Clerc ; en réalité, c'est un des moindres.

Oraison funèbre de la duchesse de Longueville, morte le 15 avril 1679 (J., 152). Cette suite se compose d'un fleuron, d'une lettre ornée et d'une jolie vignette qui, après avoir été employée à décorer l'oraison funèbre de Mme de Longueville, a servi à celle de La Vrillière, en 1681, et à celle de la princesse Palatine, en 1685, avec quelques changements indiqués au n°s 169 et 198 du Catalogue de Jombert.

Nous négligeons certains ouvrages peu importants pour arriver aux travaux considérables que Le Clerc exécuta, d'après les dessins de Le Brun sur lesquels ont été faites les *Tapisseries historiques représentant les conquêtes de Louis XIV* (J., 156, 171, 174). Ce grand travail fut exécuté longtemps après les événements qu'il retrace. Il s'écoula même un intervalle de plusieurs années entre la première planche des Tapisseries historiques et la dernière. Néanmoins nous croyons devoir réunir ici ce que nous avons à dire sur ces belles compositions, qui font autant d'honneur au peintre qui les a conçues qu'au graveur qui les a reproduites [1].

Ire *Tapisserie historique* (J., 156.)

Elle représente la défaite du comte de Marsin, commandant l'armée espagnole. Cet événement eut lieu le 31 août 1667, peu de jours après la prise de Lille. Le moment choisi par l'artiste est celui où Louis XIV, vu de trois quarts, donne l'ordre à Créqui d'attaquer Marsin, près du canal de Bruges. Nous croyons que le personnage, vu de dos, à cheval et chapeau bas, ne peut être autre que Créqui qui reçoit

---

[1] Une note de Mariette (*Abecedario*, t. III, p. 107), indique que la suite des Tapisseries historiques devait être accompagnée de devises comme les Tapisseries des *saisons et des éléments*. L'une de ces devises a été gravée par Le Clerc, sur le dessin de Bailly. C'est la façade du Louvre, suivant le projet de Bernin (J., 218).

Mariette avait vu chez Baluze le dessin de Bailly, représentant le projet de Bernin. Il y en avait plusieurs autres qui devaient servir de devises aux Tapisseries historiques ; mais ces dessins n'ont jamais été gravés. Tous ces dessins de Bailly avaient été donnés à Baluze par Colbert.

l'ordre du roi de poursuivre Marsin. En effet, le chiffre de Créqui, avec deux bâtons de maréchal en croix, se remarque sur la housse du cheval. Or, aucun personnage de marque, autre que Créqui, ne peut figurer dans cette action, bien qu'il n'ait été fait maréchal que l'année suivante; mais cette dignité lui ayant été conférée avant la composition de la tapisserie, on conçoit que les artistes, chargés de ce travail, aient pu se permettre ce léger anachronisme. Les autres personnages sont de fantaisie.

2ᵉ *Tapisserie. Le siége de Tournay* (J., 171).

Ici, le roi n'est pas au premier plan. On l'aperçoit dans la tranchée donnant des ordres et exposé au feu de l'ennemi. Plusieurs historiens rapportent ce fait au siége de Lille. La légende de la gravure mentionne expressément le siége de Tournay.

3ᵉ *Tapisserie. Le Siége de Douai* (J., 172).

La composition représente l'intérieur d'une tranchée où l'on voit le cheval d'un garde du corps, tué d'un coup de canon, à quelques pas du roi. C'est, comme on le voit, à peu près le même sujet que le précédent, mais autrement traité.

Cette tapisserie, merveilleusement conservée, fait partie de la collection des Gobelins.

4ᵉ *Tapisserie. Renouvellement de l'alliance entre la France et la Suisse en 1663* (J., 173).

Dans cette estampe, Le Clerc n'a fait que la bordure et une partie de la préparation à l'eau-forte. La planche a été achevée avec tout le soin possible par Nolin. — Cette pièce est recherchée à cause des costumes. Au centre, on voit Louis XIV qui prête serment sur l'Évangile ; derrière lui on voit son frère Philippe, le prince de Condé et le duc d'Enghien son fils. Le personnage debout entre eux est Olivier d'Ormesson, et le cardinal, assis, tenant l'Évangile, est Barberini, archevêque de Reims. Cette tapisserie, appartenant en 1874 à M. Beurdelay, a figuré à l'exposition des Alsaciens-Lorrains installée au palais Bourbon.

Le traité avait été signé à Soleure, le 4 septembre 1663. Les Suisses envoyèrent à Paris une ambassade pour le ratifier. Après la cérémonie, les ambassadeurs furent conduits dans la salle de l'archevêché, où avait été préparé un repas auquel le roi assista (M. Eudore Soulié, *Musée de Versailles*, 2ᵉ partie, p. 148). Il existe à Versailles (1ᵉʳ étage, salon de Mercure, nº 2073) une répétition de cette Tapisserie, par Pierre de Sève.

On connaît deux états, non du sujet terminé par Nolin, mais de la bordure gravée par S. Le Clerc :

I. — Avant toute lettre.

II. — La lettre existe sur le cartouche, et on lit à droite : *Sim.* (sic) *Le Clerc sculps. 1680;* et à gauche : *Car Le Brun jnuen. Pet. Seue pinxit.*

Même dans les épreuves du premier état, on lit toujours à la droite du bas de la composition, aux pieds d'un religieux : Iº. *Nolin sculpsit.*

5ᵉ *Tapisserie. La reddition de Marsal* (J., 174).

Cette pièce, la première suivant l'ordre chronologique de l'événement (1663), se trouve être la dernière qui ait été gravée (1682). Ici encore, comme pour l'alliance des Suisses, Sébastien Le Clerc n'a pas terminé la planche. Nous en avons sous les yeux une épreuve d'eau-forte pure, assez avancée, semblable à celle qui est décrite par Jombert ; elle est nécessairement avant la lettre. On connaît aussi des épreuves, avant la lettre, de la planche terminée par Simonneau (suivant Jombert) ; par Jeaurat, suivant d'autres.

Les épreuves avant la lettre, dans le cartouche du milieu, portent, à la gauche du bas : *Séb. Le Clerc fecit*, et, à droite, *A Paris, rue Saint-Jacques, aux deux piliers d'or*, ce qui est l'adresse d'Audran. La tapisserie fait partie de la collection des Gobelins [1].

Ces cinq grandes pièces, aujourd'hui très-recherchées, furent publiées de 1680 à 1682. Pendant cet intervalle, nous trouvons à noter les morceaux suivants :

Tivoli. — Charmante vignette pour une pièce fugitive, en prose et en vers, adressée par Santeuil à Mme de Thiange, et publiée à Paris chez Le Petit, 1680 (J., 158). Cette vignette est accompagnée d'une lettre ornée C, l'une des plus jolies de Le Clerc. On connaît des épreuves de ces deux pièces avant le texte au verso.

Éloge du cavalier Bernin par l'abbé de la Chambre. — Paris, 1680, in-4º (J., 159). Il existe de cette jolie vignette des épreuves avant le texte au verso.

---

[1] Voir sur cette suite, connue sous le nom de *Tenture de l'histoire du roy*, un article de M. A. Darcel, *Intermédiaire*, 1875, p. 108.

Heures dédiées à Madame la Davphine. — Metz, François Bouchard, 1680, in-12 (J., 160). Cette suite témoigne des bonnes relations qui continuaient à exister entre Le Clerc et son ami François Bouchard, de Metz. Les planches ont subi de nombreuses corrections incomplétement signalées par Jombert. Nous allons en reproduire l'indication, en y ajoutant les différences que nous avons pu constater.

N° 3. — *L'Immaculée Conception.*

On en connaît deux états avant le texte au verso :

I. — Avant les contre-tailles sur la colonne à gauche ; avant l'augmentation des rayons lumineux ; avant les ombres renforcées, etc.

II. — Les corrections ont été exécutées.

N° 4. — *L'enfant Jésus sur des nuages.*

Deux états :

I. — Avant l'augmentation des rayons lumineux.

II. — Des rayons lumineux ont été ajoutés. On connaît des épreuves de cet état avant et avec le texte au verso.

N° 5. — *Le Crucifix.*

Trois états :

I. — Les rayons lumineux, autour de la tête du Christ, sont très-apparents, ainsi que les tailles horizontales derrière ces rayons. On rencontre des épreuves de cet état avant et avec le texte au verso.

II. — Les rayons sont éteints, ainsi que les tailles horizontales ; il y a des épreuves avec et sans texte au verso.

III. — Des rayons lumineux ont été ajoutés ; on remarque, en outre, des tailles croisées sur le nuage, à droite, de nouveaux travaux sur les terrains à droite et à gauche, etc.

N° 6. — *Descente du Saint-Esprit.*

Deux états :

I. — Avant les tailles croisées sur le haut de la draperie et quelques tailles prolongées.

II. — Ces travaux existent.

N° 7. — *Adoration* du *saint sacrement.*

Deux états :

I. — Avant l'augmentation des rayons lumineux et des travaux ajoutés aux ailes et aux vêtements des anges.

II. — Ces travaux existent.

N° 8. — *Saint Joseph debout.*

Deux états :

I. — Avant divers travaux sur les terrasses, sur la robe, etc.

II. — Avec ces travaux.

N° 9. — *L'Ange gardien.*

Deux états :

I. — Avant le nuage fortifié et quelques tailles ajoutées près du pied de l'Ange, sur son vêtement et sur ses ailes.

II. — Avec les travaux dont l'absence caractérise le premier état.

Il y a diverses pièces de cette suite tirées avec le texte au verso, et dont les épreuves sont cependant du premier état, ce qui semble indiquer que les planches ont été envoyées à Le Clerc pour les travailler à nouveau. Il est possible cependant qu'elles aient été exécutées pendant un séjour que l'artiste messin aurait pu faire dans sa ville natale, après 1680 ; mais c'est une simple conjecture.

Recueil des panégyriques du roi par l'abbé Tallemant. Paris, Le Petit, 1680, in-8º (J., 161). Cette jolie suite de vignettes et de lettres ornées est difficile à réunir, surtout en épreuves tirées avant le texte au verso. Le frontispice seul présente une différence. Dans le premier état, on ne voit pas un caducée dans la main de la figure représentant l'Abondance. Ce caducée existe au second état.

Tableaux où sont représentées la passion de N. S. J. C. et les actions du prêtre à la sainte messe, avec des prières correspondantes aux tableaux. A Metz, chez François Bouchard, sur la place Saint-Jacques, à la Bible d'or, 1680, in-12 (J., 162).

Tel est le titre de la suite dite la *troisième Messe*, pour laquelle il n'y a pas de frontispice gravé. Elle est mieux exécutée, mais beaucoup moins rare que les deux premières messes (J., 52 et 66). Il a été tiré des épreuves de ces trente-cinq pièces avant le texte, au verso.

On connaît trois états de cette suite :

I. — La suite est chiffrée, au bas, de 1 à 35. Le nom de Le Clerc se trouve seulement sur la dernière pièce. Aucune inscription autre que les numéros n'est gravée sur les planches. — Le chiffre 1 du premier morceau se trouve dans l'angle droit du bas. Il n'y a pas de texte ni au recto ni au verso.

II. — Le chiffre 1 du premier morceau a été reporté un peu en avant de l'enfant de chœur. Il y a des inscriptions, en caractères typographiques, au haut et au bas du recto. Il existe un texte au verso.

III. — Le texte du verso est différent de celui qui se trouve au second état. Les numéros gravés ont été changés. La suite entière est chiffrée, par les numéros pairs seulement, de 2 à 70. Le nom de Le Clerc est écrit à rebours sur le numéro 2; il est ainsi écrit, dans le vrai sens, au n° 70 : *S. le Clerc.*

Quérard, dans la *France littéraire*, indique une édition de la troisième Messe sous le titre suivant : *La Passion de J. C., et les actions du prêtre à la sainte messe, avec les prières correspondantes aux tableaux* (grav. par Séb. Le Clerc. Paris. 1729, in-12). Nous n'avons pas rencontré cette édition de 1729. — Quérard, et, après lui, plusieurs bibliographes, ont confondu cette troisième Messe avec les *Figures de la Passion dédiées à M*^{me} *de Maintenon* (J., 232), qui sont toujours sans aucun texte. Ce sont deux ouvrages différents.

Cette suite a été copiée par Bernard Picart. Elle est précédée d'un titre gravé ainsi conçu : *Les cérémonies des petites messes représentées en trente cincq* (sic) *figures avec leurs conformitéz* (sic) *à la passion de nôtre* (sic) *seigneur Jésus-Christ.*

Cette suite de copies est exécutée dans le sens des planches originales. Celle que nous avons sous les yeux est sans numéros et sans texte au verso. Sur quelques pièces : *l'introït; le prêtre lave ses mains; le nobis quoque peccatoribus; aux dernières oraisons*, on lit : *Séb. le Clerc del. B. Picart sculp. dir. 1722.* Une inscription gravée dans le haut de chaque planche indique le sujet du tableau de la Passion qui se trouve sur l'autel ; une autre inscription, dans le bas, fait connaître l'action du prêtre.

La gravure de ces copies, quoique bien exécutée, est plus molle que celles des planches originales.

Le Camouflet des auteurs négligens en faveur des jeunes orateurs. Paris, place Dauphine, A la Renommée, 1680, petit in-8º (J., 164).

Ce titre est celui de deux frontispices dont nous allons donner une nouvelle description ; mais il est douteux qu'il désigne spécialement un livre contenant le seul titre de Camouflet, vocable favori de Richesource, et qui se rencontre sur plusieurs de ses publications.

On doit avertir aussi que les cinq pièces décrites par Jombert, et réunies sous le même nº 164, ne forment pas, à proprement parler, une suite. Ce sont des frontispices gravés pour décorer différents ouvrages de Richesource. Ils ne se trouvent jamais réunis dans la même publication.

C'est pour ce motif que Jombert a raison de dire que ces cinq pièces sont très-difficiles à réunir dans l'œuvre de Le Clerc. Elles sont tellement rares que Mariette n'en a connu que quatre. Ajoutons que deux surtout sont particulièrement ravissantes : la première planche du Camouflet et le portrait de Richesource.

Suivant les nouveaux éditeurs de Quérard, le vrai nom de Richesource serait Oudart ; mais il est certain, qu'il s'appelait Jean de Soudier, sieur de Richesource. C'est aussi ce nom qui lui est donné par Saint-Marc, au t. III, p. 322, note 8, de son édition de Boileau, Paris, 1757. En tout cas, c'était un original plus prolixe que spirituel. Quoiqu'il ait composé environ vingt-cinq ouvrages d'assez longue haleine, dont six seulement ont été connus par les nouveaux éditeurs des *Supercheries littéraires de Quérard,* il n'a pu trouver place dans aucune biographie. C'est probablement le plus ancien des *conférenciers,* à en juger par le titre d'un de ses ouvrages : *Conférences académiques sur toutes sortes de sujets problématiques utiles et agréables.* Paris, l'auteur, 1661-1665, in-4°.

On rencontre encore, de temps en temps, quelques ouvrages de Richesource ; mais les plus rares à trouver complets sont ceux dont les collectionneurs des gravures de Séb. Le Clerc ont mutilé les exemplaires, pour en détacher les estampes.

Les trois premières pièces décrites par Jombert sont de l'invention de l'auteur, qui s'est fait représenter lui-même dans la troisième. On y lit, comme sur les deux précédentes : *R. inv.* ou *invenit.* Néanmoins, le dessin appartient à Le Clerc qui a eu le soin de nous en avertir par les mentions *F., fecit* ou *Pinx. et sculps,* qu'on lit sur les trois premières pièces. Il est également l'auteur du dessin des deux dernières compositions dont la gravure a été exécutée par Benoît Audran.

Il existe des épreuves de ces cinq pièces avant la lettre et aussi des épreuves avec la lettre, mais avant le texte au verso. Les unes et les autres sont excessivement rares.

Nous n'avons jamais vu aucun ouvrage de Richesource portant le titre de Camouflet et suivi des énonciations portées sur le frontispice gravé. Nous doutons que ce mot soit, à proprement parler, le titre d'un livre. En effet, nous avons sous les yeux un ouvrage in-4º de Richesource que les nouveaux éditeurs de Quérard n'ont pas connu. Il est intitulé *Les plaisirs et les avantages de la lecture du cabinet* (1680). C'est une seconde édition. Un second titre, très-prolixe, explique que cet ouvrage est la critique, au point de vue littéraire et grammatical, de la Relation de la prise de Fribourg (en Brisgau). Outre ces deux titres, imprimés sur deux feuillets différents, ce volume contient un frontispice portant le mot *Camouflet*, dans le cartouche du haut. Dès lors, on est porté à croire qu'un frontispice pareil, ou du moins analogue, décore la première édition des *Plaisirs et des avantages de la lecture*. Ce frontispice, placé en tête de la seconde édition, n'est autre que la pièce décrite par Jombert sous le nº 2 ; il est moins légèrement gravé que la pièce décrite sous le nº 1er ; les figures sont plus grandes, et il y a une fenêtre à droite qui n'existe pas dans le nº 2. Du reste, nous allons donner une description nouvelle des deux planches portant le mot

Camouflet. Celle dont nous venons de parler est la seconde.

Première planche (n° 1 de Jombert). — On voit un poëte, couronné de lauriers, assis à côté d'une table sur laquelle il dort appuyé sur son coude gauche. Un vieux satyre lui donne un camouflet pour le réveiller. On lit dans un cartouche placé au milieu du haut de l'estampe, sur une draperie attachée à gauche, cette inscription en cinq lignes : *Le | camouflet | des Auteurs négligens, | en faveur | des jeunes orateurs.* | Au fond, derrière le satyre, se trouve une *fenêtre.* On lit sur la légende sortant de la bouche du satyre : *Dormis Homere! Hora. A. P.* Au bas de l'estampe, dans un cadre rectangulaire, on lit une inscription en neuf lignes dont six sont en vers ; au-dessus du cadre se trouve le titre de l'inscription : *La critique aux auteurs négligents*, et, à la fin de la neuvième ligne, *1680* ; puis, plus bas : A Paris | avec Privilége du Roy. — Sur une marche, dans l'intérieur de l'estampe, on lit : *S. Le Clerc f. R. Inv.* Cette dernière mention indique que le dessin, ou tout au moins l'idée de la composition, appartient à Richesource.

Les épreuves de cette première planche sont dites *à la fenêtre* qu'on ne voit pas dans celles de la seconde. Cette première planche est gravée très-légèrement ; elle donne des épreuves transparentes et incapables de résister à un nombreux tirage. Ce sont les plus rares. La seconde planche, au contraire, a été gravée de manière à faire mordre l'eau-forte profondément, et afin de pouvoir résister à de nombreux tirages. Aussi les épreuves en sont-elles plus lourdes, moins transparentes ; elles sont moins rares que les premières.

Seconde planche (n° 2 de Jombert). — Le cartouche du haut est placé sur une draperie attachée à droite. Il n'y a pas de fenêtre, mais on voit une *mappemonde* sous la draperie. L'inscription gravée dans le cartouche contient six lignes au lieu de cinq. Elle est identique à celle de la première planche, jusques et y compris les mots : « en faveur » après lesquels on lit, dans la seconde planche : *Des jeunes* auteurs de l'Académie | des philosophes orateurs. | La légende sortant de la bouche du satyre est la même, sauf que l'indication de la citation (fausse) d'Horace est formée par les trois lettres *Hor*. L'inscription dans le rectangle du bas est la même ; il n'y a de différence que dans l'écriture de la date de 1680 qui, au lieu d'être en chiffres arabes italiques, comme dans la première planche, est écrite en chiffres romains M.D.C.L.XXX. La mention du privilége, qui est en caractères romains dans la première planche, se trouve en caractères italiques dans la seconde. Enfin on lit sur la marche, sous le siége du poëte : *R. Inv. S. Le Clerc fecit.* Les épreuves de cette seconde planche sont dites à la *mappemonde*.

Cette seconde planche décore une critique de la Relation de la prise de Fribourg, qui avait paru, pour la première fois, en 1676 ou 1677 sous le titre de *Rectification*. La seconde édition de cette critique, que décore la seconde planche, a paru sous le titre suivant : *Les plaisirs et les avantages de la lecture du cabinet, ou les délicatesses de l'élégance de la prose française*, par... de Richesource, modérateur de l'Académie des orateurs, place Dauphine, à l'Académie des philosophes orateurs, deuxième appartement. Paris, 1680, in-4º.

L'ouvrage dont nous venons de parler ne doit pas être confondu avec un autre du même auteur et auquel le même frontispice se trouve joint. Il a pour titre : *Les Plaisirs de la lecture, aux vives lumières du camouflet...* Paris, 1681, in-12. Il est quelquefois accompagné du frontispice de Séb. Le Clerc, qui décore l'ouvrage in-4º, dont le titre commence également par le mot *Plaisirs*. Ce frontispice est celui dans lequel il n'y a pas de fenêtre.

Il résulte de ce qui précède que la seconde planche a décoré au moins deux ouvrages de critique littéraire, composés par Richesource, et peut-être un plus grand nombre. En a-t-il été de même de la première planche? C'est ce que nous ne pouvons affirmer.

La planche cotée 3 par Jombert a été exactement décrite par lui. Ajoutons que cette estampe est le portrait de Richesource lui-même, en costume ultra élégant, où il paraît être un véritable type du bourgeois gentilhomme. On en connaît des épreuves avant la lettre et d'autres avec la lettre, mais avant aucun texte au verso. Elles sont très-rares. Nous n'avons pu découvrir tous les ouvrages que cette planche était destinée à décorer, mais nous l'avons rencontrée sur un volume intitulé : *Quatorze problèmes choisis des onze volumes des conférences académiques et oratoires, traitez pour et contre avec leurs décisions*. Paris, place Dauphine, à l'Académie des philosophes orateurs, 1686, in-12. Les épreuves tirées de ce volume sont sans texte imprimé au verso ; elles sont préférables à celles de la même planche qui décorent un volume in-4º avec un texte au verso dont nous n'avons pu lire que des fragments. Nous avons fait reproduire ce portrait intéressant à cause du costume et de sa rareté. Cette reproduction, faite par M. Amand Durand, donne une idée de la manière de Sébastien Le Clerc.

Nous ignorons également quels sont les ouvrages auxquels s'appliquent les nos 4 et 5 de Jombert. Tout ce que nous pouvons dire, c'est que ce sont des ouvrages religieux qui n'ont aucun rapport avec le *Camouflet*. Richesource en a fourni l'idée, sur laquelle Le Clerc a fait des dessins qui ont été gravés l'un et l'autre par Benoît Audran. C'est à propos de ces ouvrages que Jombert appelle leur auteur M. l'abbé de Richesource. Rien ne prouve qu'il ait jamais été dans les ordres, quoiqu'il ait fait un cours de prédication. Voyez sur cet original, dont l'illustre Fléchier a suivi les cours, M. l'abbé Delacroix, *Hist. de Fléchier*, Didier, 1865, in-12, t. Ier, et l'*Intermédiaire de 1875*. Charles Labitte a parlé de Richesource au t. II de ses *Études littéraires*, p. 374 ; il dit que les contemporains de ce charlatan oratoire l'appelaient un *distillateur de galimatias*. Ce mot se retrouve dans les *Réflexions critiques* de Boileau : « Si Pindare, dit-il, s'était énoncé comme lui (Perrault), La Serre ni *Richesource* ne l'empor-

CHAPITRE III. — 1673—1682. 137

teraient pas sur Pindare pour le *galimatias* et pour la bassesse. (Ed. de Saint-Marc, t. III, p. 322.)

Conversations par Mademoiselle de Scudéry. Paris, 1680, 1684; 4 vol. in-8° (J., 165).[1]

Cette suite ravissante se compose de quatre pièces. Les deux premières ayant été incomplétement décrites par Jombert, nous allons en signaler les différents états.

Disons d'abord que chacune de ces estampes sert de frontispice aux quatre volumes des *Conversations*, et qu'elles sont décrites par Jombert de 1 à 4.

N° 1. — On en connaît quatre états :

I. — Avant le mot CONVERSATIONS dans la marge du bas. Il faut se garder de confondre ce premier état avec le troisième ; les caractères distinctifs sont indiqués ci-après.

II. — Avec le mot CONVERSATIONS.

III. — Le mot *Conversations* a été effacé.

Cet état se distingue du premier en ce qu'on ne voit plus, dans la marge du bas, un petit trait échappé sous l'ombre portée des personnages. En outre, plusieurs changements ont été faits.

Ainsi, sous l'arcade du fond, on aperçoit trois personnages au lieu de deux qu'on voyait dans les états précédents : la chevelure d'un seigneur vu par derrière, et qui donne le bras à une dame, au premier

---

[1] Sur la valeur littéraire des *Conversations*, voy. MM. Rathery et Boutron : *Mademoiselle de Scudéry*. Paris, Techener, in-8°, p. 116 et suiv.

plan, a été augmentée et allongée ; en avant de l'arcade, au lieu d'une seule figure enveloppée dans un manteau, il y en a deux.

IV. — Outre tous les changements ci-dessus indiqués, on lit dans la marge : *La grande galerie de Versailles.*

N° 2. — On en connaît quatre états :

I. — Avec le jet d'eau presque blanc au fond, à droite ; avant que les ombres du jet d'eau, formant cascade à gauche, aient été étendues et fortifiées ; avant les tailles prolongées sur la jambe nue de la femme placée derrière celle qui tient un livre.

II. — Avec les travaux indiqués comme manquant au premier état.

III. — Le roi qui, dans les états précédents, n'avait pas d'épée, en a une dans celui-ci.

IV. — Entièrement retouché, les ombres ont été fortifiées.

Il n'y a aucune différence à signaler pour les deux dernières pièces.

Cette édition originale des Conversations (le meilleur des ouvrages de Mlle de Scudéry), est à peine mentionnée, et fort inexactement, dans la dernière édition du *Manuel* de Brunet.

Les épreuves tirées pour l'édition ne sont pas toujours satisfaisantes ; il y a un grand choix à faire pour composer une belle suite de ces jolies estampes.

Panégyrique de saint Louis par Bourdaloue. Paris, 1681, in-4° (J., 166).

Encore une édition originale omise dans le *Manuel* de Brunet. Elle valait cependant bien la peine d'être mentionnée, quand ce ne serait que pour signaler les deux ravissantes vignettes et la lettre ornée qui la décorent.

La lettre V et le cul-de-lampe ont été exactement décrits par Jombert.

Quant à la vignette, elle se présente sous deux états, dont le premier est de la plus grande rareté :

I. — L'inscription *Dan vita le ferite aspre* est en caractères italiques. L'épreuve avant le texte, que nous avons sous les yeux, est aussi avant les changements caractéristiques du second état.

II. — La légende du premier état est ici en petites capitales ; les traits perpendiculaires sous *Dan* et *aspre* ont été renforcés, ainsi que le double trait carré du bas ; l'ombre a été étendue en haut et au bas de l'écu fleurdelysé.

Cet état est celui qu'on rencontre dans le volume.

Les édifices antiques de Rome, par Desgodetz. Paris, J. B. Coignard, 1682, grand in-folio.

Ce bel ouvrage ne contient que deux estampes de Sébastien Le Clerc, qui ont été exactement décrites par Jombert (n° 167). Il a été exécuté aux frais du roi et, après l'impression, Colbert fit présent de toute l'édition et des planches à l'auteur. Les deux pièces de Le Clerc n'ont donc pas été mises dans le commerce.

Poëme à la louange de M. Le Brun, par Charles Perrault. Paris, 1681, in-4° (J., 168).

Cet ouvrage de Charles Perrault n'est mentionné nulle part. Il se recommande cependant, à défaut d'autre mérite, par les estampes de Le Clerc qui, sans être aussi remarquables que les précédentes, ont aussi leur valeur, surtout lorsqu'elles ont été tirées avant l'impression du texte au verso.

Ménage goûtait fort cette production de son ami : « J'aime infiniment, dit-il, son poëme de la peinture, qu'il a fait pour son ami, M. Le Brun. Il est un peu obscur en quelques endroits et trop négligé en d'autres. Je le préfère néanmoins à celui que Molière a fait pour M. Mignard. » (*Menagiana,* t. III, p. 2). Perrault préféré à Molière ! La postérité n'a pas ratifié ce jugement. Il est vrai que Ménage avait un peu le droit de garder quelque rancune à Molière.

Quant aux *Fables d'Esope* (J., 170), c'est un travail qui, sans être indigne de Le Clerc, ne mériterait pas qu'on s'y arrêtât, s'il n'y avait lieu de compléter la description de Jombert.

On en connaît plusieurs états :

I. — Avant aucune adresse sur le titre et avant les changements que nous allons signaler, pour certaines pièces du second et du troisième état.

II. — On lit au bas du titre :

A Paris, chez Jeaurat, au Bas-des-Fossez-Saint-Victor. En outre, certaines pièces ont été retouchées après la mort de Le Clerc par Jeaurat, son gendre, devenu possesseur des planches.

III. — L'adresse de Jeaurat a été effacée, et on lit à la place : V^e *suite;* en outre, la suite est chiffrée de 96 à 118, à la droite du haut.

Les différences suivantes se remarquent entre certaines pièces du premier état d'une part, et celles des deuxième et troisième états d'autre part. Les pièces présentant des différences portent les numéros suivants dans la description de Jombert :

3. — *Le loup et la grue.*

Ier état. — Avant divers travaux ajoutés sur le fond, entre les deux animaux.

II. — Avec ces travaux.

5. — *La chienne avec ses petits et le chien.* — Ier état. Avant des travaux ajoutés sur la paille, entre les deux chiens.

II. — Avec ces travaux.

9. — *L'homme et son image.* — Ier État. Avec le bras droit presque blanc et la jambe droite blanche.

II. Les parties blanches sont ombrées.

10. — *La mort et le malheureux.* — Ier État. Avant des travaux ajoutés sur le haut du bras du bûcheron.

II. Avec ces travaux.

14. — *Le renard et les raisins.* — Ier État. Avec la maison blanche derrière le renard.

II. La maison est ombrée.

15. — *La chasse au lion.* — Ier État. Avant la bordure et les angles ombrés. — Cette pièce est la seule que nous ayons vue en cet état. Il ne serait

pas impossible qu'il existât des épreuves d'autres pièces également avant la bordure et l'ombre dans les angles ; mais nous n'en avons jamais rencontré de telles. En tout cas, ce seraient des épreuves d'essai analogues à celle que nous décrivons.

II. Avant divers travaux ajoutés depuis à la crinière du lion, au dos de la chèvre et au col du bœuf.

III. Avec tous ces travaux.

16. — *Le rat de ville et le rat des champs.* — 1er État. La jambe gauche de l'homme est blanche ; de nombreux travaux n'ont pas encore été ajoutés à la draperie.

II. Avec les travaux omis dans le premier état.

19. — *L'homme entre deux âges et ses deux maîtresses.* — Ier État. Avant les tailles croisées sur les draperies et divers autres travaux.

II. Avec ces travaux.

20. — *La cage et l'oiseau échappé.* — Ier État. Avant des nuages noirs ajoutés dans le haut et des tailles croisées sur toutes les parties du ciel.

II. Avec les travaux absents dans le premier état.

21. — *Les deux taureaux et la génisse.* — Ier État. Avant divers travaux ajoutés sur le derrière du taureau, à gauche, et principalement sur la cuisse gauche.

II. Avec ces travaux.

22. — *Le pédant et l'écolier qui se noie.* — Ier État. Avant des travaux ajoutés sur le tronc d'arbre et sur le bas du vêtement de l'homme, etc.

II. Avec ces travaux.

23. — *Le renard et le bouc.* — 1er État. Avant des

travaux ajoutés aux arbres sur le bord du puits, au col du loup, etc.

II. Avec ces travaux.

Nous renvoyons à l'ouvrage de Jombert pour la description de quelques autres suites, et notamment pour celle des monnaies, et nous continuons l'intéressante série des vignettes gravées pour l'ornement des livres, en nous arrêtant aux plus remarquables.

CHAPITRE IV.

TRAVAUX DE LE CLERC AUX GOBELINS.

2ᵉ Décade. — 1683-1692.

Travaux cités. (*Les numéros renvoient au Catalogue de Jombert.*)

L'Histoire de la Ligue, par Mainbourg (178); le grand Concile (180); Heures dédiées à la Dauphine puis à la Chancellière (181); Oraison funèbre de Marie-Thérèse, par Bossuet (185); id., par Fléchier (186); id., par De la Chambre (187); Oraison funèbre du prince de Condé, par Bourdaloue (188); les quatre Abbés (189); la Vie des prédestinés (190); le Mai des Gobelins (191); la grande Harpe mystérieuse (192-193); *Fide et Obsequio* (194); Alexandre et Hercule, ou *Plures non capit orbis* (195); les Courtenvaux (196); les Heures de Venise (202); Nouvel ordre français, par Le Brun (203); id., par Le Clerc (204); Figures à la mode, dédiées au duc de Bourgogne (205); Martyre de saint Jean (208); Vie de J. C., par Saint-Réal (209); Saint Paulin (210); Saints d'Audran (211); Grandes conquêtes (212); Réception du roi à l'hôtel de ville (213); Monument de Troyes (214); Galerie de Versailles (215); Histoire métallique de Hollande (216); Annales de Toulouse (217); Façade du Louvre de Bernin (218); Manuel d'Épictète (219); l'Incrédulité de saint Thomas (220); Martyre de saint Étienne (221); Saints de Gantrel (222); Deux écrans (223); la grande Esther (224); la petite Esther (120); Épitaphe et tombeau de Berbier de Metz (225); Deux médailles ou monnaies (226); Enfants déroulant un plan (227); Marc-Aurèle (231); Figures de la passion présentées à Mᵐᵉ de Maintenon (232).

Histoire de la Ligue, par le père Mainbourg. Paris, Cramoisy, 1683, in-4º (J., 178).

C'est surtout à propos de cette suite qu'on peut constater combien laissent à désirer certaines épreuves tirées du livre qu'elles sont destinées à décorer. Cela se comprend, si l'on réfléchit que les planches ont dû subir de nombreux tirages et que les derniers sont nécessairement faibles. Nous possédons deux séries de cette suite à l'aide desquelles cette remarque peut se faire avec d'autant plus de facilité que plusieurs de nos épreuves sont *d'essai*, et portent des indications au crayon pour les changements que Le Clerc a jugé à propos d'effectuer. Nous allons indiquer ces changements en suivant l'ordre adopté par Jombert.

N° 1. — *Signature du traité de la Ligue.*

Deux états :

Ier État. Avant l'ombre portée derrière la tapisserie ; avant les tailles croisées et fortifiées dans les plis de cette draperie ; avant les tailles croisées sur la colonne à gauche ; avant les tailles prolongées sur le manteau de l'homme au fond, à gauche ; avant les travaux sur la figure, qui est le plus près de la draperie ; avant les travaux au vêtement de la femme assise, et sur le papier qu'elle tient sous sa main, etc.

II. Avec tous les travaux indiqués comme manquant dans le premier état. C'est l'état de la planche arrivée à l'effet voulu par le maître.

Les épreuves de cet état décorent le livre de Mainbourg ; on en connaît avant le texte au verso.

N° 2. — *Abjuration de Henri IV.*

Deux états :

I. Avant les tailles croisées sur les deux premières marches et sur les ombres portées ; avant les ombres répandues sur les vêtements de la figure au premier plan, à gauche, etc., etc.

II. Avec tous ces travaux. On connaît des épreuves avant le texte au verso.

N° 3. — *Bataille d'Ivry.*

Trois états.

I. Avant les travaux sur l'arbre de la montagne, sur cette même montagne, sur la fumée, etc.

II. Avec ces travaux, mais avant le nom de Le Clerc. Il n'y a pas de texte au verso.

III. Avec le nom de Le Clerc. Ce sont les épreuves de cet état qui se trouvent dans le livre.

N° 4. — *L'entrée dans Paris.*

Trois états.

I. Avant le nom de Le Clerc.

II. Ce nom se lit sous les pieds du cheval. C'est l'état de la planche pour les épreuves du livre. On en connaît avant le texte au verso.

III. On lit dans la marge : *Vue de Paris.* Les épreuves de cet état sont tirées après l'édition, et par conséquent mauvaises.

De la sainteté et des devoirs de la vie monastique, par l'abbé de Rancé. Paris, 1683, 2 vol. in-4° (J., 179).

Voici encore une édition *rare* qui est dédaignée par les bibliographes. Elle n'est citée, à notre connaissance, que par le savant bibliothécaire de Besançon, M. Veiss, dans son article Rancé, de la *Biographie* Michaud. Les vignettes de Le Clerc, et les lettres grises dont ce livre est orné, suffiraient à le recommander. Les épreuves qui ont été tirées avant le texte au verso, sont au-dessus de toute comparaison avec celles qui se trouvent dans le livre. Ce sont d'elles que Mariette aurait pu dire, suivant son habitude : *Du plus beau* ou *au plus beau*.

Nova collectio conciliorum a Stephano Baluzio. Paris, Muguet, 1683, in-folio (J., 180).

Encore un chef-d'œuvre de Le Clerc, et des plus grands, mais qui peut seulement être apprécié à toute sa valeur, à la vue d'une épreuve hors ligne. C'est ce qu'avait déjà reconnu Jombert en disant : « La vignette appelée le *Grand Concile* est un des morceaux les plus intéressants de tout l'œuvre de Le Clerc. Il est rare de la trouver belle épreuve. »

Nous avons réussi à en réunir trois dont l'une ne laisse rien à désirer. C'est le premier des trois états ou variétés que nous allons décrire :

I. Avant le nom de Le Clerc et sans texte au verso. Effets merveilleux de lumière et de perspective aérienne.

II. Avec le nom de Le Clerc à gauche, et avec le texte au verso, en caractères *romains* (encore fort beau).

III. Avec le texte au verso en caractères *italiques*; épreuve inférieure aux précédentes, quoique assez satisfaisante.

La grande lettre P est plus rare encore que la vignette. Jombert et Paignon-Dijonval ne la possédaient pas. On n'en connaît pas d'épreuve avant le texte.

Heures dédiées d'abord à la Dauphine et ensuite

à la *Chancellière (Madame Le Tellier)*. 1683, in-12 (J., 181).

Jolie suite de huit pièces que Le Clerc se proposait de dédier à Marie-Anne-Charlotte de Bavière, mariée au grand Dauphin en 1680. Cette princesse, qui vivait très-retirée, n'ayant pas accepté la dédicace de Le Clerc, il en grava une seconde aux armes de Madame Le Tellier, femme du vieux chancelier, père de Louvois.

La première pièce de cette suite représente le roi David prosterné devant un autel. Il en existe des épreuves avec le nom de Le Clerc, mais avant les tailles croisées qu'il répandit ensuite sur une grande partie de l'estampe. Dans le premier état, on ne voit nulle part des tailles croisées.

La dernière pièce, représentant l'apothéose de la Vierge, a été copiée. Cette copie est sans le nom de Le Clerc. Son auteur anonyme l'a entourée d'une petite bordure, tandis que la pièce originale porte, comme toutes celles de la suite, un double filet légèrement exprimé. Suivant Gersaint (Catalogue Lorangère, p. 151), cette suite est rare.

En cette même année 1683, Le Clerc grava le *médaillon de Potier d'Aubancourt* (J., 184), dont le fils, lié avec l'artiste de Metz, avait réuni un très-bel œuvre de ses compositions. Jombert cite souvent les épreuves provenant de cet œuvre. Nous possédons une épreuve d'essai de ce médaillon, avec le fond blanc, laquelle est antérieure à celle légèrement ombrée dont parle Jombert.

Après la mort de Marie-Thérèse, Le Clerc fut chargé de décorer les éditions originales des oraisons funèbres de cette reine, et dont nous allons parler.

Oraison funèbre de la Reine, par Bossuet. Paris, Mabre-Cramoisy, 1683, in-4º (J., 185).

Il n'existe pour cette édition, aujourd'hui très-recherchée, qu'une seule vignette, mais dont les épreuves qui accompagnent le texte sont rarement satisfaisantes. On en rencontre des épreuves tirées après l'impression, mais que leur faiblesse ne permet pas de confondre avec celles provenant de la planche avant le tirage du texte et qui sont meilleures.

L'*Oraison funèbre de la Reine, par Fléchier* (J.,186), parut en 1684, également dans le format in-4º. Le Clerc a gravé, pour cette publication, une vignette et un fleuron. Il existe de l'une et de l'autre de ces planches des épreuves avant le texte au verso.

On rencontre quelquefois des épreuves de la vignette dans lesquelles le saint Sacrement remplace le cœur enflammé. Mais ces épreuves proviennent d'un tirage exécuté après l'impression du texte, et alors que la planche était usée et retouchée.

Quant au fleuron, il en existe au moins une épreuve d'essai, avant une multitude de travaux ; elle se conserve dans notre collection.

Oraison funèbre de la Reine, par l'abbé de La Chambre. Paris, 1684, in-4º (J., 187).

Le fleuron du titre contient le portrait de la reine

dans un médaillon. On en connaît des épreuves :
1º avant le texte, 2º avec le texte, 3º après l'impression. Il en est de même des autres pièces de la suite. Ajoutons que les épreuves de la vignette tirées après l'impression, sont faciles à reconnaître, en ce que la grande porte du Louvre, qui est ouverte dans le premier état, est fermée dans le second. L'ouverture, par laquelle on voyait la perspective, a été couverte de tailles croisées. Ce travail n'est évidemment pas de Le Clerc.

Le fleuron du titre a servi pour l'oraison funèbre de Michel Le Tellier, au moyen de corrections et de substitutions qui ne laissent plus rien apercevoir du travail primitif de Le Clerc sur cette planche qui, cependant, continue à porter son nom. Le portrait de la reine a été effacé et remplacé par celui du chancelier qui a été gravé au burin par Roullet. La légende sur la banderole a été changée, et la planche a été entièrement retravaillée. Au-dessous du nom de Le Clerc on lit : *Roullet effigiem Sculp.*

Oraison funèbre du prince de Condé, par Bourdaloue. Paris, Cramoisy, 1684, in-4º (J., 188).

Nous avons sous les yeux trois épreuves du fleuron : l'une avant le texte au verso, l'autre avec ce texte ; la troisième provient d'une planche entièrement retouchée. Dans cette dernière, les armes de France sont remplacées par un calice et l'écriture du nom de Le Clerc a été changée.

Quant à la vignette, aucun changement n'a été opéré. Il en existe des épreuves avant le texte au verso.

Dialogue entre l'abbé de Choisy et l'abbé de Dangeau, sur l'existence de Dieu. Paris, Cramoisy, 1684, in-12 (J., 189).

Cette jolie suite, à laquelle les curieux ont donné le nom des *Quatre abbés*, a été exactement décrite par Jombert. — Nous l'avons sous les yeux sans aucun texte au verso.

La Vie des Prédestinés, par le père Rapin. Paris, Cramoisy, 1684.

Jombert (190) dit avec raison que cette vignette est une des mieux touchées et des plus spirituelles de Le Clerc. Malheureusement, cette vérité ne peut être constatée avec certitude que sur les épreuves avant la lettre. Celles qui se trouvent dans l'édition sont trop souvent empâtées et presque boueuses.

L'ordre chronologique nous oblige à suspendre nos remarques sur les pièces gravées pour la décoration des livres, afin de nous occuper de quelques morceaux dignes d'attirer l'attention.

Le Mai des Gobelins (J., 191).

Le Clerc occupait un logement aux Gobelins, près de Le Brun, son protecteur et son ami. Les ouvriers de la manufacture eurent l'idée d'élever, dans la cour, un Mai très-orné pour faire honneur à Le Brun, et d'accompagner cette érection d'un tirage de boîtes dans le jardin voisin. C'est cette fête que

Le Clerc a représentée dans une estampe restée justement célèbre. On en connaît quatre états.

I. Avant toute lettre et avant un grand nombre de travaux dans toutes les parties de la planche. La place du ciel où la banderole a été gravée depuis, est entièrement blanche. Une épreuve de cet état, la seule connue, et que Jombert dit avoir appartenu à Lenormant du Coudray, a été acquise à la vente Camberlyn, en 1865, par M. de Baudicour, au prix de 75 francs. Elle se conserve dans le cabinet de son fils, M. le président de Baudicour.

II. Avec la lettre. — La banderole à droite, sur le ciel, est gravée en gros caractères et commence par ces mots : *Veue d'une partie de l'Hostel...* On ne voit pas encore une petite femme auprès du carrosse, à gauche. Le chapeau de l'homme debout, les bras croisés, presqu'au milieu sur le devant, est ombré, à droite, et n'a pas la forme triangulaire. Les chevaux du carrosse, à gauche, et le manteau de l'homme adossé à ces chevaux n'ont pas encore été changés.

III. On voit une petite femme près de la portière du carrosse, à gauche. Elle masque presqu'entièrement la roue du devant ; les chevaux de ce carrosse et le manteau de l'homme placé près de la croupe des chevaux ont été changés. Le chapeau de l'homme qui se tient debout, les bras croisés, au milieu sur le devant, affecte une forme triangulaire, et la partie droite de ce chapeau est blanche. L'adresse de Gantrel se voit au bas de l'écriture, comme dans l'état précédent.

IV. La banderole a été changée, ainsi que l'inscription commençant par ces mots : *La grande cour de l'hôtel...* Cette inscription est en petits caractères. Il y a des nuages autour de la banderole. L'homme à droite, devant une porte ouverte dans un grand mur ombré d'où vient le jour, regarde en arrière, tandis qu'il regardait en avant dans les états précédents. L'homme à droite, retenant par la bride un cheval qui se cabre, ainsi que le petit garçon à côté, ont la tête nue, tandis qu'ils étaient coiffés dans l'état précédent. La robe de la femme, au-dessus de la tête du petit garçon, a été allongée; tout le groupe où se trouve l'homme debout, les bras croisés, est ombré plus fortement; le chapeau de cet homme n'est plus blanc. Il y a des ombres ajoutées au carrosse, à gauche, et à la chaise à porteurs, ainsi que sur les chiens. — L'adresse de Gantrel a été effacée, on ne voit plus que celle de l'auteur.

La grande Harpe mystérieuse.

Les deux planches décrites par Jombert sous les n⁰ˢ 192 et 193 paraissent se rapporter au même objet. Il s'agit d'un chiffre imaginé par le père Souhaitty en 1684, pour correspondre secrètement. Nous ignorons si ce chiffre a été effectivement employé par Louis XIV, ou par ses ministres.

L'abbé de Vallemont, après avoir longuement décrit cette estampe, ajoute ce qui suit (p. 175) : « Comme l'inventeur de ce dessin, tout rempli de symboles et d'allégories, a disparu, et qu'il cachait à M. Le Clerc l'intelligence de tout ce mystère, la planche n'a point été rendue publique. » L'auteur s'ingénie ensuite à chercher quel pouvait être l'usage de cette estampe, et il conclut, ce qui n'était pas difficile à deviner, que tout le secret de cet ouvrage consiste dans une méthode de *stéganographie*, dont l'objet est d'apprendre à écrire des lettres en chiffres, qu'on ne puisse deviner à moins que l'on n'en ait la clef.

On lit à cet égard dans l'*Abecedario* de Mariette : « Harpe remplie de chiffres, pièce emblématique à la gloire du roi, gravée en 1684. M. Le Clerc n'a jamais pu savoir ce que cela signifiait, et celui qui lui a fait faire cette planche la lui a laissée, sans qu'il ait jamais pu apprendre de ses nouvelles. Je crois que cette pièce est une méthode de *stéganographie* pour apprendre à écrire en chiffres. Elle a été gravée pour le frère Jean-Jacques Souhaitty, religieux de l'Observance. C'était un homme à idées singulières et entreprenant. Il fit imprimer, en 1677, une brochure intitulée : *Nouveaux éléments du chant, ou l'essai d'une nouvelle découverte qu'on a faite dans l'art de chanter*. Il prétendait bannir les notes de la musique pour y suppléer par des lettres; mais ce système n'a pas fait fortune ; en effet, il fallait revenir toujours à des figures ; on ne peut exprimer autrement les différents sons ; et, figures pour figures, celles qu'on connaît et auxquelles on est habitué sont préférables aux nouvelles. »

Vignette Fide et obsequio (J., 194). C'est une des plus grandes et des plus belles vignettes que Le Clerc ait gravées. Elle était destinée, ainsi que la lettre S qui l'accompagne, à un ouvrage grand in-folio qui n'a pas paru.

On connaît deux états de la vignette :

I. Avant que la figure du roi ait été fortifiée, et avant les changements sur le revers du manteau de Colbert (de toute rareté).

II. De nombreux travaux ont été ajoutés aux vêtements du roi ; les broderies légères, indiquées sur le manteau de Colbert, ont été remplacées par des traits verticaux.

Il y a également deux états pour la belle lettre ornée S.

I. Les carreaux du pavé ne sont pas marbrés.

II. Les carreaux du pavé, sur le devant, sont marbrés, à l'exception de deux. Le manteau de la figure du fond, à droite, a été agrandi.

Devise d'Alexandre et Hercule, ou *Plures non capit orbis* (J., 195).

Cette belle estampe dont le sujet, comme ceux des précédentes, a été fourni par le père Souhaitty, se présente sous quatre états différents :

I. Alexandre tient une large épée nue de la main droite, qui est appuyée sur le globe terrestre, et le personnage regarde en haut ; on voit un carquois sur l'épaule gauche d'Hercule (extrêmement rare).

II. Alexandre regarde en haut, comme dans l'état précédent, mais il n'a plus d'épée, quoique son fourreau soit toujours vide ; Hercule a encore le carquois sur l'épaule ; ses deux jambes se voient distinctement.

III. L'épée d'Alexandre est remise au fourreau, il ne regarde plus en haut, mais devant lui ; Hercule, dont on voit encore les deux jambes, n'a plus de carquois sur l'épaule ; sa tête est changée ; la tête du soleil, en haut, a moins de cheveux des deux côtés des joues ; les rayons qui en partent sont divisés en trois cercles lumineux, bien distincts, et l'on voit des petites langues de feu qui partent du second cercle ; sur le globe, la terre se distingue de l'eau par une ombre formée au moyen de petits points.

IV. Une grosse fumée, sortant d'une des têtes de l'hydre, passe derrière la jambe gauche d'Hercule et cache entièrement sa jambe droite ; il y a des ombres ajoutées au bouclier sur lequel Alexandre est monté, ainsi qu'au drapeau qui est au-dessous de ce bouclier ; en outre, certaines ombres ont été fortifiées à différents endroits de l'estampe qui se rencontre avec une planche accessoire.

Paysages dédiés à M. de Courtenvaux; ou simplement : *Les Courtenvaux* (J., 196).

C'est une suite analogue à celles des Boucœur et des Colbert d'Hormoy ; elle a été gravée pour servir à l'instruction du marquis de Courtenvaux, fils aîné de Louvois.

Cette suite n'a jamais été chiffrée avant la publication du Catalogue de Jombert ; il déclare que les numéros donnés par lui sont mis au hasard pour donner aux pièces un ordre quelconque, afin de pouvoir les désigner plus facilement. Les indications numérales qu'on rencontre sont donc postérieures à 1774.

Elles ont dû être mises en 1784, par Lamy, qui a publié en un volume in-4º un prétendu *Œuvre choisi de Séb. Le Clerc,* lequel se compose d'épreuves provenant de planches en partie ruinées, et par conséquent indignes de figurer dans une collection d'amateur.

C'est cependant ce recueil que le Manuel de Brunet mentionne dans ses éditions successives, sans indiquer pourquoi il est, à juste titre, peu recherché. Ajoutons que, depuis le tirage de Lamy, il y en a eu beaucoup d'autres, et que les planches se sont dégradées de plus en plus.

Quoi qu'il en soit, les *Courtenvaux* se présentent sous trois états différents, du moins quant au titre.

I. Avec l'adresse d'Audran sur le titre. Les tirages, avec cette adresse, ont eu lieu jusqu'en 1715, époque à laquelle les planches sont arrivées entre les mains de Jeaurat, gendre de Le Clerc.

II. Avec l'adresse de Jeaurat ainsi écrite : *A Paris, chez Jeaurat au Bas-des-Fossés-Saint-Victor.* — Dans ces deux éditions, le nom du dédicataire est écrit *Courtanvaux.*

III. La dédicace à Courtenvaux a été enlevée et remplacée par l'inscription suivante : Petits paysages et sujets de figures très-agréables *(sic)* et très-variés, Par S. Le Clerc. VIe suite de 35 planches numérotées de 110 à 154. — C'est le tirage de Lamy.

Outre ces 35 pièces, Jombert en mentionne deux qu'il qualifie de *Rarissimes* et qui, suivant lui, ne se trouveraient pas chez Mme de Bandeville, c'est-à-dire aujourd'hui à Vienne.

Nous possédons une épreuve du rarissime n° 36 (un cavalier vu par le dos). Dans la partie blanche du fond se trouvent des indications au crayon pour figurer une ville en flammes, ou une bataille, à la manière d'un des caprices de Callot. Ce fond n'a jamais été gravé.

Nous possédons également le n° 37, en deux épreuves, d'un état plus *rarissime* encore que celui de Jombert. Sur l'une de ces épreuves, on ne voit de gravé que les devants ; les fonds sont dessinés au crayon de la main de Le Clerc et sont conformes à la description de Jombert. La pyramide dans le lointain, sous la voûte, n'est pas encore indiquée.

Officio della B Vergine In Venetia (Paris), in-24 (J., 202).

Cette suite, dite *les petites heures de Venise,* constitue l'une des plus grandes raretés de l'œuvre de Le Clerc. Jombert a raconté (n° 202) la cause de cette excessive rareté, et comment il se fait qu'un très-petit nombre d'épreuves ont pu échapper à la destruction.

Nous avons pu mettre la main sur cinq des six pièces dont cette suite se compose.

La petitesse du format avait permis à Le Clerc de graver ses spirituelles eaux-fortes deux par deux, sur la même planche.

C'est ainsi que se présentent, dans notre collection, les n°s 1 et 2, 4 et 5, qui, réunis sur la même feuille, n'ont jamais été séparés, et dont le tirage est, par conséquent, antérieur à celui du livre.

Nous avons parlé précédemment des efforts tentés par Le Brun et Claude Perrault pour établir, à l'instigation de Colbert, un nouvel ordre en architecture qui recevrait le nom d'*ordre français*. Une planche de Le Clerc résume le système de Le Brun. Elle est intitulée : *Nouvel ordre français de l'invention de Charles Le Brun, premier peintre du roi*. Paris, chez Mariette, in-folio (J., 203). Lors de l'espèce de concours auquel Colbert avait convié les artistes, Le Clerc eut un moment la' pensée de se mettre lui-même sur les rangs.

Après avoir reproduit le système de Le Brun, il voulut faire connaître le sien dans une planche qu'il grava immédiatement après celle dont on vient de parler (J., 204). Mais il réfléchit que sa publication pourrait froisser Le Brun, son protecteur et son ami, et il effaça sa planche après en avoir tiré une seule épreuve recueillie par son fils et qui, après avoir été achetée par Huquier, vint se placer dans les cartons de Jombert. Nous ignorons ce qu'elle est devenue, et nous devons nous borner à renvoyer aux explications données par Jombert, t. II, p. 41, *ad notam*.

Figures à la mode, dédiées à M. le duc de Bourgogne (J., 205).

Cette suite n'a aucun rapport avec celle dite les *Modes de Metz*.

Elle obtint un très-grand succès, attesté par les nombreux tirages des planches et les changements qui ont été faits aux figures.

Jombert n'a connu que vingt et une pièces de cette suite : il en existe trois autres que nous décrirons ci-après sous les n⁰ˢ 22, 23 et 24. Cette suite se compose, dans notre collection, de soixante-quatre pièces, à cause des différences dont nous allons rendre compte en suivant l'ordre des numéros de Jombert :

N⁰ 1. — Dédicace au duc de Bourgogne.

N⁰ 2. — Cartel en hauteur. — Il en existe des épreuves avant l'inscription.

N⁰ 3. — Homme debout portant l'épée et appuyé sur sa canne. — Il doit exister des épreuves avant le n⁰ 2 qu'on remarque à l'angle gauche du bas. Toutefois, nous n'en avons jamais rencontré de telles.

N⁰ 4. — Jeune homme debout, la tête découverte.

Trois états :

I. Avant le n⁰ 2, à droite.

II. Avec ce numéro.

III. Le numéro a été supprimé, la tête a été refaite et les ombres du terrain ont été étendues.

N⁰ 5. — Jeune femme debout, se dirigeant à droite et regardant en face.

Trois états :

I. Avant le n⁰ 3 à gauche ; avant les tailles verticales sur la joue gauche ; avant les ombres ajoutées au pli du vêtement, sur la hanche droite, près du coude ; avant les ombres sous les nœuds du ruban, près du poignet.

II. Avec le n° 3 et tous les travaux dont l'absence caractérise le précédent état.

III. Le n° 3 a été supprimé et la tête a été changée.

N° 6. — Point de changement.

N° 7. — Homme debout, vu par derrière, les manches pendantes.

Quatre états :

I. Avant le n° 4 à gauche ; les plis du pardessus ou redingote[1] sont blancs près du collet ; l'ombre portée par la manche gauche n'a pas été prolongée jusqu'au bas du manteau, etc.

II. Avec le n° 4 et les travaux qui n'existent pas dans le premier état.

III. La manche gauche a été changée et tombe mieux.

IV. Le n° 4 a été effacé et remplacé par le nom de Séb. Le Clerc qui n'existe pas dans les états précédents.

N° 8. — Jeune paysanne debout.

Quatre états :

I. Avec un double trait exprimant le dessus du bras nu.

---

[1] Le mot redingote, dont se sert Jombert, dans la description de cette pièce, montre que ce mot et le vêtement qu'il désigne étaient connus de son temps, en 1774. En était-il de même du temps de Le Clerc (en 1685)? Nous en doutons. Quoi qu'il en soit, le vêtement représenté par notre artiste est très-certainement une redingote très-ample, espèce de paletot ou pardessus analogue (sauf le collet et les parements) aux vêtements contemporains. On se couvrait de ce vêtement pour monter à cheval ; les Anglais l'appellent *riding coat*, dont nous avons fait *redingote*. Il y aurait à faire, sur cette suite, de curieuses remarques, relativement aux costumes, mais elles ne rentrent pas dans notre sujet.

II. Ce double trait a été supprimé et remplacé par des points.

III. Les points ont été en partie effacés ; quelques travaux ont été ajoutés à la partie supérieure de la manche gauche.

IV. Le n° 5 qui se voyait à gauche, dans les trois états qui précèdent, a été effacé et la tête a été changée.

N° 9. — Point de changements.

N° 10. — Homme d'épée, vu de face, appuyé sur sa canne.

Trois états :

I. Avant le n° 6, avant les moustaches, avec la jambe gauche en partie blanche, avant divers travaux sur le revers de l'habit déboutonné à droite et à gauche, sur les manches, etc.

II. Avec le n° 6 et les travaux dont l'absence caractérise le premier état.

III. Le n° 6 a été effacé et remplacé par le nom de l'artiste ; la tête a été changée.

N° 11. — Vieille femme vue de profil, le bras étendu.

Deux états :

I. Avec le n° 7 et sans le nom de Le Clerc.

II. Le nom de l'artiste a remplacé le n° 7 ; il est ainsi écrit : *Seb. le Clere* (sic) *in et f.;* en outre on lit à droite *G g.*

N° 12. — Jeune servante debout et regardant en face.

Deux états :

I. Avec le n° 8, à gauche, et le nom de Le Clerc à droite.

II. Le numéro a été effacé et la tête a été changée.

Jombert indique encore une différence qui nous est inconnue et qu'on ne peut saisir au moyen de sa description.

N° 13. — Homme debout vu de face enveloppé dans son manteau.

Quatre états :

I. Avant le n° 9.

II. Avec ce numéro.

III. Les ombres du manteau ont été étendues et le pli cassé à droite est entièrement exprimé.

IV. Le n° 9 a été remplacé par le nom de l'artiste, écrit comme au n° 11.

N° 14. — Servante portant un chien.

Deux états :

I. Avec le n° 10.

II. Ce numéro a été remplacé par le nom de l'artiste; quelques retouches se remarquent dans le dos, et un pli a été ajouté par derrière, de façon à donner plus d'ampleur au vêtement.

N° 15. — La laitière. — Le costume de cette femme est celui qu'on peut assigner au personnage de la fable de La Fontaine.

Deux états :

I. Avec le n° 11 à la gauche du bas.

II. Le nom de l'artiste se lit à la place de ce numéro; il est écrit comme au n° 11. La tête a été changée; il y a également plusieurs changements sur le vêtement.

N° 16. — Jeune paysan, le pied sur une marche.

Cinq états :

I. Avant le n° 12.

II. Avec ce numéro.

III. Quelques tailles ont été ajoutées au-dessus de la hanche droite.

IV. La basque droite a été augmentée et de nouveaux travaux ont été ajoutés à la hanche droite, au-dessous de ceux qui sont indiqués au troisième état.

V. Le n° 12 a été remplacé par le nom de l'artiste, écrit comme au n° 11 ; de plus, on voit à droite les lettres H h.

N° 17. — Servante vue de face en casaquin boutonné.

Trois états :

I. La rondeur des tétons est mal exprimée; le n° 13 se voit à gauche au-dessus du nom de l'artiste,

II. La rondeur des tétons est mieux exprimée.

III. Le n° 13, qui se voit dans les deux états précédents, a été supprimé.

N° 18. — Un homme vu de profil, le chapeau sur la tête.

Trois états :

I. Avant le n° 14.

II. Avec ce numéro.

III. Le nom de l'artiste, écrit comme au n° 11, a été substitué au n° 14.

N° 19. — Jeune dame assise.

Cinq états :

I. Avant le fond.

II. Avec le fond, mais avant le n° 15.

III. Avec le n° 15.

IV. La tête a été changée, et l'ombre de la robe a été étendue et fortifiée.

V. Le nom de l'artiste, écrit comme au n° 11, a été substitué au n° 15.

N° 20. — Homme debout, vu de face, la main sur un appui.

Quatre états :

I. Avant le n° 16 à gauche.

Jombert s'est trompé en indiquant cet état comme étant postérieur au troisième ci-après.

II. Avec le n° 16.

III. Les plis du manteau ont été changés, les ombres renforcées, les tailles en haut de la jambe droite ont été prolongées. Le n° 18 a été substitué au n° 16.

IV. Le n° 18 a été effacé et remplacé par le nom de l'artiste, écrit comme au n° 11.

N° 21. — Manant debout et appuyé.

Quatre états :

I. Avant le trait carré.

II. Le trait carré est très-faiblement exprimé ; la tête est plus travaillée.

III. Le trait carré est complétement exprimé, et l'on voit à droite le n° 20.

IV. Le nom de Le Clerc se lit à gauche ; le n° 20 a été supprimé, et l'on voit au-dessous de la place qu'il occupait les lettres K k.

Pièces de la suite des modes, non décrites, et qui ne sont connues que dans notre collection.

N° 22. — Jeune gentilhomme dirigé à droite et regardant à gauche. Une de ses mains est étendue vers la droite; l'autre est posée sur sa hanche, et se trouve, en partie, cachée par son manteau. (Morceau anonyme sans numéro.)

No 23. — Jeune homme sans chapeau, vu de profil, dirigé à gauche. Son bras droit est appuyé sur un objet dont la gravure n'est pas terminée et qui se trouve entre son bras et son corps ; sa main droite est pendante, la main gauche est appuyée sur sa hanche. On lit à la gauche du bas *S. le Clerc*; sans numéro.

No 24. — Homme vu de trois quarts, dirigé à gauche où il regarde, il est coiffé d'un chapeau et enveloppé d'un manteau. (Morceau anonyme, sans numéro.)

L'épreuve que nous avons sous les yeux porte des indications à la sanguine, pour des changements au manteau ; nous ignorons s'ils ont été réalisés sur la planche.

Cette suite est une de celles qu'on rencontre le plus facilement ; mais la réunion des différents états connus est très-difficile à rassembler.

Jombert en possédait 46 épreuves.

Nous en avons réuni 64, y compris les trois pièces qu'il n'a pas connues. Néanmoins, il est possible qu'on découvre encore quelques pièces de cette suite, tirées avant les numéros.

Nous n'avons indiqué que ce que nous avons vu, en suivant, pour la description des états, l'ordre de Jombert. Quant aux numéros qui se trouvent sur les planches, et qui constituent souvent le premier état connu, on remarque quelquefois le même numéro sur deux pièces différentes, de sorte que ces indications ne peuvent servir pour le classement de la suite.

Martyre de saint Jean l'évangéliste (J., 208). Cette pièce a été gravée par Benoît Audran, sur le dessin de Le Clerc. Il en existe des épreuves avant toute lettre. — Les épreuves terminées sont décrites par Jombert.

Vie de J. C., par Saint-Réal. Paris, 1686, in-4° (J., 209). — Jombert a décrit inexactement la jolie vignette représentant Adam et Ève.

Le sujet représenté est une allusion à la promesse faite par le Seigneur à nos premiers parents, après leur chute. Ils apprennent que le sauveur du monde naîtra d'eux, et leur figure exprime le ravissement. Le démon sera vaincu, et même la mort; les idoles seront brisées. Telles sont les pensées qu'exprime cette charmante composition; elles se rapportent parfaitement au sujet.

Cette vignette est une des plus belles et des plus rares de l'œuvre de Le Clerc.

On en connaît deux états :

I. Avant le nom de Le Clerc.

II. Avec ce nom.

Dans cet état les rayons ont été prolongés sur la statue, à droite, et des travaux ont été ajoutés sur les nuages, ainsi qu'au pied droit d'Ève.

Les épreuves du premier état sont avant aucun texte au verso; celles du second état proviennent de l'édition.

Quant au cul-de-lampe, pour la fin du volume, il a été exactement décrit par Jombert. On rencontre des épreuves avant le texte au verso.

Saint Paulin, évêque de Nôle, par Ch. Perrault. Paris, Coignard, 1686, in-8° (J., 210).

Ce poëme, dont Boileau s'est tant moqué, est devenu rare. Une des causes de cette rareté provient de l'empressement des amateurs à en couper les vignettes pour les faire entrer dans leurs collections. Cette suite est très-jolie, et les épreuves tirées du livre sont généralement satisfaisantes. Toutefois elles n'approchent pas de celles qui ont été tirées avant les changements faits par le maître, ou avant l'impression du texte au verso. Quoique ces changements aient été, en grande partie, signalés par Jombert, nous croyons devoir en reproduire la description sous une forme nouvelle.

N° 1. — Vignette de l'épître dédicatoire à Bossuet.

Deux états :

I. La mitre épiscopale, au-dessus des armes de Bossuet, est entièrement blanche.

II. La mitre est chargée d'un ornement au milieu.

Il existe des épreuves du premier et du second état avant le texte au verso.

N° 2. — Trasimond, roi des Vandales.

Nous n'avons pas rencontré d'épreuves tirées avant les changements indiqués par Jombert. Celle que nous possédons, avant le texte au verso, est identique à celle de l'édition, et par conséquent avec les changements indiqués par Jombert. — (*Morceau anonyme.*)

N⁰ 3. — Dieu apparaît à saint Paulin.

Deux états :

I. Avec les terrasses blanches sur le devant, ainsi qu'entre les deux premiers carreaux du parterre ; avant que le nombre des rayons de la gloire ait été augmenté, et que ces rayons aient été prolongés de manière à dépasser la tête du saint.

II. La planche est terminée ; les ombres des arbres sont fortifiées, celles des terrasses prolongées, etc.

Les épreuves du second état ont servi au livre, on en connaît avant le texte au verso.

N⁰ 4. — Songe de saint Gontaire. — (*Morceau anonyme.*)

Deux états :

I. Le nuage, sous les pieds de l'ange debout, est blanc ; plusieurs figures du fond sont également blanches. Les nuages sur le devant ne sont pas terminés, l'un d'eux présente un espace blanc.

II. Avec les travaux dont l'absence caractérise le premier état.

Les épreuves du second état sont celles de l'édition ; on en connaît avant le texte au verso.

N⁰ 5. — Saint Euric et saint Paulin.

Deux états :

I. Avant des travaux ajoutés au bas du vêtement de saint Euric.

II. Avec ces travaux.

N⁰ 6. Saint Paulin à Nôle.

Deux états :

I. Avant les arbres dans l'enclos attenant au dôme de l'église, avant les arbres sur le portail, etc.

II. Avec ces travaux. Il y a des épreuves de cet état avant et avec le texte au verso.

N° 7. Entrée triomphale de saint Paulin.

Deux états :

I. Avant les tailles sur la figure drapée, debout entre les deux troncs d'arbres ; avant les ombres sur l'arbre à gauche, sur la figure couchée à droite, ainsi que sur le monticule.

II. Avec ces travaux ; il en existe des épreuves avant le texte au verso.

Ménage, ami de Charles Perrault, et qui admirait son poëme à la louange de Le Brun, était moins favorable au Saint-Paulin. Il rapporte (*Ménagiana*, t. III, p. 13) un sixain dont il ne cite pas l'auteur qui pourrait bien être Ménage lui-même :

> *Boileau, Perrault, ne vous déplaise,*
> *Entre vous deux changez de thèse.*
> *L'un fera voir par le Lutrin*
> *Que la muse nouvelle a le pas sur l'antique ;*
> *Et l'autre, par le saint Paulin,*
> *Qu'aux poëtes nouveaux les anciens font la nique.*

L'invocation et l'imitation des saints pour tous les jours de l'année, et les principaux mystères. En quatre parties, Paris, chez Audran, 1686 et 1687, in-16 (J., 211). — Suite dite les *Saints d'Audran*, pour la distinguer de celle qui a été publiée plus tard par Gantrel (J., 222).

Il existe des épreuves tirées avant le texte. Les éditions postérieures à celles qu'on vient d'indiquer sont sans valeur.

Le texte de cet ouvrage recherché est de l'abbé

Giraud. Brunet ne cite que l'édition de 1687. Nous n'avons jamais vu celle que cite Jombert sous la date de 1686 ; mais, à vrai dire, ces deux éditions n'en font qu'une. Il est probable que Jombert avait sous les yeux un exemplaire incomplet, lorsqu'il a fait sa description, et qu'il y manquait le titre de la première partie, qui est toujours daté de 1687. Il y a donc deux titres pour le tome premier, l'un avec la date de 1686, et l'autre avec celle de 1687. Quant au tome second, il est toujours daté de 1687. Les compositions de cette jolie suite sont très-supérieures à celles de Callot, et l'exécution elle-même surpasse celle du maître de Nancy.

Il ne nous a pas été donné de voir un livre indiqué par le *Manuel* de Brunet (art. Le Clerc) sous le titre suivant : *Calendrier des Saints, ou figures des vies des saints, pour tous les jours de l'année, gravées* D'APRÈS *Séb. Le Clerc.* Amst., 1730, 2 vol. petit in-4º. Au nº 22041 de la table, Brunet indique que les figures sont *par* Séb. Le Clerc ; mais, de deux choses l'une, ou les gravures de l'édition d'Amsterdam sont des copies des saints d'Audran, ce que semble indiquer cette mention du Manuel : « Collection de 365 planches, sans texte, le frontispice est en hollandais, » ou bien ce sont des épreuves des planches originales, mais nécessairement usées, dépourvues d'effet et sans valeur.

Brunet ajoute : Quant au « recueil des portraits des saints, gravés en *médaillons*, et qui se relie en deux volumes in-16, il est tout différent de celui dont nous parlons au mot *Invocation*. » (Brunet, art. Le Clerc.) Nous ne savons ce que cela veut dire. Jombert, ni aucun iconographe, n'a connu des saints de Le Clerc en médaillons. Il ne peut s'agir des saints de Gantrel (J., 222). La mention du *Manuel* est un logogriphe dont nous n'avons pas la clef; mais il est certain que Le Clerc n'est pour rien dans ce recueil.

Les grandes conquêtes du roi (J., 212). Suite de 28 pièces gravées par Le Clerc, ou sur ses dessins, par Châtillon [1].

Cette suite ne doit être confondue, ni avec les *Tapisseries historiques* dont nous avons parlé ci-dessus, ni avec les *Petites conquêtes*, dont nous parlerons ci-après.

Deux bordures différentes ont été gravées par Le Clerc, pour servir de passe-partout aux pièces de cette suite.

Aux remarques faites par Jombert, sur ces bordures, nous ajouterons ce qui suit en ce qui concerne celle au haut de laquelle on voit deux renommées.

Nous avons sous les yeux une épreuve très-vigoureuse de la planche 24 de la suite, et cependant les travaux aux genoux s'y voient déjà, ainsi que ceux aux deux ailes de la même renommée et à la figure du soleil. Il en résulte que les épreuves où se ren-

[1] On lit dans les notes de Mariette (*Abecedario*, t. III, p. 108). « Les planches des conquêtes du roi qu'a gravées M. Châtillon, l'ont été, sur les dessins de M. Le Clerc, très-terminés. Je les ai vus (les dessins) chez M. Châtillon ; ils étaient lavés à l'encre de la Chine ; Huquier les a achetés 240 livres, à son inventaire, en 1734, et les a revendus 500 livres à M. Lorangère. » — Deux de ces dessins sont à Metz, dans la collection de M. Chartener.

contrent ces travaux sont très-recommandables. Cela est si vrai que, dans cette épreuve, on remarque l'absence de travaux qui ont été exécutés postérieurement. Ainsi, la renommée de gauche n'a pas de cheveux derrière la tête ; sa jambe est nue, tandis qu'elle est couverte dans l'état ordinaire. Les draperies sont différentes ; toute la figure est plus travaillée ; dans les épreuves ordinaires, elle est autrement coiffée.

Cet état nous paraît être le second de la planche, et celui dans lequel on voit les travaux ci-dessus serait le troisième.

Quant au premier état, il est incontestablement caractérisé par l'absence des travaux qu'on remarque à la tête du soleil dans les épreuves postérieures ; mais cette remarque est seulement sensible dans les épreuves d'essai qui ont été tirées de la bordure seule, sans les sujets qu'elle était destinée à renfermer.

Chacune de ces bordures est gravée sur un cuivre plein, sans aucun vide comme on l'a supposé. Les planches contenant les sujets sont de dimensions exactement égales à celles de l'intérieur de la bordure qui doit les renfermer. Chaque planche contient : en haut, le plan de la bataille ; au milieu, le sujet ; et, au bas, l'inscription.

Pour obtenir chaque épreuve de cette suite, on a fait nécessairement deux tirages superposés, l'un pour la planche disposée comme nous venons de l'indiquer, et l'autre pour la bordure. Mais comme les planches sont de même grandeur que l'espace blanc laissé par la bordure, on n'aperçoit pas toujours les marques du cuivre à l'intérieur, l'une des planches ayant quelquefois doublé l'autre.

Souvent, toutefois, on aperçoit une double marque de cuivre, à l'intérieur, ce qui est arrivé lorsque l'application de la seconde planche sur l'épreuve déjà tirée n'a pas été faite très-exactement. C'est ce qui explique que, dans les divers et nombreux tirages qui ont été exécutés, les sujets et leurs accessoires ne sont pas toujours à la même place par rapport aux réserves blanches de la bordure.

Pour la description de la suite, nous renvoyons à celle de Jombert.

Réception du roi à l'hôtel de ville (J., 213).

On connaît deux états de cette belle pièce :

I. Avant la ponctuation de l'inscription : *Ludovico Magno,* qui se trouve dans un cercle avec le nom de *de fourcy* (sic) écrit sans majuscule dans l'inscription du bas.

II. La ponctuation existe dans l'inscription entourée d'un cercle, et, dans le bas, on lit à la première ligne : *DeFourcy,* d'un seul mot, mais avec un *F* majuscule italique.

Il existe, dans le même sens, une copie fort bien gravée par Ertinger, quoique plus lourde que l'original. Du reste, elle ne saurait être trompeuse, puisque le copiste y a mis son nom et son adresse.

Monument érigé à la gloire du roi à l'hôtel de ville de Troyes, 1687 (J., 214).

On connaît cinq états de cette pièce :

I. Avant le titre en capitales, en haut; avant la date de 1687; avant la lettre sur l'encadrement; avant le nom de Le Clerc; avant les tailles croisées sur la dernière draperie, à droite et à gauche.

II. Avec la lettre, mais avant les trois lignes de dédicace, et toujours avant le titre en capitales et le nom de Le Clerc.

III. Ces trois lignes y sont, mais non le titre en capitales et le nom de Le Clerc.

IV. Avec le titre en capitales et le nom de Le Clerc.

V. Avec l'adresse de Martinat.

Explication des tableaux de la galerie de Versailles (p. Rainssant). Versailles, Muguet, 1687, in-4º (J., 215).

Encore un livre omis par Brunet. Il est inexactement décrit par Jombert.

Cette jolie suite se présente avec plusieurs variétés, dont il va être rendu compte en suivant l'ordre adopté par Jombert.

Nº 1. — Fleuron du titre. Il en existe des épreuves avant le texte au verso.

Nº 2. — Le même fleuron plus grand.

L'épreuve décrite par Jombert est probablement unique.

Nº 3. — Vignette du commencement du livre. Ajouter à la description de Jombert pour les deux états de cette planche : Il y a des épreuves du second état avant le texte au verso. Les épreuves du premier état sont toujours sans aucun texte.

Nº 4. — Ce numéro, ainsi que les nºs 6 et 8, désignent des lettres ornées.

N° 5. — Vignette du salon de la paix.

Deux états :

I. Avec une statue à droite près de la colonne. Les rares épreuves de cet état n'ont pas de texte au verso.

II. La statue a été supprimée.

C'est l'état des épreuves du livre. On en rencontre sans texte au verso.

N° 7. — Vignette du salon de la guerre.

Deux états :

I. L'os maxillaire de la figure de la guerre est faiblement exprimé. Cette remarque ne peut être faite que sur des épreuves tirées avant le texte au verso.

II. L'os maxillaire est fortement accusé. C'est l'état du livre.

N°s 9 et 10. — Deux fleurons dont on rencontre des épreuves avant le texte au verso.

Quant à la pièce annoncée à la fin de la description de Jombert, elle n'est pas de Le Clerc.

Histoire métallique de la république de Hollande, par Bizot. Paris Horthemels, 1687, in-fol. (J., 216).

Les pièces de cette suite ont été composées par Le Clerc ; mais la gravure en appartient, pour la plus grande partie, à Lalouette. Elles sont exactement décrites par Jombert. Disons seulement qu'il existe un tirage des vignettes avant le texte au verso.

Annales de Toulouse, par La Faille. Toulouse, Colomyez, 1687-1701, 2 vol. in-fol. (J., 217).

Cet ouvrage, aujourd'hui très-recherché, est indiqué au *Manuel* de Brunet, mais sans aucune mention des gravures de Le Clerc dont il est orné.

Du temps de Jombert, la suite complète des vignettes et des lettres grises n'existait que dans sa collection.

Alors, comme aujourd'hui, on ne pouvait se les procurer qu'en les coupant dans les volumes, à moins qu'on ne les rencontrât avant le texte au verso, ce qui est fort rare. Nous avons sous les yeux une suite complète des vignettes de cette qualité; elle présente, pour quatre pièces, les différences suivantes :

N° 2. — Deux états :

I. Avant les tailles sur le livre à droite, et les tailles sur le haut du manteau d'armes ; avant les travaux sur le vêtement recouvrant le genou de la figure de la justice à gauche.

II. Avec les travaux indiqués comme n'existant pas dans l'état précédent ; en outre, les marches sous les armoiries sont mal exprimées.

N° 17. — Deux états :

I. Avant le nom de Le Clerc et les inscriptions autour des huit médaillons.

II. Avec le nom et les inscriptions.

N° 21. — Deux états :

I. Avant la lettre dans la marge.

II. On lit dans la marge : *Juxta picturam Tolosæ*.

N° 23. — Deux états :

I. Avant les changements faits aux deux enfants qui se trouvent sous l'homme portant un grand vase et un drapeau ; avant l'ombre sur le grand vase porté par quatre hommes, etc.

II. Avec les travaux dont l'absence constitue le premier état.

A l'exception des fleurons, le texte existe aux épreuves du second état.

Façade du Louvre suivant le projet de Bernin (J., 218). Cette pièce, gravée longtemps après l'abandon des projets de Bernin, et après l'achèvement de la colonnade de Perrault, semble avoir eu pour objet de montrer combien l'exécution est supérieure au projet de Bernin. Cependant, d'après une note de Mariette (*Abecedario*, t. III, p. 107), le dessin de cette pièce aurait été fourni par le miniaturiste Bailly, à une époque contemporaine de l'exécution des tapisseries historiques (J., 156), c'est-à-dire vers 1680 et non en 1688.

Le Manuel d'Épictète, traduit par Coquelin. Paris, 1688, in-12 (J., 219).

On connaît quatre états du frontispice de ce livre :

I. L'estampe est entourée d'un double filet ; les rayons autour du Saint-Esprit sont faiblement exprimés. On lit sur la pierre : LE MANUEL DEPICTCETE, sans apostrophe.

II. Avec un simple filet, après la suppression du filet intérieur, dans le haut, et du filet extérieur sur les trois autres côtés ; les rayons ont été fortifiés. Le nom du philosophe est écrit D'EPICTETE ; les travaux dans le ciel ont été prolongés jusqu'au filet extérieur. — Ces deux états très-rares sont dits : *Avant le pot*. En outre, on ne voit aucune écriture sur le livre que tient la Religion.

III. Toujours avec un simple filet ; on voit un pot près du pied d'Épictète, et une inscription est gravée sur le livre que tient la Religion.

IV. L'inscription : LE MANUEL D'EPICTETE qui se lisait sur le tertre où est assis le philosophe, a été supprimée, probablement en vue de décorer quelque ouvrage religieux qui nous est inconnu.

L'Incrédulité de saint Thomas (J., 220).

Deux états :

I. Avant les tailles croisées sur la voûte du plafond, et divers autres travaux.

II. Avec les travaux dont l'absence constitue le premier état. — Dans le second état, la planche a été presqu'entièrement retravaillée.

Le martyre de saint Étienne (J., 221).

On connaît deux états :

I. L'intérieur du nuage d'où sort l'ange, tenant une palme et une couronne, est entièrement blanc. La planche n'a pas encore tout son effet.

II. L'intérieur du nuage contient des tailles droites et des travaux au pointillé. La planche, presqu'entièrement retravaillée, est arrivée à l'effet voulu par le maître.

Cette estampe fait pendant à la précédente.

Les vies des saints, ou les figures des saints, avec un abrégé de leurs vies, suivi d'une pratique facile pour les invoquer tous les jours, etc. A Messieurs des congrégations de Notre-Dame érigées dans les maisons de la Compagnie de Jésus. Grand in-octavo. *Paris, chez Étienne Gantrel, rue Saint-Jacques, à l'Image Saint-Maur, 1689* (J., 222).

Tel est le titre exact donné par Jombert de cette suite dite les *Saints de Gantrel*. Nous n'avons pas vu ce volume et, d'après la dimension des planches que nous connaissons, nous nous expliquons difficilement comment des planches disposées pour décorer une édition in-24 ont pu être utilisées pour une édition grand in-8°, format très-peu usité en 1689.

La seule explication qui nous paraisse plausible est que ce titre, rapporté par Jombert, mais qui nous est inconnu, précède, non un volume, mais la suite des 64 morceaux gravés par Le Clerc 8 par 8, sur une même planche, et qui, lorsqu'ils sont divisés 4 par 4, présentent effectivement l'apparence d'un grand in-8°.

Quoi qu'il en soit, il est certain qu'il ne peut y avoir, dans cette collection, que 64 planches gravées par Le Clerc. Les autres sont de Lepautre et de Dolivar.

Nous avons sous les yeux les épreuves des planches gravées par Dolivar, pour le mois de décembre. Leurs dimensions sont exactement semblables à celles des 64 planches gravées par Le Clerc, pour partie des mois de janvier, mars, avril et mai; elles contiennent un texte au-dessous des gravures; il est en caractères mobiles et le format est in-24.

Il paraît même que les 64 planches de Le Clerc ne doivent pas se trouver dans la publication de Gantrel, et que c'est improprement que cette suite est désignée sous son nom. Voici, en effet, ce qu'on lit dans les notes de Mariette (p. 104) : « Gantrel avait envoyé les planches tirées (c'est-à-dire avec le dessous des gravures en blanc) chez l'imprimeur Lacaille qui se trompa, et les discours ne se trouvaient point cadrer ni avoir aucun rapport avec les gravures, de façon que les impressions ne pouvant servir à rien furent supprimées, et M. Gantrel s'étant accommodé avec Lepautre, ce graveur *entreprit toute la suite* (avec Dolivar) *et recommença toutes les planches de Le Clerc* dont les épreuves sont devenues rares. »

L'exactitude bien connue de Mariette ne permet pas de révoquer en doute son assertion, d'où il résulte qu'on chercherait vainement des épreuves des gravures de Le Clerc dans la publication de Gantrel.

Quant aux 64 planches dont les rares épreuves ont échappé à la bévue de Lacaille, elles se présentent sous les trois états que nous allons détailler :

I. A l'eau-forte pure et avant toute lettre. — De toute rareté. — Jombert ne possédait qu'une partie de la suite en cet état.

Nous possédons une suite complète de cet état. Les 64 sujets sont tirés, 8 par 8, sur une seule planche. Chaque sujet, avec sa bordure qui comprend le blanc réservé pour l'impression typographique, est divisé, en haut et en bas, par un filet, afin d'indiquer comment ils devaient être coupés, pour être réunis en volume de format in-24. La suite en cet état est d'une délicatesse merveilleuse, et supérieure encore aux Saints d'Audran.

II. Aussi avant toute lettre, mais les planches sont retouchées au burin.

III. Avec le titre gravé au haut de chaque sujet, au moins pour 16 pièces du mois de janvier. Ce sont les seules que nous ayons vues de cet état.

Le tirage de Lacaille n'a pas été entièrement détruit, et l'on rencontre des épreuves du troisième état avec l'impression au-dessous des gravures, et même au verso, suivant Jombert (t. II, p. 62).

Les fonds des planches gravées par Le Clerc étaient trop délicats pour résister au tirage considérable que Gantrel se proposait de faire. Après l'erreur de Lacaille, on s'aperçut que les planches étaient déjà ruinées; c'est vraisemblablement ce qui a été cause de leur destruction.

Quant aux planches gravées par Lepautre et par Dolivar, elles ont pu résister au tirage; mais elles donnent des épreuves lourdes.

Deux grands écrans, en l'honneur de Louis XIV et du Dauphin son fils (J., 223).

Tel est le titre donné par Jombert, et il est certain qu'il existe deux planches différentes; mais elles étaient destinées à former un seul écran portant au recto le médaillon du roi, et au verso celui du Grand Dauphin.

Le Clerc a fourni le dessin de ces deux estampes qui ont été habilement gravées par un anonyme.

La grande Esther. — *Esther, tragédie tirée de l'Écriture sainte.* Paris, Denys Thierry, 1689, in-4º (J., 224). (Édition originale.)

On connaît quatre états du frontispice gravé pour cette édition :

I. Le soldat, à gauche, a les bras nus et paraît avoir trois pieds; son genou droit n'est pas recouvert par sa robe; l'ovale qui se trouve au-dessus de la tête d'Assuérus est exprimé par de légères tailles circulaires recouvertes de tailles horizontales; la joue d'Assuérus est formée par des tailles légères et par quelques points, etc. — Ces épreuves, dites *aux trois* pieds, sont de toute rareté.

II. Le troisième pied du soldat à gauche est supprimé; ses bras sont couverts; sa robe a été allongée de manière à recouvrir son genou; les tailles horizontales et l'ovale ont disparu; la joue d'Assuérus n'est exprimée que par des points. C'est cet état qui se trouve ordinairement dans l'édition.

III. On lit au bas : ESTHER.

IV. Le mot Esther a disparu; dans l'ovale, au-dessus du trône d'Assuérus, on voit un soleil rayonnant.

La petite Esther. — *Esther, tragédie tirée de l'Écriture sainte.* Paris, Denis Thierry, ou Cl. Barbin, 1689, in-12 (J., 120).

Le *Manuel* de Brunet mentionne, comme nous, deux éditions d'*Esther* sous la date de 1689, et il semble indiquer que l'édition originale est du format in-12. Nous croyons, au contraire, que la priorité appartient à l'édition in-4°. En effet, la circonstance que le frontispice de l'in-12 reproduit, *en contre-partie*, celui de l'in-4°, vient à l'appui de notre opinion, puisque ce dernier a été incontestablement gravé avant l'autre. Après cela, il est possible et même probable que les deux éditions ont paru en même temps.

Jombert n'a pas observé l'ordre chronologique par lui adopté, lorsqu'il a décrit, sous le n° 120, le frontispice de la petite *Esther* en le rapportant à l'année 1676. Il n'a pas connu les deux états de ce frontispice que nous allons décrire :

I. — La tête d'Assuérus est de profil. On ne voit pas encore les changements qui caractérisent le second état. — Très-rare.

II. — La tête d'Assuérus est presque de trois quarts. En outre, le bras de la servante, à genoux derrière Esther, est entièrement blanc, tandis qu'il est légèrement ombré, en partie, dans le premier état; les ombres de ce bras ont été effacées, et le trait exprimant le dessous de l'avant-bras a été fortement repris. — C'est cet état qui se trouve dans l'édition.

Épitaphe et monument élevé à Berbier du Metz (J., 225).

Il y a deux états pour l'épitaphe :

I. — Avant l'inscription du bas, on n'y lit rien autre chose que *Bercy scripsit*.

II. — Avec l'inscription au-dessus et au-dessous de l'échelle géométrique.

Il y a trois états pour le monument :

I. — Avant la lettre au bas.

II. — Avec la lettre dans la partie inférieure, et avant les changements qui caractérisent le troisième état.

III. — La chevelure a été changée ; les ombres ont été fortifiées ; des tailles ont été ajoutées à la draperie de l'enfant qui dort ; on voit derrière cet enfant d'autres tailles croisées, etc., etc. Dans cet état, la planche a plus de ton.

Deux médailles ou monnaies (J., 226).

Jombert déclare que cette estampe rarissime ne se trouve que chez Mme de Bandeville et qu'elle ne se trouve nulle part ailleurs.

Nous en possédons cependant au moins un fragment.

Enfants déroulant un plan (J., 227).

Il y a deux états de cette pièce :

I. — Le plan déroulé est blanc et la planche n'est pas terminée.

II. — Les fortifications existent sur le plan. Le feuillage au-dessus du mur est terminé, et toute la planche est rehaussée de ton.

La grande Géométrie. Paris, chez J. Jombert, 1690 (J., 229).

La description donnée par Jombert se rapporte à l'édition originale de 1690. C'est la seule dont les épreuves soient bonnes. Il en existe beaucoup d'autres dont la dernière est de 1774, avec 37 planches de Cochin. V. Quérard, France littéraire, article Le Clerc.

Réflexions morales de l'empereur Marc Antonin, traduites par André Dacier. Paris, 1691, 2 vol. in-12 (J., 231).

Très-jolie et très-rare vignette décorant un livre cité par Brunet, art. *Antonin*, mais sans aucune mention de la gravure de Séb. Le Clerc.

Figures de la Passion présentées à Madame la marquise de Maintenon, par Séb. Le Clerc (J., 232).

Dans la France littéraire (art. Le Clerc), Quérard a confondu cette suite, qui se trouve toujours sans aucun texte, avec la troisième *Messe*. Il annonce que ces deux ouvrages sont les mêmes, tandis qu'ils sont entièrement différents.

Nous allons donner une description nouvelle des 36 estampes de cette suite, pour rectifier et compléter la description de Jombert.

Observations générales. — La présence de la bordure *d'ornement* destinée à encadrer chaque estampe de la suite est généralement considérée comme un signe caractéristique de l'infériorité des épreuves. Cela est vrai, lorsqu'il s'agit d'épreuves tirées en même temps que la bordure qui leur sert de passe-partout. Mais l'existence de cette bordure est évidemment insignifiante, lorsque chaque estampe a été collée, après le tirage de la bordure, sur l'espace blanc réservé dans son intérieur.

Par conséquent, quand on rencontre des épreuves où les sujets ont été collés, ainsi qu'on vient de le dire, il convient de chercher, en dehors de la bordure servant de passe-partout, les signes de priorité ou d'infériorité du tirage de chaque planche.

On ne signale généralement que deux états des planches de la suite, abstraction faite de la *bordure d'ornement* : ce sont ceux qu'on pourrait appeler *extrêmes*, et qui se reconnaissent aux signes suivants :

I. — Avant les retouches successives faites à différentes planches de la suite, retouches attestées par la présence d'un double filet d'*encadrement*.

II. — Avec ce double filet.

Mais, entre ces deux extrêmes, il y a des états intermédiaires dont le nombre varie pour chaque pièce, et qui proviennent de changements faits par Le Clerc. Il est donc indispensable de décrire les différents états qui se remarquent à raison de chaque planche de la suite, laquelle se rencontre toujours chiffrée, par le haut, de 2 à 36. Le titre n'est pas chiffré.

Cette suite est quelquefois annoncée, dans des catalogues de ventes, comme étant avant la lettre. La vérité est qu'il n'y a jamais eu aucune lettre sur les planches de la suite ; le titre seul contient une dédicace à Mme de Maintenon. On n'en connaît aucune épreuve avant cette dédicace qui paraît avoir été gravée dans l'atelier d'Audran, sur un dessin de Le Clerc, dont la première pensée se trouve à Paris dans la collection de M. Turcan. On lit sur ce dessin : *A Madame, Madame de Maintenon par son très-humble et obéissant serviteur Séb. Le Clerc.* Cette écriture, ainsi que le dessin, sont de la main de Le Clerc.

N° 1er. *Titre ;* — quatre états :

I. — L'adresse d'Audran est indiquée *au (sic)* deux Piliers d'or.

II. — On a ajouté la lettre s au mot *au* qui est écrit *aus*.

III. — La planche a été entièrement retouchée.

C'est seulement alors qu'ont eu lieu les changements signalés par Jombert dans les draperies de la figure représentant la Religion. La disposition des inscriptions a été modifiée, le mot *présentées* est écrit en caractères italiques, au-dessus des armoiries. L'adresse d'Audran a été refaite à nouveau et le mot *Aus* est écrit *Aux*.

Cet état est caractérisé par la présence d'un double filet.

IV. — L'adresse de Jeaurat a remplacé celle d'Audran[1].

N° 2. — *Arrivée de Jésus au Jardin des Oliviers,* trois états :

I. — Avant les changements signalés ci-après :

II. — Avec les tailles croisées sur les nuages et sur les vêtements du dernier personnage à droite ;

---

[1] Lorsqu'on rencontre une suite d'un tirage uniforme, sur le même papier, on peut la rapporter à l'un des états du titre qui viennent d'être décrits. Il y eut certainement plus de quatre tirages anciens de la suite entière. Lorsque le papier de la suite est conforme à celui du titre, il appartient à l'un de ceux qu'on vient de rapporter; mais, le plus ordinairement, les suites se rencontrent mélangées, et il est impossible de les ranger sous tel ou tel tirage, à moins d'indications spéciales, ce qui constitue, pour chaque pièce, deux ou trois états différents, tandis qu'il y en a quatre pour le titre.

mais avant les ombres étendues sous les pieds des personnages.

III. — La planche a été retravaillée dans toutes ses parties ; les ombres ont été étendues. La planche est entourée d'un double filet.

N° 3. — *Jésus prie dans le même jardin,* trois états :

I. — Avant les changements.

II. — Les ombres du feuillage de la masse boisée, à droite, ont été fortifiées.

III. — La planche a été entièrement retravaillée. Le feuillage de l'arbre à gauche a été changé ; des tailles croisées ont été ajoutées sur le ciel. Elle est entourée d'un double filet.

N° 4. — *Son agonie dans le même jardin,* trois états :

I. — Avant les changements.

II. — Des tailles croisées ont fait disparaître une partie des broussailles au pied de l'arbre à gauche.

III. — La planche a été entièrement retravaillée. Les ombres ont été fortifiées partout. Une masse d'ombre a été ajoutée derrière le disciple couché. La planche est entourée d'un double filet.

N° 5. — *Jésus trahi par Judas dans le même jardin,* deux états :

I. — Avant les changements.

II. — La planche a été retouchée ; des travaux ont été ajoutés, surtout sur le ciel qui est plus noir que dans le premier état ; l'ombre a été étendue sur la manche de saint Jean et sur son manteau. La planche est entourée d'un double filet.

N° 6. — *Jésus est arrêté dans le même jardin,* deux états :

I. — Avant les changements.

II. — La planche a été reprise et poussée à l'effet, comme les précédentes, mais sans changements importants. Le seul qu'on puisse noter est une ombre ajoutée entre les jambes du soldat qui pousse Jésus par derrière. La planche est entourée d'un double filet.

M. de Baudicour nous a signalé un état avant les contre-tailles sur les fabriques, près d'une tour ; mais nous ne l'avons pas vu.

N° 7. — *Jésus est amené chez Anne, beau-père de Caïphe,* trois états :

I. — Avant les changements.

II. — La pierre, à gauche, entre le petit enfant qui étend le bras droit et l'homme placé en arrière, qui était blanche dans le premier état, est teintée de tailles verticales jusqu'à plus d'un centimètre au-dessus de la tête de l'enfant ; le mur derrière la lanterne, uni dans le premier état, est percé d'une ouverture.

III. — La planche a été reprise fortement dans toutes ses parties. Elle est entourée d'un double filet.

N° 8. — *Jésus chez Caïphe,* trois états :

I. — Avant les changements.

II. — La main gauche de saint Pierre est couverte de tailles verticales ; la partie supérieure du vêtement du disciple, assis derrière saint Pierre, présente des parties blanches à la hauteur de la ceinture.

III. — Retouché moins fortement que dans les

planches précédentes. On remarque des tailles croisées sur le sol derrière la servante. La planche est entourée d'un double filet.

N° 9. — *Jésus devant le grand-prêtre,* trois états :

I. — Avant les changements.

II. — Les colonnes, en partie blanches dans le premier état, sont ici plus ombrées ; le bas du vêtement de l'homme assis derrière saint Jean, blanc dans le premier état, est couvert de tailles horizontales ; le bras de l'homme vu par derrière, debout, au premier plan, près de la colonne, est couvert d'un manteau ; les marches à droite sont couvertes de contre-tailles ; les assises de la muraille, à droite de la colonne principale, sont mieux exprimées ; les divisions du pavé sont indiquées.

III. — Retouché et poussé au noir, sans additions importantes. La planche est entourée d'un double filet.

N° 10. — *Jésus devant Pilate,* trois états :

I. — Avant les changements.

II. — Un second trait léger se remarque autour de l'arcade surbaissée du fond ; les ombres de cette arcade ont été fortifiées.

III. — Fortement retouché. La planche est entourée d'un double filet.

N° 11. — *Jésus devant Hérode,* deux états :

I. — Avant les changements.

II. — La planche a été retouchée et fortifiée dans presque toutes les parties ; la différence la plus saillante consiste en ce que la partie latérale du tribunal d'Hérode est couverte de tailles croisées. La planche est entourée d'un double filet.

N° 12. — *Hérode renvoie Jésus devant Pilate,* trois états :

I. — Avant les changements.

II. — Les assises des pierres de l'escalier, qui présentaient des parties blanches, sont entièrement couvertes de tailles verticales ; le vêtement de Jésus et celui de l'homme qui le force à descendre sont chargés de travaux exécutés en remplacement des travaux légers du premier état ; la partie du mur, sous la balustrade du fond, presque blanche dans le premier état, est entièrement couverte de tailles verticales ; les parties blanches, au-dessus de la balustrade, ont été également couvertes de travaux, etc., etc.

III. — La planche a été retouchée, mais sans aucune modification. Elle est entourée d'un double filet.

N° 13. — *Pilate ordonne de fustiger Jésus,* deux états :

I. — Avant les changements.

II. — La planche a été entièrement retouchée et poussée à l'effet ; le pavé est indiqué ; les entre-tailles du mur à gauche sont aussi indiquées ; il y a des tailles croisées sur les marches à droite, etc. La planche est entourée d'un double filet.

N° 14. — *La flagellation,* trois états :

I. — Avant les changements.

II. — Les ombres de l'intérieur des croisées ont été légèrement fortifiées, et quelques changements, difficiles à indiquer, ont été faits à la figure et à la poitrine du Christ ; la manche gauche du spectateur debout, derrière le Christ, en partie blanche dans le premier état, est couverte de tailles verticales.

III. — La planche a été entièrement retouchée et poussée à l'effet. Elle est entourée d'un double filet.

N° 15. — *Le couronnement d'épines,* deux états :
I. — Avant les changements.
II. — La planche a été retouchée et les ombres renforcées, mais sans changement notable. Elle est entourée d'un double filet.

N° 16. — *Pilate se lave les mains,* deux états :
I. — Avant la retouche.
II. — La planche a été retouchée, mais sans changements notables. Elle est entourée d'un double filet.

N° 17. — *Jésus est présenté au peuple,* trois états :
I. — Avant les changements.
II. — Le vêtement du Christ qui, dans l'état précédent, s'arrête sur les cuisses, à la hauteur de la main gauche, a été prolongé, sans cependant toucher la rampe de l'escalier.
III. — La planche a été retouchée dans toutes ses parties et poussée à l'effet; le vêtement du Christ a été prolongé de manière à toucher la rampe de l'escalier. Elle est entourée d'un double filet.

N° 18. — *La condamnation,* deux états :
I. — Avant la retouche.
II. — La planche a été retouchée et poussée à l'effet, mais sans changements notables. Elle est entourée d'un double filet.

N° 19. — *Le portement de croix,* trois états :
I. — Avant les changements.

II. — La croix, entièrement blanche dans le premier état, présente quelques travaux légèrement exprimés ; les deux soldats tenant des lances, en avant de la croix, sont plus travaillés ; le bouclier de l'un d'eux, presque blanc dans le premier état, est couvert de travaux.

III. — La planche a été entièrement retouchée et poussée à l'effet ; les ombres, sur le devant et sur le ciel, ont été étendues. La planche est entourée d'un double filet.

N° 20. — *Simon porte la croix à la place de Jésus*, trois états :

I. — Avant les changements.

II. — Un nuage, avec tailles en partie croisées, a été ajouté à la droite du haut ; quelques travaux ont été ajoutés à la montagne derrière le groupe qui pousse le Christ.

III. — La planche a été retouchée et retravaillée dans toutes ses parties ; de nouveaux nuages ont été ajoutés sur le ciel ; les ombres ont été étendues sur les terrasses du premier plan ; deux petites têtes ont été ajoutées près du palmier à gauche. La planche a été entourée d'un double filet.

N° 21. — *Le crucifiement*, deux états :

I. — Avant la retouche.

II. — La planche a été retouchée dans toutes ses parties, dont plusieurs ont été renforcées. Elle est entourée d'un double filet.

N° 22. — *L'élévation en croix.*

Mêmes observations. — Quelques tailles ont été ajoutées à gauche dans le ciel au IIe état.

N° 23. — *La croix est fixée en terre,* deux états :

I. — Avant les changements.

II. — La planche a été retouchée ; on a ajouté, en haut de l'estampe, derrière la croix, un gros nuage noir ; en outre, on voit à droite, sur le ciel, des tailles croisées qui n'existent pas dans le premier état. La planche a été entourée d'un double filet.

N° 24. — *On crucifie les deux voleurs,* trois états :

I. — Avant les changements.

II. — Des tailles croisées ont été ajoutées sur les nuages, à droite, derrière le Christ.

III. — La planche a été retouchée ; les nuages ont été renforcés de nouveau et augmentés, à droite et à gauche ; les figures assises sur le devant sont entièrement noires, tandis que, dans l'état précédent, celle qui est près du cheval présente des parties claires.

La planche a été entourée d'un double filet.

N° 25. — *Jésus crucifié entre les deux voleurs,* deux états :

I. — Avant la retouche.

II. — La planche a été retouchée et poussée à l'effet ; quelques doubles tailles ont été ajoutées sur le ciel, sur le devant, à droite. Elle est entourée d'un double filet.

N° 26. — *Les saintes femmes et les disciples au pied de la croix,* trois états :

I. — Avant les changements.

II. — La planche, presque toute entière, a été reprise, parce que l'artiste s'est aperçu qu'elle manquait d'effet ; quelques nuages ont été ajoutés à droite près de la montagne.

III. — Nouvelle retouche générale ; la montagne, à droite, a été couverte de tailles croisées ; plusieurs parties, surtout la figure du mauvais larron, ont été fortement reprises. La planche a été entourée d'un double filet.

N° 27. — *La mort de Jésus,* trois états :

I. — Avant les changements.

II. — La planche a été traitée comme la précédente. Offrant encore plus de parties blanches, elle a été entièrement reprise et remontée de ton, pour arriver à l'effet voulu par l'artiste. Cet état se distingue par des tailles croisées sur le ciel qui n'existent pas dans l'état précédent.

III. — Nouvelle reprise générale, mais sans changements notables. La planche a été entourée d'un double filet.

N° 28. — *La descente aux limbes,* deux états :

I. — Avant la retouche.

II. — La planche a été retouchée, moins fortement toutefois qu'à l'ordinaire, et sans changements notables. Elle se présente entourée d'un double filet.

N° 29. — *Un soldat perce le côté de Jésus après sa mort,* deux états :

I. — Avant les changements.

II. — La planche a été fortement retouchée, surtout sur la butte à droite et sur l'homme à mi-corps, au milieu ; la dernière figure, à gauche, a été supprimée et remplacée par deux figures plus petites derrière lesquelles on voit cinq lances.

La planche est entourée d'un double filet.

N° 30. — *L'ensevelissement,* deux états :

I. — Avant la retouche.

II. — La planche a été reprise dans toutes ses parties, mais sans changements notables; elle est entourée d'un double filet.

N° 31. — *Le corps de Jésus est couvert de fleurs et de parfums,* trois états :

I. — Avant les changements.

II. — Des tailles croisées ont été ajoutées à gauche, sur le rocher près des marches; l'ombre a été prolongée, à gauche du tombeau, sur la marche et sur les terrasses; d'autres ombres ont été étendues et fortifiées, principalement dans celle figurant la fumée de la torche la plus rapprochée du tombeau. Malgré ces retouches, certaines épreuves de cet état manquent de ton, tandis que celles du premier état sont très-harmonieuses.

III. — Retouché et poussé à l'effet, sans différences notables, si ce n'est dans les ombres fortifiées. La planche est entourée d'un double filet.

N° 32. — *La résurrection,* deux états :

I. — Avant les changements.

II. — Retouché, les ombres ont été fortifiées et étendues, principalement sous le nuage sur la terrasse. La planche est entourée d'un double filet.

N° 33. — *Première apparition aux disciples,* deux états :

I. — Avant les changements.

La remarque faite au n° 31 s'applique à celui-ci,

avec cette différence qu'il n'y a aucun signe matériel qui distingue les épreuves du premier état. Cependant l'aspect des épreuves est tout différent, suivant qu'elles proviennent d'un premier tirage ou de tirages postérieurs. Les premières sont brillantes, tandis que les autres sont ternes.

II. — La planche a subi des remaniements considérables. Elle a été entièrement remontée de ton ; les ombres ont été étendues et fortifiées, principalement sur le pavé et sur le mur à la droite du haut ; le mur du fond est entièrement couvert de tailles croisées ; les fenêtres du fond sont grillées ; des compartiments ont été ajoutés sur la planche dans toute la salle et sur le devant. La planche a été entourée d'un double filet.

N° 34. — *Incrédulité de saint Thomas,* trois états :

I. — Avant les changements. Il n'y a de tailles croisées que sur l'ombre d'une très-petite partie du fond, à gauche, entre la colonne et le filet.

II. — Des tailles croisées ont été ajoutées sur une grande partie du mur derrière le Christ.

III. — La planche a été de nouveau reprise dans toutes ses parties ; certaines ombres ont été étendues et fortifiées. Elle est entourée d'un double filet.

N° 35. — *Le Christ monte au Ciel,* deux états :

I. — Avant les changements.

II. — La planche a été entièrement retouchée ; les ombres sont fortifiées et étendues, principalement à la droite du bas ; plusieurs figures, presque blanches dans le premier état, sont couvertes de travaux. La planche a été entourée d'un double filet.

Nº 36. — *Descente du Saint-Esprit,* trois états :

I. — Avant les changements.

II. — Les draperies à la droite du nuage qui, dans le premier état, présentaient beaucoup de parties blanches, et n'étaient exprimées que par des tailles horizontales, sont plus couvertes de travaux avec tailles croisées dans le haut ; de nouvelles contre-tailles ont été ajoutées sur l'ombre portée derrière le personnage à gauche, etc. En cet état, comme au précédent, la figure de la Vierge est toujours de profil [1].

III. — La planche a été entièrement retravaillée et poussée à l'effet ; la figure de la Vierge est vue de trois quarts. Des masses d'ombres ont été ajoutées presque partout, principalement sur le pilastre à droite, et de nombreuses tailles croisées ont été ajoutées de ce côté. La planche a été entourée d'un double filet.

La description de la suite entière donnée par Jombert n'est pas complète. Il n'a pas connu le tirage d'Audran avec le double filet ; il s'est trompé en disant que ce double filet a été ajouté par Jeaurat, après la mort de Le Clerc.

Il est certain que cette addition a été opérée par Audran, qui a débité des épreuves de cet état, c'est-

---

[1] Nous ne connaissons pas d'épreuve du nº 36 avec la tête de la Vierge de face et sans le double filet. S'il en existe, cela constituerait un état intermédiaire entre le IIe et le IIIe.

à-dire avec ce double filet au titre, avec son adresse rectifiée et la draperie de la Religion allongée. Ces épreuves ne sont pas à dédaigner. Celles de notre suite qui proviennent du tirage d'Audran (avec double filet) pour servir de comparaison avec le premier état, sont extrêmement vigoureuses et brillantes. Depuis, ces qualités se sont affaiblies par le tirage, et il est possible que les planches aient été retouchées de nouveau, lorsqu'elles sont arrivées entre les mains de Jeaurat. Les épreuves de ce tirage de Jeaurat sont indignes de figurer dans une collection composée de pièces choisies.

Il nous paraît certain que les retouches faites pour le tirage d'Audran, avec le double filet, ont été exécutées par Le Clerc lui-même.

Ces retouches sont habiles ; elles ont heureusement fait revivre ces planches qui ont eu un succès énorme.

Sans doute, après ces retouches, les épreuves n'ont plus la légèreté qui fait le charme des premiers tirages ; mais, comme cette extrême légèreté produisait, après le tirage d'un certain nombre d'épreuves, un ton gris, d'où résultait une absence d'effet, Le Clerc a jugé à propos d'entailler plus fortement ses planches de manière à produire plus de relief.

Nous possédons une suite complète du premier état ci-dessus décrit, laquelle est excessivement rare. Plusieurs épreuves de cette suite proviennent d'un œuvre formé par l'un des fils de Le Clerc, et portent des indications au crayon pour les corrections que l'artiste a exécutées. Notre suite du deuxième état est également complète ; à la suite du troisième il ne manque que la planche portant le n° 23 que nous avons remplacée par une épreuve du premier état.

Les dessins originaux et *finis* de cette suite sont admirables. Il y en a neuf dans notre collection ; nous ignorons ce que sont devenus les autres. — Quant aux premières pensées de ces charmantes compositions, une première partie comprenant quatorze sujets se conserve, ainsi que nous l'avons dit, chez M. Turcan ; une autre, comprenant neuf sujets, se trouve chez M. de Baudicour ; une troisième partie est entre les mains d'un possesseur qui nous est inconnu.

CHAPITRE V.

TRAVAUX DE LE CLERC AUX GOBELINS DEPUIS SON MARIAGE.

3º Décade. — 1693-1702.

Travaux cités. (*Les numéros renvoient au Catalogue de Jombert.*)

La première Vénus (235); la seconde (308); l'Apothéose d'Isis (236); *Bibliotheca Telleriana* (237); Histoire de Ximenès, par Fléchier (238); Saint Claude (239); Junius, *Pictura veterum* (241); Dictionnaire étymologique de Ménage (242); Palais de Stockolm (243); Faubourgs de Paris (244); *Puer parvulus* (245); le Palais de Salomon (248); Multiplication des pains (251); Panégyrique des Saints, par Fléchier, ou le petit Paradis (252); Instruction sur le Quiétisme (253); les Hommes illustres de Perrault (255); les Batailles d'Alexandre (257); les Bourgogne (258); l'Histoire (260); Catafalque du roi de Suède (261); le Mariage du duc de Bourgogne (262); l'Académie des Sciences (263); Aubouin (264); Saint Athanase ou le Conciliabule de Tyr (265); la Vierge aux Anges (266); Introduction à la Géographie (272); Médaille en l'honneur de Charles XII (274); les Armes de Geoffroy (276); l'Histoire Bysantine (278); les Petites Conquêtes (279); Médailles du Roy (280).

La première Vénus (J., 235). — Pièce très-rare, gravée pour Potier et qui n'a pas été mise dans le commerce.

La vente du cabinet de Potier eut lieu en 1757, par les soins de Helle et Glomy. L'avant-propos du Catalogue contient une anecdote sur la première Vénus, que M. Ch. Blanc a reproduite (*Trésor de la Curiosité*, t. I, p. 37) dans les termes suivants : « Potier, dans les commencements de sa curiosité, avait fait la connaissance de Séb. Le Clerc, et il racontait complaisamment, à ce sujet, l'anecdote suivante. En montrant aux curieux les premiers morceaux qu'il avait achetés, et qui étaient des plus ordinaires, il eut la mortification de voir ces riches possesseurs d'objets d'art, sourire de sa pauvreté, et de leur entendre répéter constamment : *Nous avons tout cela.* Piqué de cette indifférence dédaigneuse, Potier alla trouver Séb. Le Clerc, et le pria de lui graver avec soin un petit morceau à son choix, dont le prix fût proportionné à sa bourse d'écolier. Le Clerc lui grava une petite Vénus sur les eaux, portée dans une conque, tenant d'une main la pomme d'or qui fut le prix de sa beauté, et, de l'autre, un voile qui, enflé par les Zéphirs, fait voguer la déesse. Potier, après avoir payé la planche, retira les épreuves que Le Clerc avait fait imprimer pour lui ; ensuite invitant les amateurs à venir voir ses nouvelles acquisitions, il leur montra cette estampe inconnue dont ils admirèrent la composition et la gravure; et, reconnaissant qu'elle était de Le Clerc, ils coururent chez lui et furent bien surpris d'apprendre qu'il n'en possédait pas une seule épreuve. Il leur fallut donc, à leur grand dépit, revenir chez Potier, lui faire leur cour et lui procurer le plaisir de se faire longtemps prier. Ce fut la vengeance qu'il tira de leurs anciens mépris. Ce morceau est fort rare, parce qu'il n'y eut d'épreuves que celles tirées par Le Clerc, au nombre de douze. Potier ayant perdu la planche, en fit graver une seconde, où la Vénus diffère pour l'attitude, et n'en tira également que douze épreuves. Il y fit ajouter ensuite, par Eisen, un triton qui pousse la conque de Vénus et un amour qui vole devant[1]. »

Il existe plusieurs copies de cette jolie pièce que nous allons détailler :

1º Par Giffart. En contre-partie (dirigée à droite, regardant à gauche) et avec deux vers français au bas :

C'est ainsi que Vénus au comble de la gloire,
Va remettre à Paphos le prix de sa victoire.

Dans la marge : *S. le Clerc inv.*

2º Par un inconnu, dans le sens de l'original. On lit sur la mer : *S. le Clerc Inv.* Et dans la marge ce distique :

Aspicis ut facili delapsa per œquora cursu,
Vulcani conjux cipria regna petat.

La seconde Vénus (J., 308).

C'est une copie en contre-partie, de la main de Le Clerc, pour Potier, qui avait perdu la première planche. Elle est, en second état, moins rare que la première ; cependant le premier état, que nous allons décrire, est aussi rare que la première Vénus dont il n'existe qu'un seul état (v. ci-dessus).

On connaît deux états de cette seconde planche :

I. — Vénus dirigée à droite et regardant en face se voit seule sur la mer, et les nuages sont blancs : on lit à gauche, sur la mer : *S. le C. f.*

---

[1] Cette seconde planche a figuré à la vente de Potier, avec quatre des douze premières épreuves et vingt-trois épreuves ordinaires. C'est-à-dire avec le triton et l'amour volant, ce qui constitue le second état de la seconde Vénus. Le tout a été adjugé 57 livres.

II. — On voit, à gauche, un triton poussant le char de la déesse et, à droite, sur le ciel, un amour volant; les nuages sont ombrés. — Ces différents travaux ont été ajoutés par Eysen, après la mort de Le Clerc.

Giffart a fait une copie, en contre-partie, de cette seconde planche. Elle est anonyme. On y lit les deux vers français, ci-dessus rapportés et qui se trouvent au bas de la copie de la première planche, par le même artiste. Nous avons négligé ici l'ordre chronologique afin de rapprocher deux charmants ouvrages de Le Clerc. La seconde Vénus n'a été gravée qu'en 1711.

L'apothéose d'Isis (J., 236).

Cette planche est une de celles qui a été le plus souvent remaniée par Le Clerc. Jombert, aidé par M. Lenormant du Coudray, a signalé cinq états différents de cette pièce, dont trois avant la lettre et deux avec la lettre. Nous allons en décrire dix états, dont huit avant la lettre et deux avec la lettre.

Le changement le plus important que l'artiste ait fait subir à cette planche consiste dans la substitution des sacrificateurs aux danseurs qui, dans les cinq premiers états, entourent l'autel d'Isis. Ce changement a eu lieu bien avant que la lettre ait été gravée dans la marge du bas, car la substitution des sacrificateurs aux danseurs n'apparaît qu'au sixième des huit états avant la lettre.

Cette différence étant la plus considérable et la plus sensible de toutes, nous la signalerons, dans la description qui va suivre, en divisant les états en deux catégories : la première, avec les *danseurs*, comprenant cinq états avant la lettre ; la seconde, avec les *sacrificateurs*, comprenant également cinq états, dont trois avant la lettre et deux avec la lettre.

1ʳᵉ CATÉGORIE.

États avec les danseurs ; *ils sont tous avant la lettre.*

Iᵉʳ *état*. — Avant les tailles croisées sur le derrière de la robe d'Isis, sur le nuage qui la supporte, sur le nuage qui est au-dessous de son bras gauche et les autres nuages à gauche, et, enfin, sur les nuages à droite, au-dessous de la figure d'Apollon. — Les draperies du haut, à droite et à gauche, ont plusieurs parties entièrement blanches. On lit au bas, à droite, sur la première marche : *S. le Clerc f*. — Les épreuves de cet état sont très-légères de ton, mais dépourvues d'effet.

IIᵉ *état*. — Avant les nuages teintés derrière les figures de Pluton, de Saturne et de Mercure ; avant les tailles croisées sur le nuage près et au-dessous du gros gland à gauche ; avant les fumées des cassolettes renforcées ainsi que les deux piédestaux du second plan ; les quatre figures en avant de ces piédestaux (deux à droite et deux à gauche) sont blanches ; les draperies à la gauche du haut sont entièrement teintées ; aux draperies de droite, il ne reste plus qu'une très-petite partie blanche ; le nom de Le Clerc se lit comme dans l'état précédent. — La planche a été remontée de ton et mise à l'effet.

Ces deux états, qui sont réunis dans la collection

de M. de Baudicour, sont excessivement rares. On ne connaît qu'une épreuve du premier état et deux du second; l'une d'elles se conserve dans notre collection.

IIIe état. — Avec le Mercure encore blanc, ainsi que le nuage qui le supporte, mais avec les quatre figures teintées en avant des gros piédestaux du second plan. Le nom de Le Clerc, qui se voyait à droite, a été effacé, ainsi que le cercle tracé dans la marge pour recevoir les armes. Ce cercle existait dans les deux états précédents. Enfin, l'auréole qui entoure la gloire où se trouvent Jupiter et Junon a été renforcée, surtout dans la partie la plus rapprochée des nuages. — *Morceau anonyme*.

IVe état. — Avec le Mercure ombré, ainsi que les nuages autour, mais avant les ombres portées de chaque côté du premier plan, derrière les premiers danseurs; le cercle destiné à recevoir les armes a été rétabli. — *Morceau anonyme*.

V^e état. — Dernier état avant la substitution des sacrificateurs aux danseurs et avec le nom de Le Clerc rétabli à droite, mais en caractères plus apparents qu'au premier et au second état; il est écrit ainsi : *Se le Clerc in et f.*

Ce cinquième état est beaucoup moins rare que les précédents. Il nous a été donné d'en voir environ douze épreuves et nous en avons possédé quatre. Le travail de l'artiste est déjà plus lourd que dans les états précédents. Cette pesanteur va s'accentuer à partir du sixième état où les sacrificateurs sont substitués aux danseurs. Cette substitution, commandée peut-être par les données du sujet qui représente une scène d'opéra, ne nous paraît pas heureuse, et nous préférerons toujours les épreuves avec les danseurs à celles où l'on voit des sacrificateurs. — Notre estampe représente la dernière scène de l'opéra de Quinault, au moment où Jupiter prononce ces vers :

Dieux, recevez Isis au rang des Immortels;
Peuples voisins du Nil, dressez-lui des Autels.

Les danseurs paraissaient d'autant plus dans la situation du sujet que, immédiatement après ces vers, commence le ballet final que l'artiste avait d'abord voulu représenter, sans qu'on puisse se rendre compte du motif qui lui a fait renoncer à cette représentation. Quoi qu'il en soit, une épreuve, avec les danseurs, devra toujours accompagner une autre épreuve, avec les sacrificateurs, dans tout œuvre de Le Clerc.

2ᵉ CATÉGORIE.

États avec les sacrificateurs : *trois avant la lettre, deux avec la lettre.*

VIᵉ état, — 1ᵉʳ *des sacrificateurs.* — Avec le Saturne encore blanc et les nuages derrière non encore renforcés, avec les sacrificateurs, mais avant les fumées renforcées autour de l'autel et les pavés teintés sous les pieds du grand prêtre, à gauche, et également de l'autre côté de l'autel, à droite ; puis avant que le grand rond du milieu, devant l'autel (il paraît ovale à cause de la perspective), ait été entièrement teinté. Les colonnes ne sont pas encore marbrées. Les armes de la princesse de Bournonville y sont, mais non la lettre.

VIIe état, — 2e des sacrificateurs. — Avant les raies diagonales sur le bas de la robe du grand prêtre, et les garnitures sur les robes des femmes qui portent des corbeilles ; avant les ombres renforcées sur les nuages au-dessus de Pluton et de Latone ; enfin avant les enroulements sur les frises des colonnades.

VIIIe état, — 3e des sacrificateurs. — Cet état est le dernier avant la lettre dans la marge. Elle n'a été gravée qu'après les derniers changements dont nous allons rendre compte : avant le changement du nuage à gauche qui, dans l'état suivant, cache la balustrade au-dessus de la colonnade du second plan, et avant le nuage changé et fortement teinté sous les pieds de Jupiter et de Junon ; enfin, avant le grand rond marbré et avant les carreaux noirs au milieu des losanges de chaque côté.

IXe état. — 4e des sacrificateurs; 1er état avec la lettre. — La planche a été entièrement terminée. De chaque côté des armes de la princesse de Bournonville et au-dessous du titre et de la dédicace en deux lignes, on lit douze vers français sur deux colonnes. — Sans aucun nom d'éditeur.

X^e état. — 5e des sacrificateurs; 2e état avec la lettre. — L'adresse d'Audran, *rue Saint-Jacques, aux deux Piliers d'or*, a été ajoutée tout au bas de la marge, au-dessus du trait carré.

Nous sommes loin d'avoir décrit toutes les différences qui distinguent ces dix états, dont la réunion complète existe seulement dans la collection de M. de Baudicour ; nous avons signalé les plus apparentes. — Notre collection comprend deux épreuves avec les danseurs (2e et 5e états) et deux épreuves avec les sacrificateurs.

Bibliotheca Telleriana, Paris, imp. royale, 1693, in-fol. (J., 237).

Ce livre est le catalogue de la bibliothèque du chancelier Michel Le Tellier, qui fut léguée par son fils, Charles-Maurice Le Tellier, archevêque de Reims, à l'abbaye de Sainte-Geneviève, pour être rendue publique. La belle vignette qui décore ce livre présente un effet étonnant de perspective.

On en connaît trois états :

I. — Avant les nombreux travaux qui caractérisent le second état.

II. — Il y a des dessins sur la tapisserie portant les armes de Le Tellier ; une partie des deux livres appuyés contre le tabouret, entièrement blanche dans le premier état, est, dans celui-ci, couverte de tailles horizontales légères ; on voit des tailles croisées sur le plancher entre les deux enfants, dont l'un est couché sur une carte ; des travaux ont été ajoutés à la grande draperie, derrière la tête de l'enfant qui écrit ; l'enfant, vu au milieu portant un livre, avait, dans le premier état, le bras gauche passé sur ce livre ; dans le second état, l'enfant a ce même bras passé au-dessous ; ce livre qui, dans le premier état, avait, au milieu, un ornement ovale, est entièrement blanc dans le second.

III. — Une partie du livre tenu par l'enfant debout, a été couverte de tailles : de nouvelles tailles croisées ont été ajoutées sur le plancher, à gauche de l'enfant debout et en avant du livre. — Les belles épreuves de cet état sont extrêmement brillantes.

Histoire du cardinal Ximenès, par Fléchier. Paris, Anisson, 1693, in-4º (J., 238).

Jolie suite dont certaines pièces présentent les différences relevées ci-après :

Nº 5. — Ximenès reçoit les remerciments des habitants de Tolède, deux états :

I. — Avant l'addition des travaux qui caractérisent le second état.

II. — Des tailles croisées ont été ajoutées dans différentes parties de l'estampe, et notamment à l'épaisseur du premier pilastre, près du trône, laquelle, dans le premier état, n'est figurée que par des tailles verticales ; les ombres des vêtements des ambassadeurs ont été tantôt éclaircies, tantôt fortifiées, etc.

Nº 7. — *Tombeau de Ximenès,* deux états :

I. — Avant les changements dont la présence caractérise le second état.

II. — La draperie du fond a été presqu'entièrement refaite et poussée au noir ; le soubassement de la colonne, à gauche, blanc dans le premier état, est couvert dans le second de tailles légères ; les marches de l'escalier, qui présentaient de nombreuses parties blanches, sont entièrement couvertes de tailles verticales, etc., etc.

Cul-de-lampe au génie, deux états :

I. — Avant le changement dans les armes où l'on compte 33 carreaux.

II. — Il n'y a que quinze carreaux dans les armes; il y a des tailles croisées sur la draperie à gauche; quelques travaux ont été ajoutés, au nuage, à gauche, près du pied de l'enfant.

Le *Manuel* de Brunet cite ce livre, uniquement parce qu'un exemplaire, aux armes de Bossuet, a été vendu cent francs chez Debure ; quant aux figures de Séb. Le Clerc, il ne mentionne même pas leur existence.

Saint Claude et ses transformations (J., 239).

Helle, célèbre monteur d'estampes au XVIIIe siècle, a fait graver, en 1759, une note historique, en tête de laquelle il a fait tirer les épreuves qu'il débitait de la planche de Le Clerc, après ses transformations dont cette note rend compte dans les termes suivants :

« Ce joli morceau a été gravé par le célèbre Sébastien Le Clerc, chevalier romain, dessinateur et graveur du cabinet du roi. Il l'avait fait pour M. Potier, avocat au Parlement, amateur zélé, et pour le lui rendre personnel, y avait mis saint Claude, son patron.

» M. Potier était alors fort jeune, et étudiait encore en rhétorique. Dans ce temps, il y avait beaucoup de curieux d'estampes, particulièrement de celles de Le Clerc. Les principaux étaient le marquis de Beringhen[1], le marquis de Torci, M. de Clairembault,

---

[1] L'œuvre formé par le marquis de Béringhen est aujourd'hui

généalogiste ; dom Godiveau, bénédictin ; M. Turet, fameux horloger ; M. Bellanger, M. d'Argenville et quelques autres. Ils étaient jaloux des premières épreuves de tout ce que gravait M. Le Clerc. En effet, cet artiste, par la fécondité de son génie, était sujet à faire des changements à ses planches et par là donnait à ses premières épreuves un degré de rareté qui les faisait rechercher. Quelquefois il était arrivé que M. Potier, prévenu de diligence par les compétiteurs, n'avait pu acquérir de ces premières estampes ; chagrin dont un connaisseur seul peut connaître l'étendue. Soit pour se venger de ces petites mortifications, soit pour le plaisir singulier d'avoir ce que d'autres ne pourraient acquérir, M. Potier prit le parti de faire graver ce présent morceau par Le Clerc. Celui-ci, après avoir terminé sa planche, en fit tirer douze épreuves pour ses curieux ; M. Potier les acheta [1].

» Ainsi, maître absolu du travail de Le Clerc, il se vit assuré de donner la loi à ses rivaux. Il jouit effectivement de cette espèce de souveraineté. Peu satisfait de l'impression des douze épreuves de Le Clerc, il les condamna au feu et en fit faire douze autres ; et pour en augmenter la rareté, il fit supprimer le saint Claude et chargea M. Eysen d'y graver une Magdeleine.

au cabinet des estampes, dans une ancienne reliure aux armes royales. Il est très-mal classé.

[1] Quoique Helle ne le dise pas, Potier acheta aussi la planche de Le Clerc, sans quoi, il n'aurait pu y faire les changements qui sont signalés plus bas.

» Les curieux, informés de l'existence de la première estampe, et devenus plus ardents par la difficulté d'en avoir une des douze uniques épreuves, se trouvèrent obligés de recourir à M. Potier. Celui-ci eut le plaisir de contenter leur avidité, mais au prix d'une pistole la pièce. Le sieur Helle, chargé par les dernières volontés de M. Potier de la vente de son riche cabinet, a acquis cette précieuse planche[1]. Il la remet pour la troisième fois entre les mains des amateurs, mais sous un nouvel aspect, ayant fait substituer à la Magdeleine saint Pierre son patron, dans le temps de sa pénitence. C'est M. Ch.-Nicolas Cochin qui s'est chargé de faire ce changement.

» Le sieur Helle n'a fait tirer qu'un très-petit nombre d'épreuves de cette planche, qu'il a fait dorer ensuite, afin qu'elle ne donnât plus lieu à d'autres changements[2].

Telle est l'histoire de ce morceau, travaillé par trois célèbres graveurs : Le Clerc, MM. Eysen et Cochin. »

DESCRIPTION DES TRANSFORMATIONS DE LA PLANCHE DE SAINT CLAUDE.

On peut signaler jusqu'à huit états, ou variétés des tirages de cette planche.

---

[1] Elle lui fut adjugée moyennant 72 livres avec six premières épreuves de saint Claude et dix-huit de la Madeleine. (M. Ch. Blanc, *Trésor de la curiosité*, t. I, p. 89.)

[2] Cette histoire de la dorure de la planche manque d'exactitude. C'est une invention de Helle pour faire croire à la rareté des épreuves qu'il débitait. Il y eut, au contraire, plusieurs tirages du saint Pierre, après lesquels Helle fit non pas dorer, mais rayer la planche, ainsi que nous l'indiquons à la fin de notre description.

I. — L'estampe représente saint Claude, patron de Potier, qui fit graver cette planche et en resta propriétaire. (V. ci-dessus la notice historique de Helle.)

II. — Saint Claude a été effacé, après le tirage de 24 épreuves, dont 12 ont été jetées au feu. La Madeleine n'a pas encore remplacé saint Claude.

Jombert mentionne cet état que nous n'avons pas vu.

III. — La Madeleine, gravée par Eysen, remplace saint Claude.

IV. — Saint Pierre a remplacé la Madeleine ; un coq a été ajouté sur le rocher à droite. Les épreuves de cet état sont avant la lettre, et la marge ne révèle aucune trace de la planche accessoire, dont il sera ci-après parlé.

V. — La planche a été rognée ; les rochers du fond ont été retouchés. En cet état, la planche est ordinairement tirée avec une planche accessoire, destinée à accompagner la notice historique placée au bas de l'estampe et tirée séparément dans un encadrement. Cette notice a été faite en 1759, par Helle, acquéreur de la planche. En cet état, on lit sur la planche accessoire les quatre vers suivants :

Leclere (sic) *de ce chef-d'œuvre eut la gloire et la peine*
Saint Claude y fut placé par son savant burin ;
Eysen l'en delogea (sic) *pour une Madeleine*
Et Saint Pierre à son tour y fut mis par Cochin.

VI. — L'altération du nom de Le Clerc et plusieurs autres fautes qui se trouvaient dans l'inscription, ont été corrigées. Ainsi le mot *délogea* a été accentué et la ponctuation ajoutée au 1er et 3e vers.

VII. — Helle prétend, dans sa notice historique, qu'après avoir fait graver le saint Pierre par Cochin, il fit dorer la planche, afin qu'elle ne donnât plus d'épreuves. Mais, comme nous l'avons dit plus haut, le fait ne paraît pas exact, car on rencontre des épreuves d'un tirage différent, avec une autre planche accessoire, contenant quatre vers composés et gravés par H. Gravelot qui, comme le remarque Jombert, réussissait mieux dans le dessin que dans la poésie. Pour que l'histoire de Helle fût exacte, il faudrait admettre qu'il fit suspendre le tirage avec les vers ci-dessus rapportés, afin de le continuer avec la nouvelle planche accessoire, après quoi la planche principale aurait été dorée.

Quoi qu'il en soit, voici les vers de Gravelot :

Saint Claude par Le Clere (sic) *occupa cette place*
La Madeleine y fut mise après par Eysen
De la main de Cochin, saint Pierre enfin s'eface (sic)
C'est le portier des cieux qu'il nous les ouvre [Amen].
       H. GRAVELOT.

VIII. — Ce qui laisse supposer que la planche continua d'être tirée, c'est qu'on rencontre des épreuves, toujours avec la même planche accessoire, mais dans lesquelles les fautes ont été en partie corrigées : le nom de l'artiste est écrit Le Clerc au premier vers; au troisième, on lit l'eface au lieu de s'eface ; en outre, la ponctuation qui manquait entièrement aux trois premiers vers, dans l'état précédent, a été rétablie dans celui-ci.

Toutefois, ces tirages ne furent pas nombreux, car la planche a été couverte en tous sens de traits de burin. On en voit une épreuve ainsi cancellée au cabinet des estampes, où elle est accompagnée de la note suivante : « Il n'y a eu d'imprimé de cette planche que 200 épreuves, après quoi on a mis la planche dans l'état où on la voit, pour la détruire entièrement. »

Francisci Junii de pictura veterum. Rotterdam, 1694, in-fol. (J., 241).

Jombert a expliqué pourquoi cette jolie vignette ne se trouve pas dans tous les exemplaires du livre dont elle décore l'épître dédicatoire. Dès lors, il n'est pas étonnant que son existence ne soit pas mentionnée dans le *Manuel* de Brunet (art. *Junius*).

Dictionnaire étymologique de Ménage. Paris, Anisson, 1694, in-fol. (J., 242).

Cette édition n'est pas la plus complète de ce dictionnaire rempli d'étymologies fantastiques, mais néanmoins curieux; aussi est-elle peu recherchée. C'est cependant la seule où l'on trouve la jolie vignette de Le Clerc, dont on connaît quatre états :

I. — Avant les travaux dont l'addition caractérise le second état.

II. — Des tailles croisées se remarquent sur le fond, à gauche, derrière la sphère armillaire ; le cercle intérieur, et le plus large de cette sphère, est couvert de tailles ; des tailles croisées et obliques ont été ajoutées à la grande draperie ; un cercle a été tracé sur le livre placé sous le bras du génie qui tient une branche de laurier : des notes de mu-

CHAPITRE IV. — 1693—1702.   219

sique se voient sur le livre ouvert, au pied de ce génie, et l'écriture a été ajoutée sur celui qui est ouvert, à droite, près du globe ; le fond de la boussole, blanc dans le premier état, est terminé dans le second ; le globe est couvert d'étoiles, tandis qu'on n'en voit que trois dans l'état précédent.

III. — Avant quelques travaux ajoutés sur la draperie qui recouvre la cuisse du génie vu de face ; avant des ombres ajoutées au champ des armes et dans les plis de la grande draperie.

IV. — Avec les travaux dont l'absence caractérise le troisième état.

Les trois premiers états sont des épreuves d'essai, portant des indications de la main de Le Clerc pour les changements qui ont été effectués. Ces épreuves se conservent dans notre collection.

Élévation géométrale et vues perspectives du palais du roi à Stockolm (J., 243).

Suite de quatre pièces rares pour la description desquelles il est nécessaire de se reporter à l'*errata* placé en tête du tome second du Catalogue de Jombert.

Vues de plusieurs petis (sic) *endrois* (sic) *des faubourgs de Paris* (J., 244).

Nous possédons des épreuves de cette jolie suite portant la signature de Claude-Augustin Mariette, avec la date de 1694.

Cette date rectifie celle donnée par Jombert, qui indique l'année 1695 comme étant celle de la publication. Cette suite est intéressante, en ce qu'elle représente l'état de quelques faubourgs de Paris à la fin du dix-septième siècle. On rencontre ordinairement cette suite chiffrée de 1 à 12, et ces épreuves ne sont pas mauvaises, puisque ces chiffres se remarquent sur la plus grande partie d'une des suites de notre collection, dont toutes les épreuves, moins une, portent la date de 1694, accompagnée de la signature Cl.-Aug. Mariette. La vérité est qu'il existe quelques pièces avant les chiffres, mais qu'il en existe aussi dont le tirage a eu lieu après que ces chiffres ont été effacés.

Pour être certain d'avoir les premières épreuves, avec ou sans chiffres, il est nécessaire de réunir deux suites : l'une, avant les changements qui ont eu lieu sur presque toutes les pièces et qui sont exactement indiqués par Jombert ; l'autre, d'état ordinaire avec ou sans numéros.

On doit se tenir en garde contre les copies lourdes et sans valeur qui, cependant, peuvent tromper quand on n'a pas les originaux sous les yeux.

Puer parvulus, ou le passage d'Isaïe (J., 245).
Jombert rapporte un passage tiré des *Mémoires pour servir à l'histoire de Mme de Maintenon*, par La Beaumelle, et qui se trouve transcrit en regard de l'épreuve ayant appartenu à Beringhen, qu'on peut encore voir aujourd'hui au Cabinet des estampes. Il en résulterait que le sujet de cette magnifique composition aurait été indiqué à Le Clerc par Fénelon, ami de Mme Guyon, et aurait eu pour objet la repré-

sentation d'un rêve de la célèbre visionnaire. Elle aurait prédit que l'Oraison revivrait sous un enfant, c'est-à-dire sous le duc de Bourgogne[1]. Ce serait donc lui qui serait représenté au milieu de l'estampe, une houlette à la main; l'enfant nu, à gauche, tirant un serpent d'un trou, serait le duc d'Anjou, et le duc de Berri, encore à la mamelle, serait représenté sur les genoux de sa nourrice, sous les traits de Mme Guyon elle-même.

L'histoire semble protester contre cette ingénieuse explication. En effet, l'estampe est publiée en 1695. A cette époque, Mme Guyon était non-seulement disgraciée, mais persécutée.

C'est vers la fin de 1695 qu'elle fut enfermée au château de Vincennes, puis à la Bastille. Dès le 16 octobre 1694, l'archevêque de Paris, Harlay de

---

[1] Ce passage de Mme Guyon est défiguré et tronqué. Voici ce qu'on lit dans sa vie manuscrite communiquée par elle à Bossuet : « J'enfanterai un premier né : *l'esprit d'oraison*, qui doit régner dans tout l'univers après avoir surmonté tous les efforts de la persécution. » (Œuvres de Bossuet, Versailles, 1819, in-8º, t. XI, p. 6.) Ceci était écrit avant 1694. Mme Guyon entra au couvent de la Visitation dans les premiers jours de janvier 1695 (Jobez, t. I, p. 286); son arrestation fut demandée par Bossuet, peu de temps après. Or le *Puer parvulus* étant de 1695, comment supposer qu'on ait pu songer à mêler l'héritier de la Couronne à toute cette histoire? Il est vrai que Mme de Maintenon l'a cru un moment, avec le public, et qu'elle eut peine à être détrompée par M. de Beauvilliers, malgré son affirmation ainsi formulée : « On n'a nulle inquiétude à avoir sur le chapitre des princes ; *aucun d'eux ne sait qu'il y ait au monde une femme qui s'appelle Mme Guyon*, ni un livre intitulé : *Le moyen court*. (Lettres de Mme de Maintenon, t. IV, p. 84.)

Chanvallon, avait condamné les ouvrages de Mme Guyon, et les évêques, réunis en conférence à Issy, avaient condamné, le 10 mars 1695, trente-quatre propositions tirées des ouvrages de cette dame. On les trouve dans l'instruction pastorale de Bossuet, contre les erreurs des quiétistes.

En présence de ces faits, comment serait-il possible que le gouvernement de Louis XIV, si hostile à tout ce qui n'était pas d'une orthodoxie irréprochable, ait admis la glorification des idées d'une femme dont les écrits étaient condamnés par son ami, par Fénelon lui-même ?

En supposant que la gravure ait été exécutée avant les poursuites dirigées contre Mme Guyon, il est évident que si Le Clerc avait eu la pensée de la glorifier, il aurait eu la prudence de cacher son ouvrage qui n'aurait jamais vu le jour. Loin de là, il le publie ; il y fait successivement tous les changements indiqués dans les différents états décrits ci-après. Ce qui prouve que la publication de l'estampe n'a jamais été interdite, c'est qu'elle reparaît dans un dernier tirage fait vers la fin du siècle, ou au commencement du siècle suivant, par François Silvestre, devenu possesseur de la planche. Ce tirage de Silvestre indique que les épreuves se vendaient chez lui, *aux galeries du Louvre, avec privilége du roi*. Tout cela proteste contre l'invention de La Beaumelle qui, d'ailleurs, était si peu instruit, qu'il prend François Silvestre pour l'auteur et le dessinateur de cette estampe.

Il est bien vrai que le duc de Bourgogne, et peut-être Fénelon, ont donné l'idée du sujet que, du reste, l'exécution a rendu transparente sans avoir besoin de recourir aux rêveries de La Beaumelle. Mais l'enfant tenant la houlette, n'est pas le jeune prince; c'est le Sauveur annoncé par le prophète Isaïe. Sa présence suffit pour changer le caractère des animaux les plus féroces : l'ours, le lion et le tigre, ont perdu leur voracité ; ils sont côte à côte avec les moutons, les chèvres, les chevaux et les bêtes à cornes ; le lion et le bœuf mangent au même râtelier, etc.

Telle est, au surplus, l'explication donnée par l'abbé de Vallemont, qui écrivait en 1715, l'année même de la mort de son ami Le Clerc, et qu'on doit supposer avoir été bien instruit.

Voici ce qu'il dit de cette estampe et de son sujet : « Monseigneur le duc de Bourgogne, qui connaissait la capacité de M. Le Clerc, conseilla à quelques personnes de lui faire graver une planche, et de lui indiquer un sujet où tous ses différents talents se trouvassent assemblés. Pour cet effet, on lui donna ces paroles du prophète Isaïe, chap. XI, V. 6 : *Puer parvulus minabit eos*, dont l'intelligence dépend de ce qui les précède et de ce qui les suit ; et que je vais transcrire ici, afin de faire mieux sentir les beautés de l'estampe, qui en représente la Lettre, et peut-être l'Esprit. Mais il faut auparavant remarquer que tout ce chapitre XI d'Isaïe est une admirable Prophétie de la Naissance du Sauveur, et de la conversion des peuples et des Gentils, dont la barbarie, adoucie par la

Prédication de l'Évangile, les mettra dans la disposition d'entrer dans l'Église : le loup habitera avec l'agneau ; le léopard se couchera auprès du chevreau ; le veau, le lion et la brebis demeureront ensemble ; et un petit Enfant les conduira tous..... L'Enfant, qui sera encore à la mamelle, se jouera sur le trou de l'aspic, et celui qui aura été sevré portera sa main dans la caverne du basilic. On voit là, dit saint Grégoire-le-Grand, une excellente description de la divine puissance de Jésus-Christ, qui humanisera, par l'efficace de sa Parole, les mœurs farouches et cruelles des Gentils, figurés par le loup et le lion, afin de les réunir dans son Église, avec les fidèles qui sont les agneaux, par l'innocence de leurs mœurs.

» M. Le Clerc, pour répondre à ce que le prince attendait de lui, a exprimé toute cette description prophétique dans son estampe, avec une exactitude qui fait que, tandis que les yeux se satisfont à voir ce charmant spectacle, l'esprit se répète les Paroles du Prophète.

» On observe que dans cette belle campagne, tous les animaux, qui sont touchés admirablement, ne forment qu'un seul troupeau, sous un jeune berger, selon le Prophète, qui dit : Un petit enfant les conduira tous.

» L'auteur, entrant dans le sens d'Isaïe, s'est bien gardé de conserver aux animaux féroces leurs caractères ; au contraire, ils y paraissent apprivoisés, et ne diffèrent plus les uns des autres, que par la forme extérieure. La douceur qui fait le sujet de cette pièce, se voit tracée dans l'air du Pasteur, qui la communique à tous les animaux dont il est suivi. On y voit tous les points de cette Prophétie marqués fort agréablement, jusqu'au petit enfant couché sur terre près d'un trou, où un aspic est à moitié entré et qu'il en tire hardiment. Le fond est un riche paysage, où la nature semble avoir étalé toutes ses beautés, et qui est gravé avec une délicatesse insurmontable. Le fleuve qui serpente dans la prairie couronnée de fleurs, en fait un bel ornement. Outre les figures, les animaux, le paysage, il y a encore de doctes petits morceaux d'Architecture; et parmi tout cela règne un air doux, tranquille et de sécurité, qui donne l'idée d'un Paradis terrestre et l'image de l'Église de Jésus-Christ, où les hommes réunis ne devraient avoir rien à craindre les uns des autres. Ainsi M. Le Clerc a donné, par cette estampe, un monument éternel de sa capacité dans toutes les parties du dessin. »

Tout cela est d'une exactitude parfaite et en contradiction manifeste avec la version de La Beaumelle.

Nous devons dire toutefois qu'il paraît avoir puisé le fond de son historiette dans un ouvrage moins sérieux encore que ne le sont les siens : la *Relation du Quiétisme* (par Phelipeaux), Paris, 1732, première partie, page 198. Cependant Mariette semble y ajouter foi, ce dont témoigne le passage suivant de son *Abecedario* (t. III, p. 111 et 112) :

« Les amis de Mme Guyon, voyant M. de Cambray décidé à écrire, conçurent alors de grandes espérances ; ils se flattèrent qu'ils verraient bientôt l'accomplissement de la prophétie de cette dame qui avait prédit que son oraison revivrait sous un enfant, c'est-à-dire sous M. le duc de Bourgogne. On osa même donner par avance des indices.

» M. de Cambray (Fénelon), ou pressé par ses amis, ou poussé par sa propre vanité, proposa le dessin d'un tableau tiré du Chapitre II du prophète Isaïe. M. de Leschelle eut le soin de le faire exécuter. Il fut dessiné par M. Silvestre (Charles-François), peint par M. Bertin et ensuite gravé par le fameux M. Le Clerc. L'estampe représente M. le duc de Bourgogne en habit de berger, la houlette à la main, au milieu d'un troupeau de toute espèce. Au bas de l'estampe étaient ces paroles d'Isaïe : *Puer parvulus minabit eos.*

» Les quatre vers qu'on y voit à présent n'y étaient pas d'abord, et n'ont été ajoutés dans la suite que pour cacher ce dessin. M. d'Anjou est dans un coin, figuré en enfant nu qui tire un serpent de son trou ; M. de Berry, encore à la mamelle, entre les bras de sa nourrice. Mme Guyon est sans doute la nourrice, elle qui crève de grâce et en donne aux autres de sa surabondance. On prétendait représenter, par ces emblèmes, tous les états et toutes les passions calmées et vaincues par l'esprit d'oraison que la prophétesse était venue apporter dans le monde. M. de Leschelle distribua un grand nombre de cette estampe, ou en donna aux princes, aux ducs de Beauvillers et de Chevreuse, et à tous les autres amis, tant ces Messieurs étaient assurés de la prédiction de leur prophétesse. Ceci se passait en 1696. »

Tout ce passage paraît se ressentir de l'aversion que Mariette partageait, avec beaucoup de ses contemporains, contre Fénelon, Mme Guyon et les quiétistes. Mariette était un juge incomparable des choses de l'art; mais il n'était pas exempt de passion sur les questions religieuses. On ne voit dans ses remarques sur le *Puer parvulus* presque rien de plus que ce qui se trouve dans l'abbé Phelipeaux, reproduit par La Beaumelle. La source étant connue, il reste à examiner si elle est pure.

Qu'était-ce donc que cet abbé Phelipeaux ? C'était un ennemi acharné du doux Fénelon. Il avait accompagné l'abbé Bossuet à Rome pour y poursuivre la condamnation des *Maximes des Saints*. « A son retour en France, dit le cardinal de Beausset (Hist. de Fénelon, t. II, p. 452), il composa sa *Relation du quiétisme,* ouvrage qui décèle la partialité la plus marquée et l'acharnement le plus odieux contre Fénelon... On ne peut douter que le but de l'auteur n'ait été de flétrir la réputation de l'archevêque de Cambray, en posant les fondements d'une fausse tradition; il osait espérer qu'à mesure que le temps aurait fait disparaître tous les contemporains dont le témoignage et l'autorité pouvaient aider à éclaircir la vérité, on serait plus disposé à accueillir ses odieuses imputations... Dans ce but, ajoute le cardinal de Beausset, il défendit de publier son ouvrage avant vingt ans après sa mort qui eut lieu en 1708. Cet ouvrage, imprimé clandestinement en 1732, fut flétri et supprimé par un jugement de la police. et un arrêt du Conseil qui ordonnèrent qu'il serait brûlé par la main du bourreau. Trois particuliers, convaincus d'avoir participé à l'impression de ce libelle, furent condamnés au carcan. »

L'arrêt du Conseil, dont parle le Cardinal, n'a pas été retrouvé. Mais le *Dictionnaire des anonymes* de Barbier fournit des détails desquels il résulte que le gouvernement voulut donner satisfaction à la mémoire de Fénelon, outragée par l'ouvrage posthume de Phelipeaux. Ces détails montrent même que la rigueur contre les éditeurs de la *Relation* dépassèrent toute mesure. Le libraire Deliége fut enlevé, le 23 avril 1733, avec son fils et trois de ses ouvriers. Tous furent enfermés à la Bastille. Ils furent jugés par une commission, sept mois après, condamnés au carcan et bannis pour trois ans.

En présence de ces faits, quelle autorité peut s'attacher aux allégations de l'abbé Phelipeaux ? A part l'allégorie que renferme le sujet, sur laquelle la discussion reste ouverte, ce que Mariette nous apprend, relativement au tableau et au dessin de Silvestre, est tout à fait vraisemblable. Charles-François Silvestre était maître de dessin du duc de Bourgogne (M. de Silvestre, *Renseignements,* etc., 1868, in-8º, p. 34), et il n'y a rien d'étonnant à ce que l'élève ait conçu l'idée de cette allégorie que le maître a réalisée par son dessin.

L'abbé de Vallemont dit également que la première pensée de ce sujet appartient au jeune prince (*Éloge*, p. 46). Bien qu'il ne parle pas du dessin de

Silvestre, il ne dit pas le contraire, et l'existence de ce dessin explique comment la planche est venue entre les mains de Silvestre qui a tiré les épreuves du dernier état et les débitait avec privilége aux galeries du Louvre. Mais ni Fénelon, ni Mme Guyon ne sont pour rien dans cette affaire, et, au témoignage de l'abbé Phelipeaux, on doit préférer celui non moins contemporain de l'abbé de Vallemont dont les explications sont corroborées par les appréciations du cardinal de Beausset si défavorables à Phelipeaux.

On connaît six états de cette planche, dont trois sont avant la lettre :

I. — Avant les travaux sur le groupe d'arbres à gauche : la rondeur des tetons de la femme est mal exprimée ; la partie droite de son cou est entièrement blanche, et l'os maxillaire droit n'est pas indiqué. En cet état, la planche est avant toute lettre, avant le nom de Le Clerc et avant le petit serpent à gauche.

II. — Aussi avant toute lettre et avant le petit serpent ; mais les travaux voisins de la partie claire de la masse boisée à gauche sont plus avancés : le cou de la femme est garni de points légers dans sa partie gauche et l'os maxillaire est exprimé par des points. Également avant les travaux dont il va être parlé.

III. — Toujours avant la lettre dans la marge, mais le nom de Le Clerc se lit à gauche sur la terrasse, et, au-dessus, se trouve un petit serpent. En cet état, la planche est beaucoup plus avancée que dans les deux précédents. La masse boisée à gauche a reçu des modifications importantes ; les ombres ont été fortifiées et poussées à l'effet; la branche qui avance le plus vers la plaine, feuillue dans les deux états précédents, est sèche dans celui-ci. Les animaux qui mangent du foin sous la treille, et le foin lui-même, ont reçu des additions ; des travaux ont été ajoutés au manteau du jeune berger. Toute la planche a été montée de ton et est arrivée au degré voulu par l'artiste.

IV. — Avec la lettre; mais avant le nom de Silvestre.

V. — Avec l'*excudit* de François Silvestre à gauche, dans la marge, et son adresse au milieu, mais avant les retouches dont il va être parlé.

VI. — Aucun changement n'a eu lieu dans l'inscription, mais la planche a été retouchée dans toutes ses parties et remontée de ton. Au lieu d'un berger vêtu et tenant une houlette appuyée sur son épaule, on voit un gros enfant nu tenant aussi une houlette qu'il n'appuie pas sur son épaule ; derrière cet enfant se trouvent des roseaux qui n'existaient pas dans les états précédents, non plus qu'une montagne et quantité d'autres travaux.

Ces changements ont été faits par Le Clerc pour remédier à l'usure de la planche.

Nous ne nous arrêterons désormais qu'aux pièces capitales, à l'occasion desquelles il y aura lieu de rectifier le Catalogue de Jombert; nous passons donc sous silence quelques belles pièces, telles que le siége de Mons (J., 246), la forteresse de Montmélian

(247), le temple de Salomon (248)[1], la prestation de serment de Dangeau (250)[2], pour arriver à un chef-d'œuvre :

La multiplication des pains dans le désert (J., 251).

On connaît trois états de cette pièce :

I. — Avant toute lettre et avant de nombreux travaux.

II. — Avec la lettre et avant des travaux ajoutés pour marquer le pli du vêtement recouvrant le mollet d'un homme vu par derrière, à gauche. Cet homme est le troisième de ceux qu'on aperçoit de ce côté.

III. — Avec les travaux dont l'absence caractérise le premier et le second état.

Panégyriques des saints et autres sermons, par Fléchier. Paris, 1696, in-4° (J., 252).

Brunet ne cite que dans sa table méthodique, cette édition originale des Panégyriques, sans se douter qu'elle contient l'une des plus ravissantes vignettes de notre maître.

---

[1] « Cette pièce, dit Mariette *(Abecedario)*, est très-jolie et *du plus beau* qu'ait fait M. Le Clerc. Il n'y a gravé que les figures, l'architecture est gravée au burin. Cette pièce a été faite pour un livre intitulé : *Description du palais de Salomon,* par un chanoine de Troyes, M. Maillet.

[2] « Cette estampe, dit l'abbé de Vallemont, est d'une perfection achevée. Elle est peu connue, et la conquête n'en est pas facile » (*Éloge*, p. 95). — Tout en nous associant à ce jugement, en ce qui concerne l'exécution de cette planche, nous devons dire que les épreuves n'en sont plus aussi rares que du temps de l'abbé de Vallemont. La planche a tiré beaucoup et longtemps, et il y a un grand choix à faire entre les épreuves dont les tirages ne se distinguent par aucune remarque particulière.

On connaît deux états de cette pièce vulgairement appelée *le Petit Paradis*.

I. — Avant les tailles croisées sur les nuages du bas.

II. — Avec ces tailles; en outre les ombres sont fortifiées, et l'estampe est remontée de ton.

Instruction pastorale de l'Archevêque de Paris sur le Quiétisme. Paris, 1696, in-8° (J., 253).

Ce volume renferme une vignette et un fleuron. Il existe des épreuves avant la lettre de chacune de ces deux pièces.

Les Hommes illustres de Perrault (J., 255).

Cette belle publication ne contient que deux fleurons de Le Clerc. Suivant Jombert, le n° 1 serait le fleuron du titre, au tome premier, imprimé en 1696, et le n° 2 aurait servi au fleuron du tome second, imprimé en 1700. Dans l'exemplaire de 1696 que nous possédons, ces deux fleurons se trouvent, savoir : le n° 2, au titre à la fin du volume ; et le n° 1, à la fin de la préface. — Les épreuves de ces deux fleurons, dans l'édition, sont généralement très-usées.

Les batailles d'Alexandre (J., 257).

Sans atteindre à la perfection des chefs-d'œuvre de Gérard Audran et d'Edelinck, les estampes de Séb. Le Clerc sont tout ce qu'on pouvait attendre de la reproduction, en petit, de ces gigantesques compositions.

Chacune des pièces de la suite se présente sous plusieurs états que nous allons détailler.

Titre de la suite.

Trois états :

I. — Avant toute lettre. — La planche n'est pas terminée.

II. — Avec la lettre. — La planche est terminée.

III. — Les mots, *Pl. 3 p. 9,* se lisent à la droite du bas, à la suite du nom de Le Brun.

Passage du Granique.

Trois états :

I. — Avant toute lettre.

II. — Avec la lettre. — Beaucoup de travaux sont ajoutés, principalement à gauche.

III. — Avec de nouveaux travaux ; la planche a été retouchée dans presque toutes ses parties ; les épreuves sont noires et dures.

Défaite de Porus.

Trois états :

I. — Avant toute lettre.

II. — La planche a été retravaillée, surtout dans la partie gauche. Les personnages composant le groupe de gauche sont plus travaillés : ainsi, le bras et l'épaule gauches du captif à genoux et vu par le dos, dans le groupe dont il s'agit, sont presque blancs dans le premier état, tandis que, dans le second, ils sont couverts de tailles.

III. — La planche a été de nouveau travaillée dans plusieurs parties ; mais les différences sont peu sensibles. On les remarque surtout dans le rocher, près de l'arbre à gauche; sur le captif traîné, les mains liées derrière un cheval à gauche; et à droite, sous les pieds du personnage courbé, vu par le dos entre les chevaux.

Nous avons vu une copie de cette pièce. Elle est froide, cherchée et les figures sont sans expression.

Le caractère qui distingue l'original de la copie se trouve dans le drapeau de droite qui, dans la copie, couvre une partie de la jambe gauche d'Hercule; tandis que, dans l'original, il y a un espace vide entre la hampe du drapeau, le pied et le genou de la statue. Nous ignorons si les autres pièces de la suite ont été copiées et quelles sont les mentions de la marge; la seule épreuve que nous ayons vue étant privée de marge.

Bataille d'Arbelle.

Trois états :

I. — Avant la lettre. — La planche n'est pas terminée, les épreuves en sont généralement ternes et dépourvues d'effet.

II. — Avec la lettre. — La planche est terminée; les épreuves sont brillantes et arrivées à l'état voulu.

III. — La planche a été retouchée. Les trois lignes de l'inscription en italiques ont été effacées et remplacées par une inscription en plus gros caractères, de manière que, dans l'inscription en français, les trois lignes sont égales, ce qui n'existe pas dans le second état.

La tente de Darius.

Trois états :

I. — Avant toute lettre.

II. — Avec la lettre; le dos de la femme assise à gauche, sous un arbre et vue par le dos, est blanc comme dans le premier état.

III. — Le dos et le bras de cette femme sont couverts de tailles croisées.

Mariette affirme que cette pièce, plus petite que les autres, ainsi que la suivante qui lui sert de pendant, sont mal à propos attribuées à Le Clerc, elles auraient été gravées par un graveur sur acier, nommé La Colombe.

L'entrée à Babylone.

Trois états :

I. — Avant la lettre et avant un grand nombre de travaux.

II. — Avec la lettre ; mais le bonnet de la femme, au pied de la statue à gauche, est encore blanc.

III. — Ce bonnet est ombré.

Cette pièce aurait été gravée par La Colombe. (Voir l'observation de Mariette (*Abecedario*, p. 105).

Nous avons l'habitude de nous incliner devant le jugement, l'expérience, la science et la sûreté de goût qui distinguent, à un si haut degré, l'illustre Mariette.

Cependant il nous paraît que ces éminentes qualités se trouvent en défaut, lorsqu'il attribue à La Colombe les deux dernières pièces des Batailles d'Alexandre.

Ce La Colombe, ou plutôt Delacollombe, est un artiste obscur dont on ne connaît que quelques dessins d'arquebuserie publiés, après sa mort, en 1730.

Il est bien difficile d'admettre qu'il ait pu imiter, à s'y méprendre, la manière de Le Clerc. Or, cette imitation serait si parfaite qu'on n'aperçoit aucune différence entre les deux planches attribuées par Mariette à Delacollombe et celles du reste de la suite. Le faire nous semble partout identique. Cette appréciation est corroborée par deux circonstances qui nous paraissent décisives : 1º Chacune des deux planches contestées contient des corrections conformes aux habitudes de Le Clerc, qui ne manquait jamais de rectifier les défectuosités, souvent peu apparentes, de ses estampes. Il nous paraît difficile d'admettre que Delacollombe ait pu s'apercevoir que le dos de la petite femme assise à gauche, devant la tente de Darius, devait être plus ombré, ainsi que le bonnet de la femme près du piédestal, dans l'entrée à Babylone. Si cette dernière correction est heureuse, la première ne l'est pas, ainsi qu'on peut s'en convaincre en examinant le chef-d'œuvre de Gérard Edelinck dont la pièce de la suite de Le Clerc est une reproduction. C'est peut-être cette faute et une vanterie de Delacollombe qui ont engagé Mariette à lui attribuer cette pièce. 2º L'entrée à Babylone est signée en toutes lettres, *S. Le Clerc, sculp.* Comment admettre que notre artiste eût laissé subsister son nom au bas d'une planche qu'il n'aurait pas exécutée? Pourquoi cette signature sur cette pièce, alors que plusieurs autres de la suite sont restées anonymes, sans que cependant on les conteste à Le Clerc? Nous croyons donc devoir lui conserver les deux ouvrages que la postérité lui attribue à juste titre.

Un document tiré du catalogue de la vente après décès de Sébastien Le Clerc (le peintre) semble encore infirmer l'opinion de Mariette en confirmant la nôtre. On y lit, en effet, un article ainsi conçu : « Les batailles d'Alexandre en six planches, premières épreuves, *avec le dos blanc,* c'est-à-dire, que l'épaule de la femme assise, vue de dos, dans la Famille de Darius, n'est pas ombrée. » Est-il vraisemblable que Joullain, rédacteur de ce Catalogue, et habile expert, ait omis de mentionner que la pièce *de remarque* n'était pas de Le Clerc?

Diverses suites de figures, chevaux et paysages, dessinées et gravées par Le Clerc, pour l'instruction du *duc de Bourgogne,* en neuf livres. Savoir : huit de six feuilles chacun, et un de douze feuilles. (Jombert, 258.)

Cette division, indiquée par Jombert, est celle du ou des tirages exécutés par Audran. Mais il paraît qu'un éditeur subséquent (Joullain ou un autre), a modifié cet ordre en changeant les numéros, tout en laissant subsister ceux d'Audran. Nous reviendrons sur ce détail en parlant des états de cette suite.

Cette suite est supérieure à celles du même genre que Le Clerc a destinées à l'enseignement du dessin à la plume. Les derniers livres sont surtout particulièrement remarquables; mais, comme toujours, les soixante planches, dont cette collection se compose, ne produisent leur effet qu'autant qu'elles se présentent en épreuves de choix.

Nous allons chercher à indiquer les différences qui caractérisent les premiers états, en divisant nos observations en remarques générales et remarques particulières.

Remarques générales.

Le premier état des planches de chaque livre est caractérisé par la suite régulière des numéros dont ils se composent sans que, cependant, on puisse dire que cette règle soit absolue.

Ainsi, *pour les deux premiers livres,* le premier état se reconnaît à ce qu'il n'y a qu'une seule série de numéros (de 1 à 6 pour chaque livre) placés à la droite du bas. Dans le premier livre, le titre n'est pas chiffré; la première pièce numérotée porte le chiffre 2 et la dernière le chiffre 6. — Dans le second livre, les chiffres sont à gauche et vont de 1 à 6. Quant au second état de ces deux premiers livres, il se reconnaît à ce que, outre les chiffres ci-dessus, on lit des numéros de 1 à 11 sur les numéros 2 à 6 du premier livre (premier état) et 1 à 6 du second livre. Nous ignorons s'il en est de même pour les livres suivants.

Pour le troisième livre, le premier état est chiffré à gauche, comme au second livre. Le second état, (du moins pour deux pièces que nous avons vues), ne porte aucun numéro. Dans le quatrième livre, les six planches du premier état sont chiffrées à gauche, de 1 à 6. Ces chiffres ont disparu dans le second état; le n° 6 (premier état) du quatrième livre porte, au second état, à la suite du nom de Le Clerc : G. gg.

Dans le cinquième livre, le premier état est chiffré à gauche jusques et y compris le n° 7; à partir du n° 8 jusqu'au n° 12, les chiffres se trouvent à droite.

Nous avons vu des épreuves de ce livre dans lesquelles les n°s 33 et 36 de Jombert ont conservé les numéros 11 et 12 qui sont ceux du premier état et auxquels on a ajouté, au milieu, les numéros 20 et 24.

La première pièce du sixième livre est chiffrée à gauche, les cinq autres le sont au milieu, de 2 à 6.

Le septième livre est chiffré de 1 à 6. Nous n'avons pas rencontré d'épreuves du second état pour ces deux livres.

Le huitième livre est chiffré de 1 à 6, à gauche, dans le premier état. — Dans le second état, les numéros sont effacés, ainsi que l'adresse d'Audran sur la première pièce de ce livre.

Le neuvième livre est chiffré, au premier état, de 1 à 6, à gauche. Il n'y a aucune adresse sur la première pièce.

Il ne nous a pas été donné de rencontrer des épreuves du second état.

REMARQUES PARTICULIÈRES.

Titre du premier livre.

Deux états.

I. — Il y a un tréma sur la lettre *ü* du mot *rüe*.

II. — L'écriture de l'adresse d'Audran a été changée, il n'y a pas de tréma sur *rue*. Les mots avec *Privil du Roy* sont de la même écriture dans les deux états.

Troisième livre.

Le troisième livre (J., 13-18) commence la série des paysages dans lesquels il a été fait quelques changements. Les deux premiers livres offrent des figures détachées et isolées, paraissant destinées à faciliter l'étude du dessin.

La première pièce du troisième livre (J., 13) a été copiée en contre-partie, par un anonyme. Elle ne porte pas de numéro.

Le n° 6 de ce même troisième livre (J., 18) représente une vue de Metz. Sur le devant, de grands arbres forment berceau. — Cette pièce a été copiée en contre-partie par un anonyme. Le ciel de cette copie est entièrement blanc; on y lit au milieu du bas, sur l'eau : *S. Le Clerc*, tandis que l'original est anonyme.

Quatrième livre.

Le numéro 6 représente une partie des arches de Jouy (J., 24). Dans un état postérieur, on a ajouté à droite les lettres G. gg, et le n° 6, qui se voyait à gauche, a été effacé.

Cinquième livre (12 pièces).

Le n° 1 (J., 25) reproduit, à gauche, la figure du n° 205-15 de Jombert (fig. de modes).

Le n° 2 (J., 26) reproduit les figures du n° 205, 4 et 5.

Le n° 3 (J., 27) reproduit la figure du n° 205-12.
Le n° 4 (J., 28) reproduit la figure du n° 205-16.
Le n° 5 (J., 29) reproduit les figures des n°s 205-11 et 17.
Le n° 6 (J., 30) reproduit la figure du n° 205-17.
Le n° 8 (J., 38) reproduit les figures des n°s 205-10 et 13.
Le n° 12 (J., 36) reproduit la figure du n° 205-21.

Sixième livre.

Il y a, pour ce livre, une adresse d'Audran à la première pièce (J., 37).

Septième livre.

Même observation (J., 43).

Le n° 2 (J., 44) a été copié en contre-partie par un anonyme, il n'y a pas de numéro. Jombert indique, pour la planche 6 de ce livre (J., 48), des différences que nous n'avons pu constater.

Huitième livre.

Le n° 3 (J., 51) se présente sous deux états :

I. — Avant les changements et les additions qui caractérisent le second état.

II. — Entre le grand arbre à gauche et le temple, des arbres aux branchages légers ont été ajoutés derrière les petits arbres qui existaient déjà; des rameaux pendants ont été ajoutés en haut de la colonne à gauche; la petite partie blanche qui existait entre cette première colonne à gauche et la seconde a été couverte de travaux; les assises des pierres sur le temple, non exprimées dans le premier état, le sont dans celui-ci ; les montagnes du fond ont été changées et se terminent par des traits légers.

Neuvième livre.

Le n° 2 (J., 56) se présente sous deux états :

I. — On ne voit aucune raie sur les arbres du fond, ni sur le grand arbre.

II. — Un trait échappé, ou un accident, a produit sur les arbres du fond une petite raie ; elle se prolonge sur une partie du feuillage du grand arbre.

On rencontre souvent des épreuves détachées de cette suite, surtout de second état ; mais elles sont indignes de figurer dans une collection choisie. Le premier état mérite seul d'être recherché. La suite complète de cet état est difficile à rencontrer.

L'Histoire, poëme, par l'abbé Genest, dédié à Mme la duchesse de Bourgogne. Paris, Anisson, 1697, in-4° (J., 260).

On connaît deux états de cette jolie pièce peu commune :

I. — On voit une petite flamme sur la tête de la princesse.

II. — Cette flamme a été supprimée.

A la vente de Quentin de Lorangère, le premier état a été vendu 39 livres.

Catafalque de Charles XI, roi de Suède (J., 261).

On connaît deux états de cette grande et très-belle pièce.

I. — Avant la lettre. — Il n'y a d'autre écriture que *S. le Clerc, sculp.*, à la droite du bas.

II. — La lettre a été gravée, aux endroits indiqués par Jombert.

Allégorie pour le mariage du duc de Bourgogne (J., 262).

Cette pièce a été gravée par Simoneau, sur le dessin de Le Clerc qui se conserve dans le cabinet de M. Chartener, à Metz. — Ce dessin est un des plus beaux de notre artiste.

On connaît deux états de la planche :

I. — Avant la lettre. — On ne voit que les noms des artistes.

II. — Avec une inscription en deux lignes, dans la marge du bas, et la signature de du Rondray.

L'*Académie des sciences* (J., 263).

Pièce capitale sur laquelle Jombert a donné des détails très-étendus et cependant incomplets. D'ailleurs la description qu'il a donnée des différents états est tellement confuse qu'il est impossible de les distinguer. C'est ce que nous allons essayer de faire en complétant cette description.

De toutes les estampes de Le Clerc, celle-ci est la plus soignée et, sauf l'*Apothéose d'Isis*, celle qui a été le plus souvent travaillée. Il s'y est repris jusqu'à six fois avant de se décider à faire graver la lettre sur sa planche ; et, même après l'avoir reçue des mains du graveur en lettres, il y a fait encore quelques additions. Il en résulte qu'on compte jusqu'à huit états de ce chef-d'œuvre, dont cinq avant la lettre et trois avec la lettre.

Nous allons les signaler distinctement :

États avant la lettre.

I. — Avant la manche du nécromancien. — On n'en connaît que deux épreuves : l'une, provenant du cabinet de Séb. le Clerc fils, est dans la collection de M. le président de Baudicour ; la seconde se conserve dans notre cabinet ; elle provient de la collection Paignon-Dijonval.

II. — Avec cette manche et l'addition de quelques travaux, notamment avec les roues dentées au-dessous de la statue placée entre les deux colonnes, à droite, mais avant les travaux caractéristiques du troisième état (le second état est aussi rare que le premier).

III. — Avec de nombreux travaux ajoutés, mais avant ceux, également très-nombreux, qui se voient au cinquième état.

Voici la nomenclature des travaux ajoutés aux épreuves du troisième état :

1° Une lanterne est pendue sous le péristyle.

2° On voit un rideau au bout du péristyle.

3° Il y a un trophée d'armes au-dessus de la statue de femme à droite de ce péristyle, entre les deux colonnes.

4° Des démonstrations de mécanique se voient sur trois tableaux appuyés contre le mur de la terrasse, en avant des arcades du fond.

5° On voit des nuages et des tailles droites sur une partie du ciel.

6º Des tailles horizontales ont été ajoutées sur le ciel, derrière la fenêtre grillée à gauche.

7º On voit une figure de géométrie sur la colonne en face du squelette humain.

8º Une petite planche gravée, représentant des animaux, dont une spatule, se voit au-dessous de la grande figure de géométrie placée à côté du squelette humain. Cette petite planche se trouve entre deux figures dont l'une, vue de profil, écrit près d'une sphère, et l'autre est vue par le dos.

9º L'ombre a été étendue derrière la main de la figure qui écrit.

10º L'ombre a été modifiée sous la jambe de la figure assise au premier plan.

11º L'ombre de toutes les marches du fond, à gauche, a été fortifiée et étendue sur le devant d'une partie de ces marches.

12º Une figure de géométrie est tracée sur le pavé, derrière la tête du nécromancien.

13º Les divisions du pavé sont indiquées, et l'on y voit de légères tailles horizontales.

14º Le nuage, au dessus de la corniche, n'est plus blanc; on en voit d'autres sur le ciel.

15º On voit des tailles horizontales sur le ciel, entre les arcades du fond. — En outre, on voit un échafaud au-dessous de la corniche, et, en avant, une machine servant à monter une grosse pierre dont un homme dirige l'ascension avec une corde. Cette scène se passe au dernier plan.

16º La figure de l'homme, placée entre le nécromancien et le jeune homme, offrait des parties blanches dans les états antérieurs ; cette figure est, dans celui-ci, entièrement noire.

17° Parmi les figures du premier plan, à gauche en tirant vers le milieu, il y a une figure assise, vue de dos, et qui tient à la main une table de sinus. Le bonnet de cette figure a été changé, et des travaux ont été ajoutés à ses vêtements dont la forme a été changée par le bas.

18° La figure assise vis-à-vis de celle dont on vient de parler a été plus travaillée, et les ombres de la pierre, sur laquelle ces figures sont assises, ont été modifiées.

19° Le manteau du nécromancien a été chargé d'ornements.

20° L'ombre portée sur le terrain a été prolongée contre la démonstration du carré de l'hypothénuse tracée sur le pavé à droite; cette ombre s'étend jusqu'à la cuve carrée dont un des angles touche le bord de l'estampe, tout à fait à droite.

21° La pierre qu'on polit à droite est plus fortement ombrée.

22° On lit à gauche dans la marge, *Séb. le Clerc;* cette inscription est légèrement tracée à la pointe sèche.

IV. — Avec tous les travaux ci-dessus indiqués; mais avant les armoiries commencées et tous les travaux caractéristiques du V° état. Un cric et divers autres instruments ont été ajoutés, en avant du péristyle où il y a un rideau, près de la pierre plate octogonale qu'un homme soulève avec un levier.

V. — Cet état se distingue des précédents en ce que,

outre les travaux ci-dessus indiqués, on y voit les suivants :

1º La gravure des armoiries est commencée dans le cercle blanc réservé au milieu du bas de l'estampe.

2º Des plantes marines sont suspendues dans l'angle supérieur de l'estampe à gauche.

3º Une grande écaille de tortue est attachée au-dessus de la fenêtre, près des plantes marines.

4º Un squelette de cerf et un squelette d'un autre animal, soutenus par une corde qui s'enroule sur une poulie, se voient au-dessous de l'écaille de tortue.

5º Un tatou est attaché sur la colonne, au-dessous du squelette de cerf.

6º Des ornements ont été ajoutés à la pendule à poids vue en partie à gauche près de la fenêtre.

7º Un héron est attaché par le cou, au bas du pilastre qui supporte la pendule.

8º L'appui de la grande fenêtre à gauche a été exhaussé ; on y voit un réchaud placé près de l'homme debout contre la colonne et vis-à-vis du héron.

9º L'ombre de cette colonne a été étendue jusqu'aux figures de géométrie, de manière à ne plus offrir aucune partie blanche au-dessus de ces figures.

10º Sur la terrasse de la grande galerie, au fond de l'estampe, on voit un plan du Louvre tracé sur un tableau soutenu par un groupe de plusieurs hommes.

11º Un homme, monté sur une échelle, tient un fil à plomb, le long d'une colonne, à droite, près du bord de l'estampe.

12° Une vis d'Archimède est placée au-dessous de l'homme monté sur une échelle.

13° Les têtes des deux hommes debout au-dessus de la vis d'Archimède, et au-dessous de l'échelle, ont été changées ; ce changement consiste en ce que les têtes qui étaient presque de profil dans les états précédents se présentent de trois quarts dans celui-ci.

14° Deux figures d'hommes ont été ajoutées sur les premières marches du perron, près du miroir ardent ; l'un de ces hommes tient une baguette à la main.

15° Une tête d'Apollon a été ajoutée au milieu de la frise du corps d'architecture supporté par quatre colonnes corinthiennes à droite.

16° La pierre octogonale, en avant du péristyle où il y a un rideau, et qu'un homme soulève avec un levier, est creusée intérieurement, tandis qu'elle est pleine dans les états précédents.

17° On voit un médaillier au-dessous de la carte de blason.

Résumé des états avant la lettre.

En résumé, les cinq états avant la lettre peuvent être brièvement désignés ainsi qu'il suit :

Ier état. — Avant la manche du nécromancien.

IIe état. — Avec cette manche et les roues dentées, mais avant les nombreux travaux caractérisant le IIIe état.

IIIe état. — Avec la lanterne sous le péristyle, etc., etc.

IVᵉ état. — Avant les armoiries commencées et avant les nombreux travaux caractérisant le Vᵉ état.

Vᵉ état. — Avec les armoiries commencées, etc., etc.

États avec la lettre.

VIᵉ état (1ᵉʳ avec la lettre). — Avec tous les travaux ci-dessus indiqués, mais avant les principes de fortifications dont il va être parlé.

VIIᵉ état (2ᵉ avec la lettre). — Quelques principes de fortifications sont tracés sur la partie pendante de la grande pancarte où l'on voit le plan d'un pentagone fortifié de bastions et de demi-lunes, et d'un ouvrage à cornes avec ses attaques. — On ne voit pas encore l'ombre prolongée dont il va être parlé.

VIIIᵉ et dernier état (3ᵉ avec la lettre).

La planche a été retouchée; on n'y retrouve plus le moelleux incomparable qui distingue les épreuves des états précédents. Les différences caractéristiques de cet état sont les suivantes : l'ombre qui s'arrêtait à droite, à peu de distance d'une planche très-longue qu'un homme assis regarde dans toute sa longueur, a été prolongée jusqu'au trait carré ; on voit distinctement les assises du pilastre qui se trouve derrière le squelette humain à gauche ; les assises de la colonne à laquelle est appendu le tatou, en partie supprimées lorsque l'ombre de cette colonne fut prolongée, apparaissent de nouveau ; enfin, on lit dans la marge, à la suite du nom de Le Clerc, et d'une autre écriture, les mots *Chevalier R.*

Cette addition marginale, contemporaine des changements caractéristiques du huitième état, est nécessairement postérieure à l'année 1706 qui est celle où Le Clerc reçut le titre de Chevalier romain (Vallemont, p. 180). Le Clerc était alors fort âgé, et, quoiqu'il ait travaillé jusqu'en 1714, année de sa mort, il est douteux que les changements faits à la planche, pour constituer le huitième état, soient de sa main. Nous ne la reconnaissons pas dans le prolongement des ombres du côté droit qui constitue l'addition la plus apparente.

Cette opinion se fortifie en remarquant qu'aucune des copies qui ont été exécutées ne reproduit le prolongement de l'ombre au-dessous de la grande planche longue. L'une d'elles (celle de Cochin père), v. ci-après, reproduit les assises de pierres sur le pilastre et sur la colonne à droite, ce qui donnerait à penser qu'il existe un état de la planche, resté inconnu, dans lequel cette correction aurait été faite par Le Clerc. Cela est très-possible ; cependant nous ne connaissons pas d'épreuve avec la lettre, avant l'ombre prolongée et l'addition du mot *Chevalier R*, dans lesquelles on apercevrait les assises du pilastre et de la colonne.

Paignon-Dijonval possédait seul les huit états qui viennent d'être décrits.

Les épreuves avant la lettre sont tellement rares que Jombert n'avait pu réussir à en posséder une seule. Il n'y en a qu'une au cabinet des estampes à Vienne (elle provient de la collection de Bandeville) et une à la bibliothèque nationale. M. de Baudicour possède le premier état et le troisième ; il y a également deux épreuves avant la lettre dans notre collection, une du 1er état et une du 4e.

Les épreuves des trois premiers états avant la lettre sont évidemment des épreuves d'essai, tirées tout au plus à trois ou quatre exemplaires. Il y en a eu un plus grand nombre du quatrième état, car il nous a été donné d'en voir jusqu'à huit.

Nous en avons possédé trois dont l'une avait appartenu à Lenormant Ducoudray, d'Orléans.

Il est vraisemblable que Le Clerc pensait alors que sa planche était arrivée à toute sa perfection. Il a évidemment changé d'avis, puisqu'il a cru devoir faire les dix-sept additions ou changements qui se remarquent au cinquième état avant la lettre. — Cet état se rencontre plus rarement que le quatrième. On n'en tira probablement que des épreuves d'essai, ainsi que du premier état avec la lettre (VIe état) qui est presqu'aussi rare que les précédents.

Le VIIe état (IIe avec la lettre) peut être considéré comme celui de la planche arrivée à l'effet voulu par le maître. Les bonnes épreuves de cet état, quoique communes, sont ravissantes et satisfont l'œil tout autant que celles provenant des états précédents. Toutefois, la comparaison entre une épreuve d'un des trois premiers états, avec celle du quatrième, et de ce dernier avec l'un des états postérieurs, est très-intéressante, en ce qu'on peut y suivre tous les développements des pensées successives de l'artiste, et constater les soins prodigieux apportés à l'exécution de cette planche travaillée par lui avec amour.

Copies.

Il existe plusieurs copies de cette pièce :

A. — Par Pacot, en contre-partie. Elle est dédiée à Ponchartrain *(sic)*.

B. — Par un anonyme, également en contre-partie.

C. — Par Cochin père, dans le sens de l'original. Cette copie trompeuse, imite aussi fidèlement que possible le VIIe état, avec cette seule différence que les assises de pierres du pilastre et de la colonne sont indiquées comme on le voit au VIIIe état. Le premier état de cette copie est anonyme. Au second état, on voit les lettres N. C. (Nicolas Cochin).

Aubouin apportant des livres aux princes. (J., 264).

Jombert a raconté l'anecdote représentée en action par cette petite composition dont le dessin fut donné par le duc de Bourgogne. Il en existe deux états :

I. — Avant les changements qui caractérisent le second état.

II. — Des travaux ont été ajoutés au vêtement d'Aubouin, sur le dos ; ces travaux consistent en des tailles qui, partant de la perruque, vont se rejoindre, sur le dos, à celles qui partent de la poitrine.

Les œuvres de saint Athanase, par Bernard de Montfaucon. Paris, Anisson. 1698, 3 vol. in-fol. (J., 265).

La seule vignette gravée par Le Clerc, pour cet ouvrage, représente le *Conciabule de Tyr*.

Suivant l'abbé de Vallemont (p. 88 et suiv.), ce morceau est l'un des plus intéressants de l'œuvre de

Le Clerc. Il fait, à cette occasion, une remarque très-judicieuse que nous reproduisons : « Chacun sait, dit-il, que les estampes, que les libraires font graver, quoique très-belles sur le cuivre, dégénèrent beaucoup dans les livres où ils les emploient, parce qu'ils les font tirer par des imprimeurs qui sacrifient plutôt à la diligence qu'à la propreté. On devine bien à qui il faut en attribuer la faute. Quelle différence entre une estampe tirée aux Gobelins chez M. Le Clerc et une estampe imprimée par les ouvriers qui sont en ville! Les curieux savent à merveille faire cette distinction. ». (*Éloge*, p. 94) [1]. L'abbé de Vallemont s'étend longuement (p. 88 et suiv.) sur le sujet de cette estampe.

On connaît deux états de cette planche :

I. — Avant les travaux qui caractérisent le second état.

II. — Des tailles ont été ajoutées à la cuisse gauche de l'homme, vu par le dos, à droite et tenant une pique.

Cette addition peu apparente caractériserait seulement un troisième état, en comptant comme le premier celui où l'homme debout, à gauche, parait avoir le poing coupé, ce que Jombert dit avoir vu chez Mme de Bandeville. Nous n'avons pas rencontré d'épreuve de cet état.

---

[1] L'observation est exacte. Les épreuves des planches du XVIIe siècle, destinées à la décoration des livres, laissent souvent à désirer. Mais il y avait aussi des imprimeurs très-soigneux. Goyton, par exemple, que les faiseurs de catalogues ont pris quelquefois pour un graveur, et qui n'était qu'un imprimeur très-habile.

La Vierge aux anges (J., 266) est une ravissante composition qui n'a rien de commun avec la magnifique estampe gravée sur deux planches par Gérard Edelinck, et connue sous le nom de *Christ aux Anges*. Le sujet reproduit par Edelinck, d'après Le Brun, est tout différent de celui qui a été composé et gravé par Le Clerc. Il existe de cette jolie pièce des épreuves avant la lettre.

Elle a été copiée en contre-partie par un anonyme.

Introduction à la géographie universelle, par P. Violier. Amsterdam (Rouen), 1701, in-12 (J., 272).

Ce frontispice a été gravé par Giffart, sur un dessin de Le Clerc. On en connaît trois états :

I. — Avant la carte géographique et l'inscription sur le livre.

II. — Avec la carte géographique, mais avant l'inscription sur le livre.

III. — On lit sur le livre : *Géographie de M. Violier.*

Médaille en l'honneur de Charles XII, roi de Suède (J., 274).

Cette pièce se compose de deux planches : l'une pour la médaille avec l'inscription qui l'accompagne ; l'autre, pour la bordure.

On connaît deux états de la planche où se trouve la médaille :

I. — Avant le nom de Le Clerc, au bas, et avant le changement dans la chevelure du prince.

II. — On lit au bas, sous le fleuron : *Séb. Le Clerc*

in et fecit. Les cheveux du prince, flottants sur ses épaules dans le premier état, ont été raccourcis.

On connaît également deux états de la bordure qui ont été signalés par Jombert. Le second état, avec les fleurs de lys et les L couronnées, a servi plusieurs fois à encadrer des médailles et différentes petites pièces de l'œuvre de Le Clerc qui ont été tirées ainsi avant et après sa mort.

Les Armes de Geoffroy, ancien grand-garde des apothicaires de Paris, échevin et consul (J., 276)[1].

On connait trois états de cette pièce, dont les épreuves ont été employées comme *ex libris* sur les ouvrages en grand format de la bibliothèque de Geoffroy. Elle a été gravée par Duflos sur le dessin de Le Clerc[2].

I. — Avant toute lettre, au simple trait.
II. — La planche est terminée, mais avant la lettre.
III. — Avec la lettre.

Histoire bysantine. Impr. roy., 1702, in-fol. (J., 278).

Il n'y a dans ce volume que deux pièces qui soient gravées par Séb. Le Clerc le père : le fleuron du titre et la vignette aux armes de France. Quant à la pièce n° 3 (la Religion tenant la lune), elle est gravée par Ertinger, sur le dessin de Le Clerc.

---

[1] Cette famille Geoffroy est restée célèbre. Le fils de celui dont Le Clerc a gravé les armoiries eut le titre d'apothicaire de l'Académie des sciences. Voltaire a parlé de lui dans sa lettre à l'abbé Moussinot, du 18 juin 1757. Il l'a fait consulter, sans se nommer, à propos de ses expériences sur le feu.

[2] Ce dessin, très-fini, appartient à M. de Baudicour.

On présente quelquefois comme appartenant à Séb. Le Clerc, une pièce portant à gauche : *Séb. Le Clerc, in et pinxit.* Cette pièce a servi de frontispice à *l'Histoire bysantine*, ainsi qu'à *l'Antiquité expliquée par Montfaucon*. Elle a été gravée par Giffart, sur le dessin de Le Clerc fils ; son père n'y est pour rien.

Les petites conquêtes du Roi (J. 279). Les huit planches de cette jolie suite sont entièrement gravées par Séb. Le Clerc.

Leur exécution est supérieure à celles des grandes conquêtes. Ces deux suites sont aussi communes l'une que l'autre. La difficulté est d'en rencontrer des épreuves du premier tirage.

Jombert a signalé quelques différences pour les *Petites conquêtes*. Nous allons les indiquer, en y ajoutant celles que nous avons remarquées.

N° 1. *Messine secourue.* — On connaît deux états.

I. — L'arrière du quatrième vaisseau, à droite, dans le lointain, est blanc, ainsi qu'une partie de la voile supérieure ; les petits pavillons, à droite, sont presque blancs.

II. — Les parties blanches du quatrième vaisseau et de sa voile sont devenues noires, et les deux petits pavillons sont plus fortement ombrés. Au contraire, les voiles de l'un des vaisseaux qui sont en avant ont été éclaircies, de manière à devenir presque blanches, tandis que le pavillon du même vaisseau a été renforcé. L'estampe a été rehaussée de ton dans toutes ses parties. Les épreuves du premier état sont un peu moins colorées que dans le second.

N° 2. *Siége de Dinant.* — On connaît deux états :

I. — Avant les additions caractéristiques du second état.

II. — On voit deux petites figures au pied d'une croix, à droite ; des soldats défilent, en partie cachés par un pli de terrain du même côté ; un des nuages, sous le plan du siége, qui offre une partie blanche, dans le premier état, n'en a plus dans le second.

N° 3. *Bataille de Cassel.* — On connaît deux états :

I. — Avant les travaux ci-après indiqués.

II. — Le groupe de cavaliers sur le premier plan, à gauche, est plus fortement ombré ; le cheval, dont la croupe était presque blanche dans le premier état, est devenu noir par suite de l'addition de tailles croisées qui se remarquent également sur le dos du second cavalier, et sur le cheval du premier, etc.

N° 4. *Siége de Saint-Omer.* — La différence indiquée par Jombert nous paraît provenir du tirage ; il ne nous a pas été donné de l'apercevoir d'une manière apparente.

N° 5. *Les ambassadeurs de Siam.* — On connaît deux états :

I. — Avant les travaux qui vont être signalés.

II. — Des tailles croisées ont été ajoutées à différents endroits du nuage à gauche, en haut de l'estampe ; en outre, le fond a été rehaussé de ton et la planche est arrivée à l'effet voulu par le maître.

N° 5. Aucune différence à signaler.

N° 6. *Démolition du temple de Charenton, en novembre 1685*, après la révocation de l'Édit de Nantes.

On comprend que cet événement ait pu être célébré dix-sept ans après sa date par le parti persécuteur ; mais ce qu'on comprend moins, c'est que la gravure qui le représente ait été comprise parmi *les conquêtes du roi*.

On connaît deux états de cette pièce :

I. — Le genou gauche de la figure de la Religion, en haut de l'estampe, est presque blanc ; la figure de l'un des quatre hommes tirant sur les cordes (cette figure est la plus rapprochée du temple), présente des parties blanches ; elle est entièrement couverte de tailles dans le second état ; les ruines amoncelées au-dessous de ces quatre hommes offrent beaucoup de parties blanches, tandis qu'elles sont entièrement ombrées dans le second état.

II. — Avec les travaux dont l'absence caractérise le premier état.

Jombert dit (t. II, p. 149) qu'on ajoute à cette suite une copie, par Scotin, de la pièce que nous venons de décrire. Cette copie, portant *S. Le Clerc invenit*, est en contre-partie de l'original. En outre, on lit, sur le titre, la date de novembre 1685 qui n'existe pas sur l'original.

N° 7. *Combat de Leuze*. — On connaît quatre états :

I. — Avant les travaux qui se voient aux états postérieurs.

II. — Des ombres ont été ajoutées au groupe des

combattants, sur la gauche, et sur le terrain du second plan à droite.

III. — Le derrière du cheval, en avant des trompettes, dans le fond, entre les deux nuages de fumée, est blanc près de la queue; il est devenu noir dans le quatrième état.

IV. — Avec tous les travaux qui n'existent pas dans les états qui précèdent celui-ci.

N° 8. *Namur assiégé par le roi*. — Nous n'avons reconnu aucune différence dans les épreuves qui ont passé sous nos yeux.

Médailles sur les principaux événements du règne de Louis XIV (J., 280).

La publication faite en 1702, à l'imprimerie royale, ne contient pas toutes les médailles gravées, ou simplement dessinées, par Le Clerc.

Le nombre des médailles qu'on trouve dans ce volume est de 286, dont 33 seulement ont été dessinées et gravées par Le Clerc, et 56 autres qui ont été dessinées et non gravées par lui. Les 200 autres ont été gravées par les deux Simoneau, Benoît Audran, Picart, etc.

Jombert décrit (n° 280) 163 médailles dessinées ou gravées par Le Clerc. Celles du livre étant au nombre de 89, il en résulterait qu'il y aurait 74 médailles composées ou gravées par Le Clerc qui ne sont pas entrées dans le livre.

Mais la description de Jombert est incomplète. En effet, dans la récapitulation qu'il donne (p. 216), il indique que le nombre des médailles n'entrant pas dans le livre est de 100, y compris les 3 médailles indiquées dans l'errata du t. II, et non de 77. Jombert a donc omis de décrire 23 médailles parmi les 163 qu'il a numérotées. Il est vrai que cette omission est en partie réparée par la récapitulation des pages 216 et suivantes, dans laquelle les 100 médailles sont classées chronologiquement, mais sans numéros.

Il suit de là que la collection complète des médailles dessinées ou gravées par Le Clerc, serait de 189. Ce nombre n'a jamais été réuni par aucun collectionneur. Jombert, qui en a rassemblé le plus, n'en avait que 177 et Mme de Bandeville 55 seulement, Potier en possédait 137.

Jombert indique peu les différences d'états. Pour les médailles qui sont entrées dans le livre, le 1er état est caractérisé par la présence du nom de Le Clerc qui a été effacé lors de la publication de la 1re édition.

Quant à celles qui ne sont pas entrées dans le livre, le nom de Le Clerc n'a jamais été effacé.

Voici l'indication des pièces qui doivent s'ajouter aux 163 numéros de Jombert. Les unes lui ont été absolument inconnues, les autres ont été seulement indiquées par lui, mais il ne leur a pas donné de numéros.

I. — *Le Scel des jeux floraux de Toulouse. S. Le Clerc inv. et f.* (pièce sans date).

II. — Dix mille hommes pris ou tués ; 107 drapeaux enlevés. A l'exergue : *Ad. Seneffam 1674*. Pièce gravée par S. Le Clerc.

III. — *Le roi victorieux de l'Allemagne*. — Il est

dans un quadrige couronné par la Victoire. A l'exergue : 1678. Pièce gravée par S. Le Clerc.

IV. — *La mort de la Reine* (1683). Pièce gravée par Séb. Le Clerc, non décrite, mais indiquée, p. 215.

V. — *Prise de Roses* (1645). Pièce gravée par un inconnu, sur le dessin de Le Clerc, non décrite, mais indiquée, p. 213.

VI — *Prise de Roses* (1645). Composition toute différente de celle qui précède et que Jombert n'a pas connue.

VII. — *La Religion foulant aux pieds l'Hérésie*. Estampe non décrite qui paraît avoir été gravée par un anonyme sur le dessin de Le Clerc.

VIII. — *La marine reconstituée* (1645). Pièce non décrite, gravée par Simoneau l'aîné, indiquée p. 214.

IX. — *Siége de Dunkerque* (1695). Jolie pièce paraissant gravée par Simoneau. Non décrite, indiquée p. 215.

X. — *L'Observatoire* (1667), par Louis Simoneau, indiquée p. 214.

XI. — *Prises faites par les armateurs français*. Par Benoît Audran, indiquée p. 215.

XII. — *Soixante mille matelots levés et entretenus*, création de l'inscription maritime, indiquée p. 214.

XIII *Droit de préséance reconnu par l'Espagne*, indiquée p. 214.

XIV. — *Prise de Cambray*. Par C. Simonneau l'aîné, indiquée p. 214.

XV. — *Prise de Cadaquès et de Castillon* (1655), indiquée p. 213.

XVI. — *Prise de Montmélian* (1691), indiquée p. 215. Par C. Simonneau. Il y a des épreuves avant le nom du graveur.

XVII. — *Prise de Palamos* (1669), indiquée p. 215.

XVIII. — *Statue équestre du roi* (1699), indiquée p. 215.

XIX. — *Majorité du roi* (1699), indiquée p. 215.

XX. — Mort de Louis XIII (1643), indiquée p. 213.

XXI. — Citadelle bâtie à Marseille, indiquée p. 213.

XXII. — Conférence pour la paix. (1659), indiquée p. 213.

CHAPITRE VI.

TRAVAUX DE LE CLERC A PARIS

DEPUIS 1703 JUSQU'A SA MORT.

1703 - 1714.

Travaux cités. (*Les numéros renvoient au Catalogue de Jombert.*)

La guérison d'Hypolite (J., 281); la thèse de Collot (282); Statuts du Saint-Esprit (283); Office du Saint-Esprit (284); entrée d'Alexandre à Babylone (285); saint Augustin prêchant (seconde vignette) (286); le grand Crucifix (287); histoire du duc Charles V (288); nouveau système du monde (290); Élie enlevé au ciel (293); histoire de l'abbaye de Saint-Denis, par Félibien (294); les trois thèses de philosophie (295); les jeux de hasard (296); histoire de la maison d'Auvergne (297); Tobie (298); les écussons d'Espagne (299); la barque de saint Pierre (300); Salomon (301); l'annonciation des Congréganistes (303); Psyché (307); la seconde Vénus (308); le cabinet de Le Clerc (310).

La guérison d'Hypolite. — (J., 281). Charmante pièce gravée pas Duflos, sur le dessin de Le Clerc qui en a gravé la bordure.

Cette planche a été gravée pour décorer la thèse d'un apothicaire, Claude Joseph Geoffroy, qui est autre que le Mathieu François Geoffroy, dont Duflos a gravé les armoiries sur un dessin de Le Clerc (J., 276).

Sans nous occuper de la planche accessoire contenant les propositions de la thèse, nous signalerons deux états de la bordure de la planche.

États de la bordure :

I. — Avant les travaux qui caractérisent le second état.

II — La planche a été retouchée. On voit des tailles légères à l'angle du livre ouvert à la droite des armoiries; les ombres de ces armoiries, ainsi que celles de presque toute la bordure, ont été fortifiées.

Les épreuves du premier état de la bordure, ainsi que de la planche, se rencontrent ordinairement en tête de la planche accessoire contenant les propositions de la thèse.

États de la planche.

I. — La planche ne contient pas les travaux caractéristiques du second état.

II. — On remarque de nombreux travaux sur presque toutes les parties de l'estampe et qui, dans certaines épreuves, la rehaussent de ton. Ces travaux se trouvent surtout sur les arbres du fond, sur la montagne à droite, aux nuages, aux fabriques à gauche, aux flots, etc.

La thèse de Collot (J., 282). Grande et belle pièce gravée par Scotin, sur le dessin de Le Clerc qui n'avait pu penser à manier, pour une thèse, le burin qu'il employait fort peu pour rendre une composition.

Les statuts de l'Ordre du Saint-Esprit. Imp. roy. 1703 (J., 283). Cette jolie suite est tout à fait dans le genre de Le Clerc. Il y en a des épreuves avant le texte, au verso, mais souvent elles ont été tirées après l'édition.

On connaît deux états de la vignette de l'avertissement.

I. — La seconde lettre H et la dernière lettre L ne sont pas couronnées.

II. — Ces couronnes existent; de plus, la dernière lettre L, blanche dans le premier état, est grise dans celui-ci.

L'office des chevaliers du Saint-Esprit. Imp. roy. 1703 (J., 284).

On connaît deux états de la planche, n° 5.

I. — Avant les changements caractéristiques du second état.

II. — Un paysage, au-dessous du nuage, a remplacé des maisons qui se voyaient à cette place dans le premier état; la forme des nuages a été modifiée et quelques ombres ont été étendues.

Entrée d'Alexandre dans Babylone (J., 285). On considère généralement comme premières épreuves celles dans lesquelles la tête d'Alexandre est de profil. Il existe cependant quatre états avec la tête d'Alexandre vue de profil; mais les épreuves des trois premiers états sont, à vrai dire, des épreuves d'essai, quoiqu'elles aient été tirées avec la lettre. Les épreuves de ces trois états sont extrêmement rares; nous devons néanmoins signaler les sept états qu'on peut rencontrer de ce chef-d'œuvre.

I. — Avant que la couronne royale ait été gravée

au-dessus des armoiries. — On n'en connaît qu'une seule épreuve qui se conserve dans notre cabinet.

II. — Avec la couronne au-dessus des armes, mais avant l'arcade surbaissée et tous les travaux qui caractérisent les états postérieurs.

Du temps de Jombert on ne connaissait que deux épreuves avant l'arcade ; l'une chez Paignon-Dijonval, et l'autre chez Lenormant du Coudray, à Orléans. Il n'est pas à notre connaissance qu'on en ait rencontré d'autres. L'épreuve de Paignon-Dijonval se conserve dans le cabinet de M. le président de Baudicour ; celle de Lenormant du Coudray fait partie de notre collection, mais elle est avant la couronne au-dessus des armes, et par conséquent antérieure à celle de Paignon-Dijonval où cette couronne existe.

III. — Derrière le char d'Alexandre, il y a une arcade surbaissée. Ce qui caractérise ce troisième état, en le différenciant des états postérieurs, c'est qu'on n'aperçoit pas encore, dans cette arcade surbaissée, une petite porte cintrée qui se voit dans l'état suivant où Alexandre a encore la tête de profil.

Outre cette remarque, qui est la plus apparente, on peut signaler les suivantes dont plusieurs ont échappé à Jombert et qui caractérisent le IIIe état :

1º Un petit chien, près des armes, presque blanc dans les deux premiers états, est devenu noir dans le troisième.

2º Dans le défilé de cavaliers, à la droite du fond, six enseignes de cavalerie ont été ajoutées.

3º La fumée sortant de la cassolette auprès du char d'Alexandre, a été prolongée.

4º Les chevaux, près de la porte d'entrée, à gauche, sont autrement traités ; l'un de ces chevaux est pommelé et les ombres portées sur les autres ont été modifiées.

5º La fumée derrière le vieillard, à gauche, a été augmentée.

6º Le piédestal de la statue tenant un globe à gauche, a été éclairci.

7º Le bouclier du trophée qui est sur l'éléphant a été éclairci.

8º L'enseigne qui est le plus près de l'entrée, à gauche, est entièrement ombrée.

9º Les têtes des personnages qui se trouvent près du mur, derrière le char, ont été ombrées.

10º La tunique, sur les genoux d'Alexandre, a été rapprochée de manière à cacher la ceinture.

11º La figure placée derrière le trépied, au-dessus de la tête d'Alexandre, a été ombrée, et les ombres des autres figures, à gauche, ont été renforcées.

IV. — Ces divers changements étant exécutés, Le Clerc ajouta, dans l'arcade surbaissée, la petite porte, ou arcade cintrée, dont l'absence caractérise le troisième état, de la manière la plus apparente ; il ajouta aussi deux drapeaux ou enseignes derrière les éléphants ; l'un de ces drapeaux est noir et l'autre est blanc ; en outre, il retoucha la couronne des armes qui, dans le IIIe état, se détache sur un fond blanc, tandis qu'elle se détache ici sur un fond noir ; puis il fit un premier tirage dans lequel la tête d'Alexandre se présentait toujours de profil, comme dans les épreuves d'essai. Une épreuve de cet état fut présentée à Louis XIV. Le roi fut choqué de ce que le héros macédonien n'était pas vu de face. Il en fit l'observation à Le Clerc qui, le lendemain, présenta au roi une épreuve avec la tête d'Alexandre retournée, et regardant en face.

V. — Avec la tête retournée, et vue de face, ainsi qu'on vient de l'indiquer. — Dans certaines épreuves de cet état, la croupe du cheval sur le premier plan, dans l'angle de droite, qui est presque blanche dans l'état précédent, est ici chargée de quelques tailles non croisées, et la partie blanche est diminuée de moitié.

VI. — Avec les travaux sur la croupe du cheval dont l'absence caractérise l'état précédent.

VII. — A la suite des mots : *Chevalier romain,* on lit : *A Paris, chez Jean, rue Jean de Beauvais, n° 10* (Planche ruinée dont il y a des épreuves modernes).

Il existe deux copies de cette pièce ; l'une, par Pacot, elle est en contre-partie ; l'autre, par Cochin père, dans le sens de l'original.

Les épreuves de cette copie sont trompeuses, lorsqu'on les rencontre avant les lettres N. C. dans la marge à gauche.

Saint Augustin prêchant. (Seconde vignette.) (J., 286).

Cette vignette n'a pas servi à décorer les œuvres de saint Augustin, comme celle qui a été gravée en 1679 ; aussi la rencontre-t-on toujours sans texte au verso. Elle était probablement destinée à l'ornement d'une édition restée à l'état de projet.

Bien qu'inférieure à la première vignette, qui est d'une légèreté merveilleuse, cette seconde composition, différente de la première, est encore très-recommandable. Elle montre une fois de plus l'aptitude de Le Clerc à traiter le même sujet sans jamais se répéter.

Le grand Crucifix (J., 287). On connaît quatre états de cette planche traitée au pointillé, dans le goût de Morin, mais moins heureusement.

I. — Les nuages sont faiblement teintés et ils offrent quelques parties blanches.

II. — Les parties blanches des nuages ont disparu ; mais on ne voit pas encore la mention du privilége qui se lit dans la marge au IIIe état.

III. — Avec les mots : *Avec privil. du roy,* à la suite du nom de Le Clerc.

IV. — La planche a été retravaillée et les fonds ont été poussés au noir.

Histoire de Charles V, duc de Lorraine (J., 288). Cette jolie suite, qui est difficile à rassembler, surtout lorsqu'on veut y comprendre les plans, n'a pas été faite, comme on le croit généralement, pour la vie de Charles V, en cinq livres, ouvrage anonyme dont l'auteur est, suivant Barbier, le ministre Jean de la Brune. Il est constant d'ailleurs que les différentes éditions de cet ouvrage ont paru sans aucune vignette.

Une note de Mariette nous apporte des révélations sur l'ouvrage projeté qui devait être de format in-4º, et n'a jamais été exécuté. On lit le passage suivant dans l'*Abecedario*, t. III, p. 108: « Ces pièces avaient été faites pour mettre dans l'histoire du prince Charles de Lorraine, que le duc de Lorraine d'à présent (Léopold)[1] avait fait composer par le R. P. Duponcet, de la compagnie de Jésus[2]. Mais, comme il voulait l'obliger à mettre dedans que la Lorraine ne tombait pas en quenouille, et d'autres choses qui étaient préjudiciables à la France, ledit père, en bon Français, se crut obligé d'en écrire en cour. On lui répondit de laisser ledit ouvrage, ce qu'il fit. Aussi ledit ouvrage ne paraissant pas, les planches sont restées à M. Le Clerc (le fils), à qui elles appartiennent présentement, comme il me l'a dit. A l'égard de l'histoire du livre, je la tiens du R. P. Duponcet. »

Ces explications rectifient la note de Jombert (II, p. 229 et 230). Il en résulte que les planches de

---

[1] Cette mention sert à déterminer approximativement la date de la note de Mariette. Elle a été nécessairement écrite avant la mort de Léopold, arrivée en 1729; Mariette avait alors de trente à trente-cinq ans, ce qui montre qu'il avait commencé de bonne heure ses études sur les arts qu'il a poursuivies pendant toute sa vie.

[2] Auteur d'une histoire de Gonzalve de Cordoue et de Scanderberg. Il était né en Lorraine vers 1660, et professait à l'université de Pont-à-Mousson.

Le 23 avril 1700, il avait prononcé, dans l'église primatiale de Nancy, l'oraison funèbre du duc Charles V, père de Léopold, ce qui explique comment il avait été chargé d'écrire la vie entière du héros lorrain.

L'oraison funèbre de Charles V, par le P. Duponcet, a été imprimée à Pont-à-Mousson en 1700, in-8º. Voy. Dom Calmet, les *Biographies* Michaud, Didot et la *France littéraire* de Quérard.

Le Clerc n'ont jamais été destinées à décorer l'ouvrage imprimé en Hollande et qui n'a pas été avoué par la cour de Lorraine. Cet ouvrage, qu'il soit de Jean de la Brune ou de tout autre, est très-médiocre, et Charles V de Lorraine attend encore un historien. Ce fut un des grands hommes de son siècle, dont Louis XIV a dit avec justice pendant sa vie « que sa moindre qualité était celle de prince », et après sa mort (18 avril 1690) : « J'ai perdu le plus grand, le plus sage et le plus généreux de mes ennemis. » (M. d'Haussonville, *Réunion de la Lorraine*, 1re édit., t. III, p. 387.)

Dom Calmet, dans sa *Bibliothèque lorraine* (art. Le Clerc) rapporte, au sujet des gravures de l'*Histoire de Charles V,* l'anecdote suivante : « Une personne qui était de la suite du duc Léopold, quand il alla à Paris, en 1699, m'a dit que Le Clerc présenta les conquêtes de Charles V à son Altesse royale, qui les trouva belles, et dit à Le Clerc que cet ouvrage était beau, mais qu'il n'était pas complet, que les siéges de Bonn et de Mayence y manquaient; que s'il voulait les graver, il les prendrait, et lui donnerait un établissement à Nancy avec une pension. Le Clerc, en imitant la générosité de Jacques Callot, répondit à son Altesse royale (Léopold) qu'il ne pouvait se résoudre à rien faire contre le roi son souverain et son bienfaiteur. Léopold ne le pressa plus ; mais on dit que Le Clerc fût fâché, dans la suite, de n'avoir pas profité des bonnes volontés de son Altesse royale. »

Quoi qu'il en soit de l'anecdote racontée par dom

Calmet, on comprend que le récit d'une semblable existence, sous la plume habile d'un contemporain, aurait dû être du plus grand intérêt. Aussi méritait-il bien le luxe des trente-six gravures dont il devait être orné.

Dans les additions que nous faisons à la description de Jombert, nous suivons l'ordre des numéros adoptés par lui.

N° 1. *Frontispice.* — On en connaît deux états :

I. — On n'aperçoit pas encore de tailles croisées sur la partie verticale de la marche qui se trouve à droite, entre le bouclier le plus rapproché de la plus petite marche demi-circulaire et cette même marche demi-circulaire. Les deux boucliers du même côté sont peu travaillés. Ils laissent apercevoir des parties blanches.

II. — Les travaux qui se voyaient dans le premier état, sur les deux boucliers dont il a été parlé ci-dessus, ont été modifiés ainsi qu'il suit : 1° on ne voit que des ornements confus sur le bouclier qui est entièrement découvert, tandis que, dans l'état précédent, on aperçoit une espèce de fortification; 2° l'espèce de fortification qui est sur le second bouclier (celui du milieu) et qui, dans le premier état, s'étend jusqu'au bord du haut, s'arrête, dans le second état, à environ deux millimètres du bord ; en outre, ces deux boucliers sont, dans le second état, chargés de tailles horizontales fortement reprises, tandis que ces tailles sont très-légères dans le premier état ; 3° on voit des tailles croisées sur la partie verticale de la marche indiquée, au premier état, comme n'ayant que des tailles non croisées.

N° 5. *Le Siége de Philippsbourg.*

On connaît cinq états de cette pièce.

I. Avant toute lettre.

II. — Avant les mots : *Assiégé et pris par Monseigneur.* Cet état est celui qu'on peut appeler l'état normal de la planche.

Les pièces de cette suite n'ayant servi à aucune histoire de Charles V, on imagina de faire servir la planche représentant le siége fait par Charles V, en 1676, à la représentation du siége de la même ville fait par le Grand Dauphin en 1688. C'est ce qui explique l'addition des mots qu'on lit au IIIe état.

III. — Au-dessous de PHILISBOURG, ainsi écrit dans le second état, on lit : *Assiégé et pris par Monseigneur.* On y remarque en outre les changements indiqués par Jombert.

IV. — Ces mots ont été effacés ; avec de l'attention on en reconnaît encore les traces.

V. — La planche a été retouchée dans toutes ses parties. On lit toujours PHILISBOURG.

Cette planche, successivement consacrée à célébrer deux événements différents, a dû subir de nombreux tirages ; aussi paraît-elle avoir été retravaillée avant la retouche générale de la suite dont nous parlerons ultérieurement.

Nous n'avons rien de particulier à dire sur les différences signalées par Jombert pour les autres pièces de la suite. Ajoutons seulement que si, du temps de Jombert, la plus grande partie des pièces de cette suite avait déjà subi des retouches générales, à cause de l'usure des cuivres, cette dégradation des planches a dû s'accroître au fur et à mesure des tirages successifs opérés depuis cent ans.

C'est à l'un de ces tirages défectueux qu'il convient de rapporter l'état des planches des vignettes où l'on voit des numéros à la gauche du haut.

On doit ajouter aux trente-six pièces décrites par Jombert une bordure d'introduction dans laquelle se trouve gravée une inscription ainsi conçue : Les actions glorieuses de S. A. S. Charles duc de Lorraine.

Ce titre est suivi de l'indication des onze sujets représentant les batailles de Charles V.

La bordure qui entoure cette inscription, gravée en lettres italiques, est une copie agrandie et en contre-partie de celle qui a été exécutée par S. Le Clerc pour la médaille de Charles XII, roi de Suède. On y a ajouté, dans le haut, les armes de Lorraine, et, dans les angles, des croix de Lorraine entrelacées du double C. Il nous paraît douteux que cette planche nouvelle ait été gravée par Séb. Le Clerc, bien qu'elle soit dans sa manière. Nous inclinons à croire qu'elle a été commandée par son fils pour aider au placement des épreuves qu'il débitait. Quoi qu'il en soit, cette bordure est tellement rare que son existence n'a pas été signalée par Jombert.

Parmi les planches de cette suite, les plans des villes assiégées par Charles V sont les plus difficiles à rencontrer, les planches ayant été détruites au dix-huitième siècle.

On rencontre assez souvent des copies exécutées en contre-partie par Jeanne Sibille Kraüsin ou Küsel et avec l'*excudit* de Jeremias Wolff. Ces mentions ne se trouvent pas toujours sur toutes les pièces de la suite ; mais l'exécution de ces contrefaçons, présentant les sujets en contre-partie des originaux, cette circonstance suffit pour les faire reconnaître.

Nouveau système du Monde conforme à l'écriture sainte, par Sébastien Le Clerc, chevalier romain, dessinateur et graveur ordinaire de la Maison du Roi. Paris, Giffart. 1706. In-8º (J., 290).

Ces qualités dont l'ensemble se lit, pour la première fois, sur un ouvrage de Le Clerc, sont réunies sur le titre du livre qui vient d'être transcrit. Nous n'avons pas à apprécier le mérite de l'artiste comme savant et comme écrivain. Disons seulement qu'il était à la hauteur des connaissances scientifiques répandues à son époque.

Sa petite et sa grande *Géométrie,* son *Discours sur le point de vue* étaient fort appréciés. Le *Nouveau système du monde,* quoique très-orthodoxe, le fut moins ; cependant il en a été fait plusieurs éditions.

Tous les ouvrages composés par Le Clerc sont ornés de vignettes gravées par lui sur ses propres compositions. Celle qui est en tête du *Nouveau système du monde,* et qui représente le chaos, est particulièrement jolie.

Le prophète Elie enlevé dans un char de feu (J., 293).
Parmi les productions de la vieillesse de Le Clerc,

celle-ci est une des plus singulières et des plus étonnantes. Un appréciateur, aussi éclairé que délicat, nous disait : si j'étais réduit à ne posséder qu'une seule pièce de Le Clerc, c'est celle-là que je voudrais avoir ! Sans accepter ce jugement, peut-être trop absolu, on ne peut méconnaître la hardiesse de la conception et l'habileté de l'exécution. L'idée de faire passer le char d'Elie au-dessus de l'enfer des eaux du Niagara, dont la chute était alors peu connue en Europe, est hardie et surprenante.

Dans l'exécution, l'artiste a introduit discrètement, et avec plus de bonheur que dans le Christ en croix, (J., 287), quelques travaux au pointillé dont il a rarement fait usage et qu'il a surtout employés dans les dernières années de sa vie. Les épreuves du premier état, celles dites *aux chevaux blancs*, sont merveilleuses.

On connaît deux états de cette pièce :

I. — Les deux chevaux qui traînent le char du prophète sont presque blancs, le ton des ombres est léger et peu arrêté.

II. — La planche a été rehaussée de ton dans toutes ses parties ; en cet état, les ombres des chevaux sont étendues et fortifiées, de manière à présenter des parties noires tranchant durement sur celles qui sont légèrement traitées au pointillé. L'effet général est moins harmonieux.

Histoire de l'abbaye de Saint-Denis par dom Félibien. Paris, Léonard, 1706, in-fol. (J., 294).

Le *Manuel* de Brunet cite ce volume qui atteint

dans les ventes un prix élevé, mais sans mentionner les ouvrages de Le Clerc dont il est orné. Il est vrai que les inscriptions mises au bas du frontispice n'indiquent pas que Le Clerc ait travaillé à cette planche dont la partie inférieure est presqu'entièrement traitée par le burin. On n'y trouve que les noms de Boulogne le jeune, pour la composition, et J. B. de Poilly pour la gravure. Mais il est certain que toute la partie supérieure de la planche, au-dessus de la couronne placée sur le reliquaire contenant le corps de saint Louis, est entièrement de la main de Le Clerc et traitée à l'eau-forte. Aussi rencontre-t-on quelquefois des épreuves tirées avec un cache, mais après l'édition, et qui reproduisent seulement le travail de Le Clerc.

Ce frontispice est peu commun. On connaît des épreuves des deux lettres grises et du cul-de-lampe avant le texte au verso.

Les trois thèses de philosophie. (J., 295).

Jolie suite présentant de nombreuses différences que nous allons signaler, en suivant l'ordre des numéros indiqué par Jombert:

N° 1. — Vignette pour la thèse de *l'abbé de Noailles*.

On en connaît quatre états:

I. — Avec la planchette blanche;

Avant les travaux ajoutés sur le pilier, à gauche, qui n'est ombré que par des tailles simples; avant les tailles croisées et les ombres ajoutées au vêtement de la femme, etc.

II. — Avec la planchette ombrée, avec les tailles croisées sur le vêtement de la femme. La figure de cette femme n'est pas encore retravaillée, et aucun changement n'a été apporté au pilier à gauche, ni sur le cylindre en verre en avant de ce piédestal.

III. — La planche a été entièrement retravaillée ; diverses parties ont été renforcées ; d'autres ont été éclaircies ; les tailles croisées sur le vêtement de la femme ont été supprimées, et les plis du bas de ce vêtement ont été rectifiés ; le cylindre en verre, en avant du pilier, a été diminué ; ce pilier, plus ombré, est lui-même garni d'un encadrement ; l'ombre portée sur la planchette a été supprimée ; les marches de la pyramide ont été éclaircies, etc.

IV. — Les armes de Noailles se voient sur le pilier à gauche.

N° 2. — Cul-de-lampe pour cette même thèse.

On en connaît deux états :

I. — Avant la guirlande ajoutée au-dessous du nom de Le Clerc.

II — Avec cette guirlande.

N° 3. — Vignette pour la thèse de *l'abbé de la Rochefoucauld*.

On en connaît deux états :

I. — Le pavé n'est pas ombré.

II. — Il est ombré.

N°s 3, 4 à 8, point de changements.

Essai d'analyse des jeux de hasard, par de Montmort. Paris, 1708, in-4° (J., 296).

Le *Manuel* de Brunet cite les deux éditions de cet ouvrage (1708 ou 1713 ou 1714), en indiquant que la seconde est préférable. C'est possible, pour le texte ; mais non pour les épreuves des eaux-fortes, car celles qui se trouvent dans l'édition de 1708 sont très-supérieures à celles des éditions subséquentes.

Les différences que présentent les vignettes de cette suite sont les suivantes :

N° 2. — *Vignette de la préface.*

On en connaît deux états :

I. — Avec la pancarte blanche et avant les règles sur la table ronde.

II. — La pancarte que l'auteur présente à Minerve est chargée d'une inscription. On voit des règles sur la table ronde.

Vignette de la première partie. N° 3. — *Le lansquenet.*

On en connaît trois états :

I. — On ne voit pas de jeux de cartes sur le milieu de la table.

II. — Avec ce jeu de cartes, mais avant un médaillon rond, à la fenêtre de droite faisant pendant à celui de la fenêtre de gauche.

III. — On voit ce médaillon qui paraît avoir été ajouté pour les éditions postérieures à 1708, car il existe des épreuves du second état avec le texte au verso.

Vignette de la seconde partie. N° 4. *Le quinquenove et le trictrac.*

Jombert indique que Paignon-Dijonval possédait deux épreuves de cette pièce avec des différences qu'il ne fait pas connaître ; nous n'avons jamais rencontré d'épreuves avec différences, mais il en existe avant le texte au verso.

Vignette de la troisième partie. N° 5. *Le jeu de dés et le jeu de cartes.*

On en connaît deux états :

I. — Avant la femme vue en partie, tout à fait à gauche, derrière l'homme qui présente les cartes.

II. — On voit cette femme. Il existe des épreuves de cet état avant le texte au verso.

Cette suite a été copiée, certaines pièces sont dans le sens des originaux ; d'autres reviennent en contre-partie. On reconnaît toujours ces copies à la présence, dans la marge du bas, d'un quatrain qui n'existe pas dans les originaux.

Histoire généalogique de la Maison d'Auvergne, par Baluze, Paris, Dezallier, 1708, 2 vol. in-folio (J., 297).

Cette histoire a été en grande partie composée par le Cardinal de Bouillon (Emmanuel-Théodore de la Tour d'Auvergne), neveu de Turenne. Suivant Quérard, Baluze n'en aurait composé que la préface. Néanmoins, il paraît certain que Baluze prit la responsabilité de tout l'ouvrage, qui contient des titres suspects, à l'aide desquels le Cardinal de Bouillon prétendait descendre des anciens ducs de Guyenne, comtes d'Auvergne. L'authenticité de ces titres avait été admise par Mabillon et par Ruinart. Ce qui est certain, c'est que cet ouvrage fut la cause de la disgrâce de Baluze et du Cardinal. Quant à Séb. Le Clerc, qui n'avait fait que les jolies vignettes de cet ouvrage, il ne fut nullement inquiété. L'ouvrage fut condamné par arrêt du 20 juin 1710 et supprimé, ce qui a rendu rares les exemplaires du livre et les vignettes qui le décorent. Les épreuves avec remarques sont plus rares encore.

En citant cet ouvrage, difficile à rencontrer, le *Manuel* de Brunet fait connaître qu'il est accompagné de figures et de blasons, sans indiquer que ces estampes sont de Le Clerc.

Cette suite est extrêmement rare à trouver complète. Jombert seul la possédait. Les épreuves avec le texte au verso sont généralement peu satisfaisantes, et cependant, pour se les procurer complètes, on doit les couper dans le livre rare et cher dont il faut sacrifier deux exemplaires, car plusieurs lettres se trouvent derrière des vignettes : Exemple : la lettre G (n° 24) se trouve derrière le fleuron n° 1.

Au cabinet des estampes, il n'y a que six vignettes, onze fleurons et douze lettres, la suite était encore moins complète chez Paignon-Dijonval.

Nous avons pu recueillir 82 pièces au lieu de 51, à cause des différences et des épreuves tirées avant et avec le texte.

Notre suite que nous allons décrire est complète quant aux vignettes ; il manque seulement quelques lettres à notre collection.

N° 1. — *Fleuron du titre.*

Quatre épreuves :

I. — Avant la lettre.

II. — Avec la lettre, mais avant le texte au verso.

III. — Avec ce texte.

IV. — Épreuve tirée après l'édition.

N° 2. — *Même fleuron plus petit et entouré d'ornements différents.*

On ne connaît pas d'épreuves avant la lettre, mais il en existe avant le texte au verso.

Vignette pour la préface.

N° 3. — Deux épreuves :

I. — Avant le texte au verso.

II. — Avec ce texte.

Vignette pour le livre Ier.

N° 4. — Quatre épreuves :

I. — Avant le ciel entièrement ombré dans le demi-cintre, et avant les changements dans les armes.

II. — Même état, mais avec le texte au verso.

III. — La planche a été retouchée afin de pouvoir servir une seconde fois pour les Preuves du livre. Le ciel a été entièrement ombré dans le demi-cintre; les armoiries ont été changées; la couronne du haut a été supprimée, et l'on ne voit plus qu'un gonfalon; à droite et à gauche sont deux dauphins; plus bas, trois lunes ont été substituées à la tour et réciproquement. Il existe des épreuves de cet état avant le texte au verso.

IV. — Épreuve avec le texte au verso.

N° 5. — *Vignette pour le livre II. Le mariage.*

Deux épreuves :

I. — Avant le texte au verso.

II. — Avec ce texte.

N° 6. — *Vignette pour le livre III. Bataille d'Azincourt.*

Deux épreuves :

I. — Avant le texte au verso.

II. — Avec ce texte.

Il existe un second état de la planche dans lequel on lit, au lieu de bataille d'Azincourt : *Bataille de Marphée* [1] et le mot *pœnituit*. En cet état, la planche a été diminuée et les armes sont changées.

N° 7. — *Vignette pour le livre IV*. On lit au bas *Marseille*.

Deux épreuves :

I. — Avant le texte au verso.

II. — Avec ce texte.

N° 8. — *Vignette pour le livre V*.

Trois épreuves :

I. — Avant les travaux qui caractérisent le second état.

II. — La partie supérieure des armes papales a été ombrée par des tailles verticales; sur la petite table, à côté du pape, où se trouve une sonnette, les tailles verticales ont été étendues par le bas ; on voit quelques tailles verticales sur le devant du dais ; l'ombre du drapeau à droite, dans le faisceau d'armes du haut, a été prolongée, près de la hampe; le guidon, au-dessous du drapeau, est ombré ; des travaux ont été ajoutés aux vêtements du pape, aux armes du bas etc., etc. On connaît des épreuves de cet état avant le texte au verso.

---

[1] C'est celle à laquelle a péri le comte de Soissons. La bataille de la Marphée s'est livrée entre Sedan et Donchery.

III. — Avec le texte au verso.

N° 9. — Lettre A (1re). Avant le texte au verso.

N° 10. — Lettre A (2e). La même lettre A, seconde planche, avec la tour plus petite.

N° 11. — Lettre A (3e). Deux épreuves : l'une avant le changement fait aux gonfalons et avant le texte au verso (dans cet état les gonfalons sont uniquement formés de tailles horizontales) ; l'autre avec les gonfalons changés et avec le texte au verso.

N° 12. — Lettre A (4e). Les épreuves de cette lettre sont difficiles à rencontrer.

N° 13. — Lettre C (1re). Deux épreuves : l'une avant le texte au verso, et l'autre avec le texte.

N° 14. — Lettre C (2e). Mêmes observations.

N° 15. — Lettre C (3e). Une seule épreuve avant le texte au verso.

N° 16. — Lettre D (1re). Il y a des épreuves avant et avec le texte au verso.

N° 17. — Lettre D (2e). Mêmes observations.

N° 18. — Lettre D (3e). Mêmes observations.

N° 19. — Lettre E (1re). Mêmes observations.

N° 20. — Lettre E (2e). Il existe deux états de cette pièce.

I. — Avant le changement sur le bouclier. Les épreuves de cet état ne portent pas de texte au verso.

II. — Le bouclier est en partie ombré. Il y a un texte au verso.

N° 21. — Lettre F (1re). Il y a des épreuves avant et avec le texte au verso.

N° 22. — F (2ᵉ). Mêmes observations.

N° 23. — Lettre G (1ʳᵉ). Il y a des épreuves avant et avec le texte au verso.

N° 24. — Lettre G (2ᵉ). Cette lettre est une des plus difficiles à rencontrer.

N° 25. — Lettre H (1ʳᵉ). On rencontre cette lettre avec deux textes différents au verso.

N° 26. — Lettre H (2ᵉ). Il y a des épreuves avant le texte au verso.

N° 27. — Lettre I. Il y a des épreuves avant le texte au verso.

N° 28. — Lettre K. Même observation.

N° 29. — Lettre L (1ʳᵉ). Même observation.

N° 30. — Lettre L (2ᵉ). On connaît deux états de cette pièce :

I. — Le chapeau du Cardinal et les armoiries sont fortement ombrés. — Il n'y a pas de texte au verso.

II. — Le chapeau et les armoiries ont été éclaircis et sont devenus presque blancs. On voit le texte au verso.

N° 31. — Lettre M (1ʳᵉ). Une seule épreuve avec le texte au verso.

N° 32. — Lettre M (2ᵉ). Difficile à rencontrer.

N° 33. — Lettre N (1ʳᵉ). Une seule épreuve avec le texte au verso.

N° 34. — Lettre N (2ᵉ). Épreuve avant le texte au verso.

N° 35. — Lettre O. Épreuve avant le texte au verso.

N° 36. — Lettre P. Même observation.

N° 37. — Lettre Q. Une seule épreuve avec le texte au verso.

N° 38. — Lettre R. Difficile à rencontrer.

N° 39. — Lettre S. Une seule épreuve avec le texte au verso.

N° 40. — Lettre T. Épreuve avant le texte au verso.

N° 41. — Lettre V. Difficile à rencontrer.

N° 42. — Lettre Y. Même observation.

N° 43. — *Cul-de-lampe d'ornement.*

Deux épreuves : l'une avant le texte au verso ; l'autre avec ce texte.

N° 44. — *Autre cul-de-lampe d'ornement.*

Épreuve avant le texte au verso.

N° 45. — *Cul-de-lampe à la tour* avec *Immota et inconcussa stat.* Trois épreuves :

I. — Avant le texte au verso.

II. — Avec le texte du corps de l'ouvrage.

III. — Avec le texte des Preuves.

N° 46. — *Cul-de-lampe aux armes d'Auvergne.* Épreuve avant le texte au verso.

N° 47. — Cul-de-lampe avec attributs.

Trois épreuves :

I. — Avant les banderoles à droite et à gauche de l'anneau de la croix du Saint-Esprit, laquelle est blanche ; les ombres légères, sur le cordon qui soutient cette croix, n'ont pas été prolongées ;

II. — Avec la banderole, etc., mais avant le texte au verso ;

III. — Avec le texte au verso.

N° 48. — *Petit cul-de-lampe en forme de médaillon.*

Deux épreuves : l'une avant le texte au verso ; l'autre avec ce texte.

N° 49. — *Petit cul-de-lampe au gonfalon.* Trois épreuves :

I. — Avant la boule dans le cercle, avant l'ombre portée sur le grand drapeau à gauche, etc.

II. — Avec la boule, etc. ; la planche a été fortifiée dans toutes ses parties ; avant le texte au verso.

III. — Avec le texte au verso.

N° 50. — *Petit cul-de-lampe au Dauphin.* Épreuve avant le texte au verso.

N° 51. — *Petit cul-de-Lampe à l'aigle couronné portant un gonfalon.*

Quatre épreuves :

I. — Essai d'eau-forte pure ;

II. — Avec de nombreux travaux ajoutés ;

III. — Avec de nombreux travaux ajoutés, mais avant le texte au verso.

IV. Avec le texte au verso.

Tobie (J., 298). On connaît trois états de cette jolie pièce :

I. — La grande branche sèche, à gauche, n'a qu'un rameau et un chicot.

II. — Cette partie de l'arbre et son rameau sont plus branchus ; une autre branche sèche se remarque dans le massif du fond, lequel a été plus travaillé.

III. — Des travaux ont encore été ajoutés à la grande branche sèche dont nous avons parlé. Elle se détache fortement en noir.

Les Écussons d'Espagne (J., 299). On connaît deux états de cette planche :

I. — Avant les initiales de Le Clerc, au milieu de la marge du bas, et avant les légendes.

II. — On voit ces initiales et ces légendes.

La Barque de saint Pierre (J., 300). Il y a des épreuves avant toute lettre. Ces épreuves se présentent avant divers travaux, notamment sous la fenêtre de la maison.

Salomon (J., 301). On connaît deux états de cette pièce gravée d'après Lesueur, dans le genre de Morin :

I. — Le petit ange au-dessous du nuage, à gauche, est gris.

II. — Cet ange est plus fortement ombré, et la planche a été retravaillée presque partout.

L'annonciation des Congréganistes (J., 303). Mariette indique que cette pièce a été commandée à Le Clerc par le P. le Jay.

On en connaît deux états :

I. — Avant la lettre. On y voit seulement le nom de Le Clerc, comme dans l'état suivant.

II. — Avec la lettre. Le nuage qui porte l'ange a été exhaussé de manière à cacher une plus grande partie de son vêtement; on remarque, en outre, des tailles croisées dans l'ombre portée de ce nuage et plusieurs autres travaux.

Psyché (J., 307). L'abbé de Vallemont a longuement décrit (p. 50 et suiv.) cette jolie suite. C'est un ouvrage de la vieillesse de Le Clerc, mais qui ne laisse rien apercevoir d'un affaiblissement de la vue qu'il avait ressenti en 1710 et dont il était remis en 1711. (Vallemont, p. 187.)

On connaît plusieurs états de cette suite de quatre pièces. Chacune des planches sera décrite séparément. — Celles qui ont été tirées avant toute lettre sont extrêmement rares.

N° 1. — *Hommage à Psyché*. Trois états :

I. — Avant toute lettre.

II. — Avec la lettre, mais avant le N° dans la marge du haut.

III. — Avec le N° 1 et un petit blanc sous le soubassement de la colonne à gauche.

N° 2. — *Toilette de Vénus*.

I. — Avant toute lettre. — Dans les épreuves de cet état, on aperçoit, au-dessus de la vasque, un ornement hydraulique qui a été supprimé dans les états postérieurs.

II. — Avec la lettre, l'ornement supprimé, mais avant le N° 2.

III. — Avec le N° 2.

N° 3. *Désespoir de l'Amour*.

I. — Avant toute lettre et avant une multitude de travaux; le bras de l'enfant renversé sur le dos, à gauche, est blanc ainsi que son aile; dans l'état suivant, ces parties sont chargées de travaux; les ombres des terrasses sur le devant ne sont pas encore fortifiées, et l'on ne voit pas de grandes herbes noires, près de l'eau, sur le premier plan ; toute la partie droite est moins travaillée, surtout dans le bas, à partir de la petite femme entre les arbres; cette femme est blanche, dans le premier état, ainsi que plusieurs parties des personnages qui sont au-dessous.

II. — Avec la lettre et tous les travaux dont l'absence caractérise le premier état, mais avant le N° 3.

III. — Avec le N° 3.

N° 4. — *Noces de l'Amour et de Psyché.*

I. — Avant toute lettre et de nombreux travaux. Le nuage au-dessus de la tête de l'Amour est blanc.

II. — Ce nuage est teinté et de nombreux travaux ont été ajoutés.

III. — Avec le N° 4.

La seconde Vénus (J., 308).

Nous renvoyons, pour cette jolie pièce, le dernier chef-d'œuvre de Le Clerc, à ce que nous avons dit ci-dessus à l'occasion de la première Vénus (N° 235 de Jombert).

Le Cabinet de Le Clerc (J., 310).

Cette estampe est restée inachevée, néanmoins on en connaît deux états :

I. — Sans aucune lettre. C'est l'état de la planche telle que l'a laissée Le Clerc.

II. — Longtemps après la mort de Le Clerc, la planche est venue entre les mains de Basset qui a fait graver en gros caractères, au milieu de la marge du bas : VEUE D'OPTIQUE. On lit à gauche : *A Paris, chez Basset, rue Saint-Jacques.*

Nous renvoyons à la description de Jombert pour les pièces gravées en 1712, 1713 et 1714, à laquelle nous n'avons rien à ajouter, et nous terminons ici notre travail sur les planches gravées par Sébastien Le Clerc.

———

Pour ne pas interrompre la nomenclature chronologique des travaux de Le Clerc dont nous avions à parler, nous avons négligé quelques détails de la vie de notre artiste.

———

Depuis son mariage et son installation aux Gobelins, son existence fut peu accidentée. Constamment livré à ses occupations diverses, il les variait sans cesse. Lorsqu'il cessait de dessiner ou de graver, c'était pour s'occuper de travaux de géométrie, ou bien sur le point de vue et enfin sur l'architecture.

Ces différents travaux, très-estimables pour le temps où ils ont paru, quoique peu consultés aujourd'hui, témoignent de la variété des connaissances de leur auteur.

Le Clerc avait d'ailleurs compris que le dessin et la gravure étaient plus particulièrement dans la nature de son talent. Aussi ne cessa-t-il jamais de s'y appliquer.

Il y trouvait tout à la fois honneur et profit. Après avoir rompu le traité qui l'attachait exclusivement à la gravure des ouvrages commandés par le roi, il travailla tantôt pour les libraires, tantôt pour les particuliers, tantôt pour son propre compte.

Plusieurs de ses planches portent son adresse aux Gobelins, d'autres celle d'Audran, d'autres enfin celle de son gendre Etienne Jeaurat qui, après la mort de son beau-père, réunit une grande partie de ces planches et en débita des épreuves.

Quoique logé aux Gobelins et pourvu en 1690, après la mort de Cl. Mellan, du titre de dessinateur et graveur du Cabinet du roi, titre auquel était attachée une pension de quatre cents livres, Le Clerc avait conservé son indépendance. Son titre était purement honorifique et sa pension ne représentait pas, à beaucoup près, la valeur des travaux commandés par le roi qui, de 1690 jusqu'à sa mort, lui furent payés à part.

Nous avons dit que Le Clerc était entré à l'Académie dès le 6 août 1672. Il ne figure pas sur la liste des dignitaires de cette compagnie, quoique bien des artistes, moins célèbres que lui, y aient trouvé place ; mais l'abbé de Vallemont nous apprend que, peu après 1690, il fut nommé « pour être un des quatre professeurs qui posent le modèle aux Gobelins » (p. 178).

L'un des ouvrages les moins connus de Le Clerc est son nouveau système du Monde, conforme à l'Écriture sainte, où les faits sont expliqués sans excentricité de mouvements, avec 61 planches. Paris, 1706. Il a paru, en 1708, une seconde édition augmentée.

Malgré les éloges que l'abbé de Vallemont donne à ce travail de Le Clerc (p. 179), nous devons dire que le système imaginé par lui n'a pas reçu la consécration de la science. A l'exception de la jolie vignette qui représente le Chaos, les planches de ce livre sont, en général, peu dignes de leur auteur ; tel est aussi l'avis de Jombert, t. II, p. 242.

Un peu avant cette publication, et dans cette même année 1706, Le Clerc fut nommé chevalier romain par le nonce Monseigneur le cardinal Gualterio, qui avait reçu du Pape le pouvoir de conférer cette dignité (Vallemont, p. 180).

En 1701, Pierre Emery, libraire à Paris, publia une nouvelle édition du *Traité des manières de graver à l'eau-forte*, par A. Bosse. — Ce traité est augmenté de la *Nouvelle manière dont se sert M. Le Clerc, graveur du Roi*. Le développement du procédé employé par Le Clerc se trouve à la page 31 de ce petit in-8º. En regard de cette page se trouve une figure représentant un graveur donnant l'eauforte à une planche, d'après les procédés de Le Clerc. Cette gravure est signée : *Erlinger f.*

Le biographe de Le Clerc nous a conservé un détail de son intérieur : « Il était affable et très-accueillant ; son cabinet, où il s'est représenté dans une estampe non terminée (J., 310), était garni d'une multitude d'instruments de mathématiques et de physique qu'il a représentés dans son Académie des sciences.

» Lorsqu'il s'y trouvait seul, il se faisait ordinairement lire, tout en gravant, des livres sérieux par une de ses filles. Il expliquait à la lectrice les endroits qui pouvaient lui paraître obscurs.... C'est ainsi, dit l'abbé de Vallemont, qu'il leur a formé un très-bon esprit et qu'elles ont même fort orné, et qu'il rendait son travail utile et chrétien, s'occupant en même temps des choses de sa profession et des devoirs de sa religion » (p. 182).

Sa vue avait été fort affaiblie trois ans avant sa mort; elle lui revint cependant, car c'est après cet accident qu'il produisit les quatre jolies planches de Psyché qui paraissent plutôt l'ouvrage d'un jeune homme que celui d'un vieillard.

Le Clerc avait perdu, dès 1690, son protecteur et son ami, l'illustre Le Brun, le dernier des trois grands peintres du siècle de Louis XIV. On a quelquefois dit de Le Clerc qu'il faisait du Le Brun en petit. Loin d'être une critique, cette appréciation est un éloge. Le Brun est trop peu apprécié de nos jours, parce qu'il n'était pas un grand coloriste. On oublie qu'il était un compositeur admirable auquel il a manqué peut-être le feu du génie, mais qui, au dire d'un critique très-compétent (M. Ch. Blanc), vient immédiatement, dans le grand siècle, après Le Sueur et Poussin[1].

Nous avons déjà fait remarquer l'étonnante fécondité de Le Clerc. Callot seul, s'il avait vécu aussi longtemps que Le Clerc, aurait été capable de produire autant que lui. Ces deux artistes avaient du reste quelque conformité de talent. Callot avait plus de fougue, plus d'entrain, était plus primesautier que Le Clerc. Ce dernier était plus sage, plus réglé. Ces qualités, il les avait empruntées au temps dans lequel il vivait. On a dit de lui avec vérité que c'était Callot

---

[1] « Exalté pendant sa vie, déprécié après sa mort, Charles Le Brun est un de nos trois plus grands artistes... Il est, sous le rapport de la composition, un des plus habiles peintres du monde. » (M. Ch. Blanc. École française, Ch. Le Brun, p. 15.)

anobli. Il y a entre ces deux artistes toute la différence qui existe entre l'époque de Louis XIII et celle de Louis XIV. Du reste, même application au travail, même fécondité. Personne, autre que Le Clerc, grâce à sa longue vie d'artiste, n'a réalisé, soit par le dessin, soit par la gravure, un aussi grand nombre de compositions. Aussi les peintres, à court d'idées, ont-ils souvent emprunté à Le Clerc le sujet de ses gravures. Ce procédé, indigne d'un artiste qui se respecte, ne peut, à notre connaissance, être imputé à un peintre ayant laissé un nom. Mais combien de copistes peu scrupuleux, et uniquement guidés par l'amour du gain, n'ont-ils pas mis à contribution les compositions gravées de l'artiste messin ! Combien de tableaux commandés pour des églises de province ont-ils été ainsi exécutés ! On a également copié les rares sujets mythologiques de Le Clerc. Dernièrement encore, on voyait figurer à la vitrine d'un marchand de Paris, un tableau fort bien composé, et représentant Vénus sur les eaux. C'est une copie servile de la jolie pièce de Le Clerc.

Les dessins de Le Clerc ont été très-nombreux, mais il en a péri une grande partie [1]. Tous n'ont pas été gravés, et ceux qui l'ont été, même après avoir été finis, présentent souvent de nombreuses différences avec les estampes. Quant à celles-ci, il

---

[1] On lit à ce sujet dans la Revue universelle des arts (février 1866) : « Gabriel Buquier (sans doute Huquier), graveur, né le 7 mai 1695, passa en Angleterre où il fit la découverte de tous les dessins originaux du célèbre Le Clerc qu'un marchand anglais avait achetés à la mort de cet artiste. Buquier voulut rendre à sa patrie une

était rare qu'elles satisfissent du premier coup leur éminent créateur. Il trouvait toujours quelques défauts à ses ouvrages; aussi les retouchait-il plusieurs fois avant de les livrer à l'imprimeur. Il indiquait successivement au crayon ses corrections sur une ou plusieurs épreuves d'essai, et l'on peut voir, dans la description que nous avons donnée ci-dessus, de la planche représentant l'Académie des sciences, combien il a fallu d'essais avant d'arriver à l'effet voulu par le maître [1].

Il nous a passé sous les yeux un assez grand nombre de dessins de Le Clerc. Plusieurs ont appartenu à Paignon-Dijonval. Les uns sont terminés, et ont servi à graver les estampes. Les autres sont faits librement, à la manière des peintres [2]. Parmi les dessins finis qui nous ont paru les plus remarquables, nous citerons ceux qui ont servi à la gravure de la Passion, dédiés à Mme de Maintenon. Ils sont admirables. Jamais artiste n'a été plus grand dans le petit. Et cependant quand Le Clerc les reproduisit sur le cuivre, il y fit quelques changements, tant il désirait arriver à la perfection.

collection aussi précieuse. Il en fit l'acquisition et rapporta en France ce trésor de dessins. Ce fut là le commencement de son cabinet devenu célèbre...

« Il est mort à Paris le 11 juin 1772. — Ceci est extrait des lettres de Beauvais de Préaux, relatives aux artistes orléanais, pour servir de supplément au Dictionnaire de l'abbé de Fontenay. Paris. 1776. 2 vol. in-8°. »

[1] Voyez aussi *supra* ce que nous avons dit au sujet des planches du *Livre de paysages dédiés à M. de Beringhen* (J., 107).

[2] Le Musée du Louvre conserve vingt dessins de Le Clerc. Aucun n'était exposé en 1875.

Nous ne pouvons mieux terminer ce travail qu'en reproduisant l'opinion du savant Mariette sur le talent de Le Clerc. Il n'y a rien à ajouter à l'appréciation d'un tel juge : « Sans autre guide que lui seul il
» (Le Clerc) avait fait insensiblement de tels progrès
» dans la gravure que lorsqu'il vint à Paris, l'illustre
» Le Brun, premier peintre du roi, lui conseilla de
» s'y attacher uniquement. Il suivit son avis, sans
» pourtant négliger l'étude des mathématiques. Ainsi
» l'on vit alternativement sortir de son cabinet les
» merveilleux ouvrages de sa main et diverses pro-
» ductions d'esprit qui marquaient l'étendue de son
» génie dans les sciences.

» Ce qu'il gravait avait cela de singulier qu'il en
» était l'inventeur, talent rare parmi les graveurs ; car
» si l'on excepte ce qu'il a exécuté d'après Le Brun,
» dans le temps qu'il travaillait pour le roi, il n'a
» presque jamais gravé que sur ses propres dessins;
» il les imaginait sans peine, sans pourtant se laisser
» entraîner à une trop grande impétuosité de génie.

» Il était sage et réglé dans ses compositions, et,
» quoique le petit, qui était le genre qu'il avait em-
» brassé, l'engageât souvent à introduire dans un
» même sujet une multitude innombrable de figures,
» il n'en était ni moins exact, ni moins correct; il
» faisait des études séparées pour chaque figure ; il
» en variait les attitudes et les drapait avec beaucoup
» de goût et de génie ; il ornait son sujet de fonds
» agréables, tantôt de paysage, tantôt d'architecture,
» où les règles de la perspective, qu'il possédait par-
» faitement, étaient scrupuleusement observées ; enfin

» il prenait, pour le plus petit morceau, les mêmes
» précautions que le peintre le plus jaloux de sa
» réputation aurait eues pour un grand tableau. Il
» n'était pas moins curieux de l'exécution de la gra-
» vure que du dessin ; il terminait ses planches avec
» un soin infini, ce qui fait qu'elles plaisent si fort
» dès la première vue. Sa pointe et son burin sont
» d'une netteté merveilleuse ; son génie, naturelle-
» ment mécanique, lui avait aussi fait imaginer une
» nouvelle façon de donner l'eau-forte à ses plan-
» ches.

» Tant d'attentions lui devaient emporter beau-
» coup de temps ; mais l'amour du travail, et son
» extrême assiduité, suppléaient à tout, et l'on n'a
» presque point vu de graveur produire un aussi
» grand nombre d'ouvrages de différents genres.
» Rien ne pouvait arracher celui-ci de son cabinet ;
» la compagnie des personnes savantes, qui se fai-
» saient un plaisir de le venir visiter, ne lui faisait
» pas même abandonner son ouvrage, et c'était dans
» ces conversations savantes qu'il faisait consister
» son unique plaisir. Toute sa vie a été une suite
» uniforme des mêmes exercices qu'il a continués
» dans un âge fort avancé. Il ne laissait pas de s'oc-
» cuper encore, quoique sa vue fût considérablement
» diminuée.

» Peu de graveurs ont eu l'avantage de jouir, pen-
» dant leur vie, d'une aussi grande réputation, et de
» voir rechercher leurs ouvrages avec autant d'em-
» pressement, même par les nations étrangères.

» Il savait une infinité de sciences qu'il avait ap-

» prises de lui-même. Il s'était fait une si grande ha-
» bitude du travail, que le chagrin qu'il prit, lorsque
» la faiblesse de sa vue lui ôta les moyens de pou-
» voir le continuer, est une des principales causes
» de sa mort. Pouvu qu'il fût dans son cabinet, qui
» était d'une propreté singulière et qui était orné de
» quantités de machines, de mécaniques, et d'autres
» curiosités de mathématiques, il était content. D'une
» douceur dans les manières qui charmait, n'ayant
» jamais eu d'autres liaisons qu'avec les gens de
» mérite, rangé à son devoir, plus qu'aucun autre ;
» n'ayant jamais connu d'autres divertissement que
» ceux qu'il goûtait dans son cabinet ; d'un travail
» si continuel que Mme Le Clerc m'a dit que, lors-
» qu'il se levait, ce qui ordinairement était de cinq à
» six heures, il se mettait au travail jusqu'à midi ;
» et après le dîner, depuis deux heures jusqu'à six ;
» et qu'alors, après avoir posé le modèle dans la salle
» des Gobelins, il revenait sur les sept heures sou-
» per, ce qu'il n'avait pas plutôt fait qu'il allait écrire
» dans son cabinet jusqu'à onze heures ou minuit.
» Mme Le Clerc m'a ajouté que cela n'était pas
» arrivé pour une fois, mais que tous les jours
» étaient de même, et que, depuis qu'elle était avec
» lui, elle n'a presque pas vu de jour où il se fût
» dérangé de cette règle de conduite qu'il s'était
» prescrite. »

Ces détails, qui font connaitre tout l'homme, sont pleins d'intérêt. Il y a peu d'artistes sur lesquels les contemporains aient fourni des renseignements aussi précis et aussi exacts. Dans un autre passage

de son *Abecedario*, Mariette, parlant de la mort de
Le Clerc, ajoute ce qui suit : « Il a été regretté de
» tous les honnêtes gens, et lorsque je dis sa mort
» à M. l'Électeur de Cologne, il me répondit qu'il en
» était bien mortifié, et que la première messe qu'il
» dirait, il la dirait pour le repos de son âme ; que
» c'était un des plus grands hommes qu'il ait connus
» en France, et qu'il avait eu un plaisir singulier à
» l'entretenir et à voir toutes les différentes curiosités
» de son cabinet. »

A ce jugement du meilleur critique en fait d'art, on
peut joindre deux autres : celui d'un contemporain
de Le Clerc, et celui d'un académicien dont les jugements font autorité. — Florent Le Comte, a parlé
de notre artiste dans le troisième volume du *Cabinet
des singularités*, imprimé en 1700, quatorze ans avant
la mort de Le Clerc. On y lit à la page 235, de la
seconde partie : « Toutes les pièces de ce graveur
(Le Clerc), dont je n'entreprends point de faire l'éloge
présentement, sont recherchées par sa manière aussi
savante dans ses compositions d'histoire, que libre et
vague dans ses paysages, ce qui est présentement
du goût de ceux qui dessinent et de ceux à qui
Callot à su plaire. — Dans un autre passage du
même volume (2⁰ part., p. 19) Florent Le Comte
rappelle qu'un graveur en bois, Vincent Le Sueur,
a copié plusieurs gravures et dessins de Le Clerc.
Il fait de ces copies, que nous avons vues, un éloge
auquel nous ne pouvons nous associer ; lorsqu'il dit
que Le Sueur a été pour Le Clerc ce qu'Edouard
Ecman a été pour Callot. Nous reconnaissons que

les reproductions d'Ecman sont admirables; mais nous sommes loin de pouvoir en dire autant de celles de Vincent Le Sueur. — Selon l'académicien Dandré Bardon : « Le Clerc s'est autant distingué par la fécondité et la noblesse de son style que par l'esprit et la netteté qu'il mettait dans ses ouvrages. On y sent qu'une eau-forte très avancée n'a laissé à faire au burin que ce qui doit rendre la pointe plus agréable et plus précieuse. Économie et variété de travaux, tailles simples, courtes, méplates et serrées avec intelligence, aimable irrégularité, suppression générale de ces points qui, dans le petit, détruisent l'effet et nuisent au goût, facilité de manœuvre, touche délicate et moelleuse, tel est le style de Le Clerc. Son *Entrée d'Alexandre dans Babylone*, l'*Académie des Sciences*, les *figures de la Bible*, l'*élévation* des pierres du fronton du Louvre, son œuvre entière présentent des compositions plus grandes que le cuivre où elles sont tracées. Dans la belle manière de les rendre, l'artiste ne cède en rien à celle de les concevoir. » (Essai sur la sculpture, 1765, in-12, t. II, p. 215.)

Le Clerc eut une nombreuse postérité. Six de ses fils lui ont survécu, mais deux seulement suivirent la carrière des arts.

Il eut la satisfaction de voir, de son vivant, les efforts de ces deux artistes couronnés de succès. Dès 1704, son fils aîné, Sébastien, avait mérité, comme peintre, d'être admis à l'Académie où il siégait près de son illustre père. En 1712, son autre fils, Louis

Auguste, qui s'était adonné à la sculpture sous la direction de Coysevox, obtenait le second prix de sculpture au concours de 1712 (*Archives de l'art français*, t. V, p. 286). — Nous reviendrons sur ces deux artistes dans l'Appendice qui termine notre travail.

Nous avons déjà eu l'occasion de parler d'un document récemment découvert et qui fournit des détails intéressants sur la famille de notre artiste, ainsi que sur sa fortune. C'est le partage de ses biens qui eut lieu, entre ses enfants, en juillet 1736, après la mort de leur mère.

Il résulte de cet acte que les enfants de l'illustre graveur, suivant en cela les traditions des bonnes familles bourgeoises, n'avaient demandé, après la mort de leur père, aucun compte à sa veuve, et qu'ils l'avaient laissée en possession de toute la fortune dépendant de la communauté qu'elle administrait à son gré.

On se contenta de dresser un inventaire rendu nécessaire par l'état de minorité de plusieurs enfants; mais aucun des majeurs, ni les mineurs devenus majeurs, n'eut la pensée de demander à leur mère quoi que ce soit de la fortune paternelle.

On doit supposer d'ailleurs que chacun des enfants était en état de subvenir aux besoins de la vie. Il en eût été autrement de leur mère, devenue sexagénaire, dont la part dans les bénéfices de la communauté eût été peu importante.

Quoique fort économe, Le Clerc avait supporté

pendant les 40 années de son union avec Melle Charlotte Van der Kerchoven, les charges imposées par la naissance de treize enfants, dont neuf étaient encore vivants au moment de sa mort.

Le seul immeuble dépendant de sa succession était une petite maison acquise par Le Clerc, à Metz, avant son départ pour Paris. L'actif mobilier s'élevait à 48,130 livres, somme dans laquelle le mobilier seul, y compris les collections du cabinet de Le Clerc, et la vaisselle d'argent figure pour une somme de 23,358 livres. Telle était la masse active dont il y avait lieu de déduire 3,808 livres de passif, ce qui réduisait l'actif net à 44,322 livres.

Le partage indique que les propres de la veuve Le Clerc, et son préciput, s'élevaient seulement à 1,633 livres ; ce qui indique que la fille du teinturier en chef des Gobelins était à peu près sans fortune.

Une fille avait été mariée du vivant de Le Clerc à un sieur Mauger, et avait reçu une dot de 8,000 livres. Une pareille dot fut constituée par la veuve, en 1722, à une autre fille qui épousa le graveur Edme Jeaurat. Elle renonça à la succession de sa mère, et ne rapporta pas une partie de sa dot. Quant à Mme Mauger, quoiqu'elle eût renoncé aux successions de ses père et mère, elle fut également dispensée de tout rapport par ses cohéritiers, rapport qui eût été peut-être dû dans le cas où la constitution de dot eût excédé la portion disponible, ce qui indique que l'harmonie la plus parfaite existait entre les membres de cette famille.

Un détail de l'inventaire qui précéda le partage a été relevé par M. J. J. Guiffrey (*Nouvelles archives de l'art français*, 1872, p. 317). On trouve dans cet inventaire la mention de sommes diverses dues à Le Clerc par plusieurs de ses confrères, graveurs connus, tels que Poilly et Duchange. Ce fait, en montrant la libéralité de l'artiste, ne prouve-t-il pas qu'il retira de ses nombreux travaux une légitime rémunération, dont il savait, au besoin, faire un généreux et charitable usage ?

Ce même inventaire fait, en outre, connaître quels étaient les ouvrages de Séb. Le Clerc, dont la propriété lui était restée au moment de sa mort : « C'est, d'abord, dit M. J. J. Guiffrey, le *Traité d'architecture,* en deux volumes, publié peu de temps avant sa mort, dont il composa le texte aussi bien que les planches, et dont l'exploitation fut l'objet d'un traité passé le 28 mai 1713 avec un nommé Pottier. Cette publication était trop récente, quand l'auteur vint à mourir, pour qu'il n'en restât pas encore un grand nombre d'exemplaires en magasin. Le tout, planches et impressions, fut alors vendu 2,600 livres.

Dans l'inventaire figurent aussi le *Nouveau système du monde conforme à l'Écriture sainte, où les phénomènes sont expliqués sans excentricité de mouvement,* publié en 1706, et *le Système de la Vision,* qui n'est autre chose qu'une nouvelle édition, avec corrections, du *Discours sur le point de vue,* publié pour la première fois, en 1679.

Le document cité ne fait pas connaître quelles étaient les planches restées en la possession de Séb. Le Clerc quand il mourut. Il est à présumer que la plupart de ces planches n'ont pas été détruites, et que Le Clerc les effaçait lorsqu'il voulait les employer pour graver un nouvel ouvrage. Plusieurs en effet ont été conservées, et il en a été tiré des épreuves après sa mort. Nous citerons en particulier la *Passion dédiée à Madame de Maintenon* dont les planches furent possédées et publiées par Edme Jeaurat, ainsi que plusieurs autres suites. Ces planches sont restées dans le commerce, et il en a été fait de nombreux tirages, au dix-huitième siècle, et même au dix-neuvième. L'ensemble de ces planches a été publié en 1784, à Paris, par Lamy, sous le titre d'*Œuvres choisies* de Le Clerc [1].

Il n'y a rien de choisi dans ce recueil qui se compose de 239 estampes (sur plus de 3,000) les seules dont les planches n'avaient pas été détruites. On y voit figurer les paysages dédiés au duc de Bourgogne, ceux des faubourgs et environs de Paris, les figures de modes et différentes autres suites. Il est à peine nécessaire de faire observer que les épreuves provenant de ces tirages sont indignes de figurer dans une collection choisie.

Nous donnons ci-après, dans un *Appendice*, quelques détails sur la postérité de Séb. Le Clerc. Un

---

[1] On a aussi retrouvé, soit à Metz, soit à Nancy, quelques planches de Séb. Le Clerc gravées à Metz dans sa première manière, mais elles sont en petit nombre et sans intérêt.

document publié dans les *Nouvelles archives de l'art français*, 1872, p. 329, montre quelle était la considération dont jouissait cette famille un demi-siècle après la mort du grand artiste. C'est une lettre adressée à M. de Marigny par Etienne Jeaurat, peintre distingué, qu'il ne faut pas confondre avec son frère, le graveur Edme Jeaurat, qui avait épousé la dernière fille de Le Clerc.

Voici à quelle occasion cette lettre fut écrite. Séb. Le Clerc, le peintre, fils aîné du graveur de Metz, venait de mourir le 29 juin 1763, âgé de 86 ans et 9 mois. Il avait succédé à son père dans la charge de professeur de dessin aux Gobelins où il occupait son logement. M. de Marigny avait accordé quelques subsides à la veuve du peintre *et à son fils*. Etienne Jeaurat, qui occupait une place distinguée dans les arts protégés par le frère de Mme de Pompadour, crut devoir lui adresser la lettre suivante :

A Versailles, ce 17 juillet 1763.

« Monsieur. — Permettez-moi, s'il vous plaît, de
» vous faire mes très-humbles remerciements sur
» ce que j'apprends que vous venez d'accorder à Mme
» Le Clerc et à son fils. Étant allié à cette famille [1],
» c'est une obligation de plus que je vous aurai toute
» ma vie. Vous ne savez faire, Monsieur, que des
» heureux ; rien ne vous échappe : vous aimez et
» protégez les arts, et pour comble de bontés encore,
» vous récompensez la mémoire des artistes dans
» ceux qui leur succèdent ; on ne peut rien ajouter,

---

[1] Mme Edme Jeaurat, fille de Séb. Le Clerc, était sa belle-sœur.

» Monsieur, à ma vive reconnaissance. Dans ces sen-
» timents, j'ai l'honneur d'être, très-respectueuse-
» ment, Monsieur, votre très-humble et très-obéissant
» serviteur.   » Jeaurat. »

Le fils dont il est question dans cette lettre doit être *Jacques Sébastien Le Clerc*, petit-fils du graveur, et non son fils, comme il est dit dans le Catalogue du Louvre. M. Villot, auteur de la notice qu'il a consacrée à Sébastien, fils aîné du graveur, indique à tort que Jacques Sébastien était son frère puîné. L'erreur est évidente, puisque M. Villot fixe la date de la naissance de Jacques Sébastien en 1734, alors que le graveur est mort en 1714. Il s'agit du fils et non du frère du peintre. Ce petit-fils du célèbre graveur embrassa la carrière des arts, comme son père et son grand-père, et mourut en 1785. Nous reviendrons sur ce personnage et sur son père dans l'Appendice qui termine notre travail. On ignore s'il a laissé une postérité. En tout cas, l'histoire en perd complétement la trace. Il en est de même de celle des autres enfants ou petits-enfants de l'artiste messin qui, n'étant pas entrés dans les ordres, ont dû laisser une postérité.

Les descendants des grands hommes, surtout des artistes, sont rarement heureux. De nos jours, la fille et la petite-fille de Prudhon seraient exposées à mourir de faim, sans la généreuse intervention d'un des admirateurs du peintre qu'on appelle justement le Corrège français. M. Eudoxe Marcille, après avoir découvert, aux environs de Metz, la fille et la petite-fille du grand peintre, entièrement ruinées par la fatale guerre de 1870, et réduites à une condition presque servile, les a tirées de la plus affreuse misère en leur faisant parvenir de premiers secours, puis en provoquant une exposition des tableaux et des dessins du grand peintre en 1874. N'est-il pas pénible de penser qu'il existe peut-être à Paris, ou dans quelque partie de la France, un rejeton du plus célèbre artiste de la ville de Metz qui serait dans un état voisin de la misère !

Le Clerc est mort à Paris le 25 octobre 1714, entouré de sa nombreuse famille. Il fut enterré à l'église de Saint-Hyppolite, sa paroisse, près de l'autel de la Vierge. Telle est l'indication de l'abbé de Vallemont qui se trouve confirmée par l'acte de décès publié dans le Dictionnaire de M. Jal.

Son portrait existe au musée de Versailles, n° 3587. Le nom du peintre est inconnu.

La ville de Nancy a voulu élever une statue à Callot, mais le concours provoqué à cet égard, n'ayant pas donné de résultats satisfaisants, cette bonne pensée est restée à l'état de projet. Sans être aussi ambitieux pour le charmant graveur de Metz, ne peut-on pas exprimer le vœu qu'un groupe de bons citoyens, à la tête desquels se placerait l'Académie de Metz, fasse placer dans sa ville natale le buste d'un artiste qui l'a honorée et est incontestablement sa plus grande illustration artistique ?

APPENDICE.

POSTÉRITÉ DE SÉBASTIEN LE CLERC.

Nous avons indiqué dans le cours de ce travail que Séb. Le Clerc eut treize enfants de son mariage avec Charlotte van der Kerchoven, fille du teinturier du roi aux Gobelins. Quatre moururent jeunes. Neuf survécurent à leur père, mais ils n'étaient plus que sept, lors du partage des successions paternelle et maternelle qui eut lieu en juillet 1736, après la mort de la veuve Le Clerc arrivée le 1er novembre 1735. L'inventaire et le partage dont nous avons souvent parlé nous font connaître les noms et la situation sociale de ces enfants.

A la mort de Sébastien Le Clerc, les fils étaient au nombre de six.

I.

SÉBASTIEN. — Il était né en 1676, aux Gobelins, où il mourut le 29 juin 1763, âgé de 86 ans et neuf mois. Il fut reçu à l'Académie de peinture, du vivant de son père, le 23 août 1704. Il avait alors 28 ans, et était vraisemblablement le plus jeune de la compagnie.

Son morceau de réception fut un tableau ayant

pour sujet : la Purification d'Enée préparatoire à sa déification. Ce tableau a été transporté à Trianon (*Archives de l'Art français*, t. I, p. 376 et t. II, p. 375). — La description de ce tableau se trouve dans l'ouvrage posthume de Guérin, secrétaire perpétuel de l'Académie de peinture et de sculpture, p. 203. Ce volume de format in-12 est intitulé : *Description de l'Académie royale des arts de peinture et de sculpture*. Paris, Collombat, 1715.

Le musée du Louvre possède une esquisse terminée du tableau qu'il avait fait pour Saint-Germain-des-Prés. La notice de M. Villot (école française, n° 106) semble indiquer que le tableau a été perdu ou détruit, car l'auteur ajoute que l'esquisse du Louvre provient de la sacristie de l'église de Saint-Germain-des-Prés, ornée autrefois des esquisses terminées des grands tableaux de la nef. Le sujet est la mort de Saphire, souvent traité et qui l'a été surtout d'une manière magistrale par Nic. Poussin.

Nous avons sous les yeux un dessin fait par Séb. Le Clerc père, d'après le tableau du grand peintre normand. On pourrait supposer que ce dessin, largement exécuté dans de petites dimensions, a été fait par le père pour inspirer le fils dont le tableau[1], disons-le, ne rappelle en quoi que ce soit la manière du Poussin.

Sébastien avait peu d'aptitude pour la peinture religieuse ou d'histoire. Son goût le portait de préfé-

---

[1] Ce tableau se voit aujourd'hui dans le vestibule du second étage du musée du Louvre. Il a un faux air de Vouët, mais de Vouët affaibli, dégénéré. Rien de la manière magistrale de Poussin.

rence vers les sujets gracieux traités dans la manière de Watteau, mais avec un talent très-inférieur à celui du peintre des fêtes galantes. Les sujets mythologiques lui convenaient mieux. Son chef-d'œuvre en ce genre est l'Enlèvement d'Europe gravé par son beau-frère, Edme Jeaurat, qui a également reproduit une grande partie de ses compositions. Plusieurs sujets de ces tableaux, exécutés avant 1715, sont indiqués à la fin de l'*Éloge* de son père par l'abbé de Vallemont. Mariette possédait de Sébastien (le fils) douze petits sujets, dessinés à la pierre noire, rehaussés de blanc, faits pour l'histoire ecclésiastique. Ils ont été vendus 39 livres. Sébastien n'est pas mentionné dans la vie des peintres publiée par M. Ch. Blanc. On chercherait vainement son article dans la *Biographie* Didot et dans les deux éditions de la *Biographie* Michaud. Quoique fort dédaigné de nos jours, il eut cependant une certaine célébrité au dix-huitième siècle, à ce point que, 26 ans après sa mort, le graveur Delaunay choisit le portrait de Sébastien Le Clerc, peint par Nonotte (autre médiocrité) pour son morceau de réception à l'Académie, en 1789 (*Archives de l'Art français*, t. II, p. 366). Il ne paraît pas que Sébastien ait abordé le genre du portrait, car il existe de son père plusieurs portraits qui ont été gravés, mais dont aucun n'est de lui.

Le portrait de Nonotte, gravé par Nicolas Delaunay, indique dans le second état de la planche que Sébastien fut professeur d'histoire, de perspective et de géométrie. M. Jal nous apprend qu'il avait épousé Charlotte Gillot, sans que l'habile chercheur ait pu découvrir si cette demoiselle appartenait à la famille du charmant artiste de ce nom.

Il existe un Catalogue imprimé des dessins, estampes, bronzes et curiosités vendus après décès de Sébastien, le 17 décembre 1764. Ce Catalogue, rédigé par Joullain, indique p. 14 et suivantes, une suite assez considérable des estampes de Sébastien Le Clerc. Il figure dans la liste générale publiée par M. Duplessis, sous le n° 497 ; il est également mentionné par M. Ch. Blanc (*Trésor de la curiosité*, t. I, p. 121)[1].

On doit remarquer en outre que ce Catalogue, rédigé à une époque contemporaine de la mort de Sébastien Le Clerc, lui donne le titre de *Peintre du Roy*, ce qui, du reste, est conforme à l'acte de décès du graveur, publié par M. Jal, dans lequel son fils aîné prend le titre de Peintre ordinaire du Roi, qualité qu'il prit également dans l'acte de naissance de Jacques Sébastien dont nous parlons ci-après. La postérité de Sébastien (le peintre) s'est continuée dans la personne de son fils *Jacques Sébastien*. M. Jal a retrouvé son acte de baptême, duquel il résulte qu'il vit le jour le 8 août 1733. L'acte qualifie ainsi le père de l'enfant : Peintre ordinaire du Roy, professeur en son Académie, pensionnaire du Roy et

---

[1] On lit dans le journal de J. G. Wille, à la date de décembre 1764 : « Tous ces jours-cy, j'allay à la vente des dessins et estampes de feu M. Le Clerc, fils du fameux graveur de ce nom. Mais, jusqu'ici, j'ai acheté peu de chose. Le plus intéressant sont les estampes et quelques dessins de Séb. Le Clerc. La vente, commencée le 17 décembre 1764, produisit 7842 livres. »

ancien marguillier de Saint-Hyppolite. Ces mentions confirment celles du Catalogue de Joullain.

Comme son père et son aïeul, Jacques Sébastien cultiva les arts. Il fut professeur à l'Académie et paraît avoir succédé à son père, d'abord comme adjoint, et de son vivant, car on trouve la mention suivante dans la liste des adjoints, à la date du 25 février 1758 : *Le Clerc fils*, nommé en reconnaissance des services du père *sans avoir été reçu académicien* (*Archives de l'art français*, t. I, p. 416). Ces mentions ne peuvent appartenir qu'à Jacques Sébastien, puisque son père était académicien depuis 1704. Du reste, Jacques Sébastien devint professeur titulaire de perspective le 31 janvier 1778. Il figure en cette qualité dans la liste des professeurs (*Archives de l'Art français*, t. I, p. 418). Cette liste nous fait connaître ses prénoms que M. Jal a omis de mentionner.

Cette même liste nous apprend que Jacques Sébastien mourut à Paris le 17 mai 1785. On ne connaît aucun ouvrage de lui. C'est le dernier des descendants de l'illustre graveur de Metz dont l'existence soit constatée.

Si l'on pouvait s'en rapporter à la notice de M. Villot (école française au Louvre, N° 106), Jacques Sébastien aurait été peintre; mais personne n'en a la certitude, et nous croyons que M. Villot ne le sait pas plus que nous. Il commet d'ailleurs une erreur en indiquant que Jacques Sébastien était *le frère puiné* de Sébastien (le peintre), tandis qu'il est certainement son fils. Les biographies sont muettes sur ce personnage. On ne sait pas s'il a été marié.

II.

Laurent Josse. — Il entra dans les ordres. A la mort de son père, il était docteur en Sorbonne et, suivant l'abbé de Vallemont, il enseignait la théologie au séminaire d'Orléans. C'est là qu'il connut Lenormant Ducoudray, célèbre amateur d'estampes qui a donné à Jombert de nombreuses indications pour la rédaction de son Catalogue publié en 1774.

Laurent Josse, qui était collectionneur, avait réuni un œuvre de son père dans lequel se trouvaient plusieurs doubles qu'il céda à Lenormant Ducoudray. Il y avait soit dans son œuvre, soit dans celui de Sébastien (le peintre), un grand nombre d'épreuves d'essai.

Laurent Josse avait rédigé un catalogue de l'œuvre de son père, dont le manuscrit se conserve à la bibliothèque royale de Stockholm. Ce manuscrit est intitulé : *Catalogue des ouvrages de M. Leclerc, chevalier romain, dessinateur et graveur ordinaire du Cabinet du Roy, fait par M. Leclerc son fils, prêtre, docteur en Sorbonne.* L'existence de ce Catalogue a été révélée par une brochure de M. Ch. Desmaze, intitulée : *Livres brûlés à Paris, livres sauvés, les manuscrits français à l'étranger* (Amiens, 1872, in-8º, imp. de Glorieux).

Cette brochure indique l'année 1665 comme étant la date du manuscrit. Il y a ici erreur évidente, puisque cette date est celle du départ de Séb. Le Clerc pour Paris. Nous croyons, avec M. Guiffrey, qu'il faut lire 1715 ou 1725.

Laurent Josse ne resta pas à Orléans. Au moment de sa mort, arrivée au mois de mai 1736, il était directeur du séminaire de Saint-Irénée de Lyon. Il avait une bibliothèque d'une certaine valeur ; mais il la vendit avant sa mort pour acquitter des dettes contractées envers des libraires de Paris et autres sommes qu'il devait à Lyon (*Partage de 1736, Nouvelles Archives de l'Art français*, pages 319 et 327).

III.

Louis Auguste. — L'abbé de Vallemont nous apprend qu'il étudia la sculpture sous la direction de Coysevox. On ignore la date de sa naissance, mais il devait être fort jeune, lorsqu'il obtint le second prix de sculpture au concours de 1712 (*Archives de l'Art français*, t. V, p. 286).

Il passa en Danemark et devint premier sculpteur en titre de S. M. danoise, puis professeur à l'Académie de Copenhague, de 1751 à 1777 (M. J. J. Guiffrey, *Nouvelles Archives de l'Art français*, 1872, p. 319). Il se trouvait à Paris en 1735 ; mais, lors de la mort de sa mère, en 1736, il était de retour à Copenhague, car il dut envoyer, le 27 juin, une procuration à sa sœur aînée pour le représenter au partage (*Id., ibid.*).

IV.

Nicolas Benoit. — L'acte de décès de son père, analysé par M. Jal, le qualifie mathématicien. Il enseignait effectivement dès 1715, à Paris, les mathématiques et le dessin. Suivant l'abbé de Vallemont, il dessinait parfaitement, mais il n'a jamais gravé.

V.

CLAUDE. — L'acte de décès de son père, le qualifie. « Accolite du diocèse de Paris. » En 1735, dit M. Guiffrey *(loc. cit.)*, nous le retrouvons chanoine de l'église de Notre-Dame de Déols, près Châteauroux. C'est lui qui, après avoir donné à sa sœur aînée, le 25 novembre 1735, une première procuration pour procéder au partage des biens de son père, dut lui en envoyer une seconde le 25 mai suivant, à cause de la mort récente de leur frère, Laurent Josse. — On ignore la date de sa mort.

VI.

CHARLES BÉNIGNE. — Il ne prit aucune qualité dans l'acte de décès de son père. M. Guiffrey *(loc. cit.)* indique qu'il passa sa jeunesse chez un procureur au Châtelet. Il précéda dans la tombe les autres enfants du graveur de Metz dont les noms nous sont parvenus. Sa mort doit être placée vers 1735. Ce qu'il y a de certain, c'est qu'il n'existait plus, lors du partage de juillet 1736.

Les filles de Séb. Le Clerc vivant lors de son décès étaient au nombre de trois.

I.

ANNE CHARLOTTE. — Religieuse dans la congrégation de Corbeil où elle entra en 1690, comme le témoigne la constitution de dot passée devant Lorinier, notaire, le 26 mai (*Nouvelles archives de l'Art français*, 1872, p. 318). « Cette fille, ajoute M. J. J. Guiffrey (*loc. cit.*), était évidemment l'aînée, et c'est pour cela qu'elle fut chargée, par ses frères absents, de les représenter au partage ; elle naquit donc en 1674 ou 1675 [1], son frère Sébastien était de 1676. »

II.

MARIE CHARLOTTE. — On ignore la date précise de sa naissance. M. Guiffrey (*loc. cit.*) suppose qu'elle est née avant son frère Charles Bénigne. Ce qu'il y a de certain, c'est qu'elle fut mariée, du vivant de son père, à Louis Mauger l'aîné, procureur au Châtelet. Son contrat de mariage passé devant Valet, notaire à Paris, lui constituait une dot de 8,000 livres. Aussi renonça-t-elle, pour conserver intégralement sa dot, aux successions de son père et de sa mère.

III.

MARIE. — Elle fut mariée le 25 mai 1722 au graveur Edme Jeaurat, frère d'Etienne (l'académicien). Elle reçut, comme sa sœur, une dot de 8,000 livres, et renonça, comme elle, aux successions de son père et de sa mère. Son contrat de mariage fut aussi reçu par Valet. Dès 1715, Edme Jeaurat était lié avec la famille Le Clerc ; car c'est lui qui grava le portrait

---

[1] Ce qui ne s'accorderait pas, comme nous l'avons fait observer ci-dessus, avec les renseignements donnés par M. Jal, dans son *Dictionnaire de biographie et d'histoire*.

du graveur messin placé en tête de son *Éloge* par l'abbé de Vallemont.

Nous avons vu qu'il reproduisit un certain nombre de tableaux de son beau-frère Sébastien (le peintre). Notons qu'Edme Jeaurat est qualifié dans le partage de 1736 : *Graveur du Roy*, bien qu'il ne figure pas sur la liste des académiciens (M. Guiffrey, *loc. cit.*).

PORTRAITS

DE SÉBASTIEN LE CLERC PÈRE ET DE SÉBASTIEN LE CLERC FILS.

I.

PORTRAITS DE SÉBASTIEN LE CLERC PÈRE GRAVÉS PAR DIFFÉRENTS ARTISTES.

1º *Par Duflos.*

Il est représenté en buste, de trois quarts, dirigé à droite et regardant à gauche. Le buste est dans une bordure ovale, armoriée au bas, et reposant sur une console au-devant de laquelle on lit dans un cartouche rectangulaire : SÉB^n. LE CLERC. | *Dessinateur et Graveur ordinaire de la Maison du Roy.* | A gauche, sur la console : *Cl. Duflos sculp.* et au bas, dans l'intérieur du trait carré, en une seule ligne : *A Paris rue St-Jacques chez G. Audran Graveur du Roy aux deux Piliers d'or.*

Haut. : 250 millim. — Larg. : 179 millim.

On connaît quatre états de cette planche :

I. C'est celui qui vient d'être décrit.

II. Les armoiries ont été changées ; elles sont surmontées d'une couronne, et l'écu est entouré d'un collier auquel est suspendue une croix de chevalier romain. Au-dessous du jabot, se trouve une croix de chevalier romain qui n'existe pas dans le premier état ; la forme du cartouche n'est plus rectangulaire ; il se termine, à droite et à gauche, par un arc de cercle. Les qualités, au-dessous du nom de Séb. Le Clerc, ont été effacées et, à leur place, on lit en deux lignes : *Chevalier romain, Dessinateur et graveur ordinaire du cabinet du Roy et Ancien Professeur Royal en Mathématiques.*

Les épreuves de cet état proviennent d'une planche retouchée.

III. La seconde ligne des qualités a été effacée et remplacée par la suivante : *de Géométrie et Perspective en l'Académie Royale de Peinture et Sculpture.* En outre on lit dans le haut du cartouche à gauche : *Né à Metz 1637* ; et à droite : *Mort à Paris 1714.*

IV. L'adresse d'Audran a été effacée.

2º *Par Dupin, d'après de la Croix.*

Il est vu de trois quarts, en buste dirigé à gauche, regardant à droite. Le buste est dans une bordure ovale, sans armoiries ; la croix de chevalier romain est suspendue au-dessous du jabot. Cette bordure repose sur une console au-devant de laquelle on lit : SÉBASTIEN LE CLERC | *Chevalier romain, Dessinateur et graveur ordin.* | *du cabinet du Roy.* | *Né à Metz le 26 Sept. 1637 et mort le 25 Octobre 1714.* Sur la tablette de la console on lit à gauche : *De la Croix Pinx,* et à droite : *P. Dupin sculp.* Et dans la marge au bas : *A Paris chez Odieure M^d d'estam-*

pes quai de l'école vis-à-vis le côté de la Samaritaine à la belle image.

A. P. D. R.

Haut. : 129 millim. Larg. : 89 millim.

On connaît trois états de cette planche :

I. Avant la lettre ;

II. C'est celui qui vient d'être décrit ;

III. L'adresse d'Odieure a été effacée.

3º *Par Edme Jeaurat.*

De trois quarts, dirigé à gauche, regardant en face. Le personnage est en buste et porte la croix de chevalier romain attachée à la boutonnière. Il est entouré d'une bordure ovale reposant sur une console armoriée au-devant de laquelle on lit, en quatre lignes coupées par les armoiries du personnage : SÉBASTIEN LE CLERC, | *Chevalier romain,* | *dessinateur et graveur* | *de la maison du Roi;* et, à gauche, sur la tablette : *E. Jeaurat scul. 1715.*

Haut. : 130 millim. — Larg. : 72 millim.

Ce portrait décore la plupart des exemplaires de l'*Éloge de Le Clerc,* par l'abbé de Vallemont.

4º *Par Prévost, d'après Jombert.*

Ce portrait, peu ressemblant, se trouve dans un médaillon ovale faisant partie du frontispice du *Catalogue de Jombert.* Ce frontispice reproduit un tableau du fils de Jombert, que son père a décrit ainsi qu'il suit : « La gravure, sous la figure d'une muse, est assise appuyée sur une table ; d'une main elle tient un burin, et de l'autre, elle soutient un médaillon où est le portrait de Sébastien Le Clerc. Elle fixe ses regards sur le Génie du dessin qui vient couronner le portrait qu'elle tient. Les arts d'architecture, de peinture et de sculpture, caractérisés par autant de génies, ornent ce médaillon avec des guirlandes de fleurs. »

Sur le devant, sont deux enfants qui s'occupent à considérer, dans un grand portefeuille ouvert, les ouvrages du maître de Metz. On lit dans la marge à gauche : *Jombert filius Pinxit 1773 ;* et à droite : *Prevost sculp.*

Haut. : 150 millim. — Larg. : 98 millim.

Les autres portraits de Séb. Le Clerc le père ne méritent pas d'être décrits.

On en trouvera l'indication dans l'ouvrage de M. Soliman Lieutaud, intitulé : *Liste alphabétique de portraits de personnages nés en Lorraine, pays messin, et de ceux qui appartiennent à l'histoire de ces deux provinces* ; 2ᵉ éd. Paris. Rapilly, 1862, in-8º.

II.

Portrait de Sébastien Le Clerc fils.

Il n'existe de cet artiste qu'un seul portrait gravé par Delaunay, d'après Nonotte, pour sa réception à l'Académie qui eut lieu le 28 août 1789 (*Archives de l'Art français*, t. II, p. 366).

Nonotte lui-même avait été reçu à l'Académie sur la présentation de ce même portrait de Séb. Le Clerc, qui se conserve aujourd'hui à l'école des Beaux-Arts (*Id., ibid.*, p. 381).

Haut. : 370 millim. — Larg. : 250 millim.

On connaît deux états de cette planche :

I. Avant la lettre. On lit seulement, au milieu de la marge, en lettres grises : SÉBASTIEN LE CLERC ; à gauche : *Nonotte Pinxit;* et à droite : *N. de Launay sc.*

II. Les inscriptions de la marge ont été effacées, et on lit sur la console, en quatre lignes : SÉBASTIEN LE CLERC, FILS | *Peintre du Roy.* | *Ancien professeur d'Histoire, de Perspective et de Géométrie.* | *Né aux Gobelins, où il est mort le 29 juin 1763 âgé de près de 87 ans.*

Et dans la marge du bas : *Peint par Nonotte, et gravé par M. de Launay, pour sa réception à l'Académie en 1789.*

AUTOGRAPHES DE SÉBASTIEN LE CLERC.

Les autographes des artistes sont généralement très-rares. On ne connaît, dans les collections particulières qu'un seul autographe de Callot. C'est une quittance de trois ou quatre lignes, en italien, alors qu'il était à Florence. Il en existe plusieurs au trésor des Chartes de Nancy. Quant à Séb. Le Clerc, le seul autographe connu de lui avant les découvertes dont nous allons parler, est une quittance sur parchemin qui figurait à la vente de M. Fossé Darcosse, faite par Techener en 1861 sous le n° 599. Par cet acte, passé devant notaire à Paris, en l'hôtel des Gobelins, le 14 novembre 1691, Le Clerc donne quittance d'une somme de 150 livres, pour six mois de son traitement comme *dessinateur du Roy en sa manufacture royale des Gobelins*.

Un heureux hasard nous a fait découvrir trois autographes du grand graveur de Metz, qui ont fait longtemps partie de notre collection d'estampes, sans que nous en ayons soupçonné l'existence. Un jour, cependant, nous avons cru remarquer que certaines épreuves d'essai, mais collées en plein, présentaient au verso, des caractères d'écriture. Après les avoir décollées, nous avons reconnu l'identité parfaite de l'écriture existant au revers : 1º d'une des pièces de la *Bible de Royaumont* ; 2º de deux pièces faisant partie de la suite gravée pour l'*Histoire de l'état présent de l'empire Ottoman*.

Le Clerc voulant avoir des épreuves d'essai de ces trois pièces, prit les premiers morceaux de papier qui lui tombèrent sous la main et y imprima ses épreuves. Ces morceaux de papier sont trois fragments d'études faites en 1670, par Sébastien Le Clerc, pour se perfectionner dans l'étude de la perspective qu'il professa, deux années plus tard, à l'Académie. Quoique les marges de ces épreuves soient coupées, et qu'ainsi les lignes de l'écriture au verso ne soient plus entières et ne présentent souvent aucun sens, nous avons pu reconnaître, en rapprochant entre eux ces trois fragments, qu'ils appartiennent à la rédaction d'une même question de Perspective.

De plus, en rapprochant ces fragments du *Traité de perspective* dont le manuscrit appartient à M. le baron de Salis, et qu'il a bien voulu nous communiquer, nous avons pu également nous convaincre que les deux écritures sont absolument identiques, et qu'elles sont de la main de Sébastien Le Clerc. D'ailleurs, les figurines et les fragments de dessins qui accompagnent le manuscrit de M. le baron de Salis ne laissent aucun doute sur la personnalité de son auteur. C'est la meilleure des signatures.

Ces spécimens de l'écriture de Le Clerc sont les seuls connus jusqu'à ce jour, car le corps de la quittance de M. Fossé Darcosse n'était pas autographe, pas plus que ne l'était celui de la quittance vendue par M. E. Chavaray, à la fin de 1874.

L'importance du manuscrit de M. le baron de Salis nous oblige à entrer à cet égard dans quelques explications.

La nomination de Sébastien Le Clerc, comme professeur titulaire de perspective à l'Académie, est antérieure à l'année 1680. On le voit, en effet, figurer en cette qualité, et à cette date, dans la liste chronologique des professeurs et des professeurs adjoints de l'Académie de peinture et de sculpture publiée par M. Dussieux (premières *Archives de l'Art français,* t. I, p. 417). Toutefois, le document cité ne fait pas connaître la date à laquelle Le Clerc a été pourvu de la chaire de perspective. Celle qu'on y trouve se rapporte à la nomination de Louis Joblot, comme adjoint à Sébastien Le Clerc, professeur titulaire, et cette nomination est du 24 février 1680. Pourquoi le titulaire désira-t-il avoir un adjoint peu d'années après son entrée en fonctions ? La raison en est, selon toute vraisemblance, dans la multiplicité de ses travaux qui absorbaient alors tout son temps. Sans doute il ne renonça pas immédiatement à professer ; il resta titulaire jusqu'en 1699 et ne résigna définitivement ses fonctions que le 4 juillet de cette année, époque à laquelle Louis Joblot devint titulaire de cette chaire, qu'il conserva jusqu'à sa mort, arrivée le 27 avril 1723.

On doit conclure de ce qui précède, que Sébastien Le Clerc professa la perspective, d'abord d'une manière suivie, puis avec des intermittences, pendant plus de vingt années. Toutefois, bien qu'il ait publié un grand nombre de travaux scientifiques, aucun de ceux qui ont été imprimés ne traite de la perspective. Le *discours touchant le point de vue*, publié en 1679, réimprimé avec changements en 1712 sous le titre de *Système de la vision*, n'est pas, à proprement parler, un traité de perspective.

Cependant il existe en manuscrit un travail sur la perspective géométrique, dû à la plume de Sébastien Le Clerc. Il fait partie de la riche collection de M. le baron de Salis, de Metz. Ce manuscrit, entièrement autographe, ainsi que nous allons le démontrer, est accompagné de figures et de dessins représentant des *sujets agréables,* suivant la mode du temps et dans lesquels il est facile de reconnaître la manière de l'éminent graveur de Metz.

L'authenticité de ce manuscrit ne pouvait être constatée, avec certitude, avant la comparaison que nous en avons pu faire avec un certain nombre de gravures d'essai, conservées par un des fils de ses fils, et qui ont passé dans notre collection. Au nombre de ces pièces d'essai, il s'en trouve trois au verso desquelles on voit des figures avec lettres renvoyant à un texte, dont le sens est interrompu par suite de l'enlèvement d'une partie des marges de la gravure au delà des témoins du cuivre. Ces trois épreuves d'essai sont celles dont les planches ont été achevées plus tard. L'une d'elles a été gravée pour la Bible de Royaumont et représente la pénitence des Ninivites (Jombert, n° 96). Les deux autres appartiennent à la suite gravée pour décorer l'*Histoire de l'état présent de l'empire ottoman* (Jombert, n° 97). Les fragments de rédaction qu'on lit au verso de ces deux dernières pièces se rapportent à la solution d'un problème tout à fait élémentaire de perspective et qui consiste à déterminer, sur le tableau, les *apparences,* comme dit l'auteur, d'un groupe de lignes parallèles entre elles, lorsque le plan vertical de ce tableau, parallèle lui-même à ces lignes, vient à prendre, par rapport à elles, une situation oblique.

A la première lecture de ces fragments, nous avions pensé qu'ils avaient fait partie des notes prises par Sébastien pour le cours de perspective qu'il professait à l'Académie ; mais un simple rapprochement de dates a suffi pour renverser cette hypothèse. Leur auteur n'est parvenu à l'Académie que le 16 août 1672, et les trois gravures au verso desquelles se trouvent des fragments autographes font partie de suites publiées en 1670. On est donc forcé d'admettre qu'il s'agit d'études faites par l'artiste pour se perfectionner dans une science qu'il avait apprise à Metz et qu'il voulait étudier à fond.

Ce qu'il y a de certain, c'est que ces fragments ne sont pas des notes pour un cours ; qu'ils sont antérieurs à 1670 et que, dans le courant de cette année, ayant à tirer des épreuves d'essai, l'artiste a pris les premières feuilles de papier qui lui sont tombées sous la main.

Quant au *Traité de perspective* dont le manuscrit appartient à M. le baron de Salis, nous croyons sa rédaction très-postérieure à 1670. Nous considérons ce travail comme un résumé des leçons professées à l'Académie, résumé qui, selon toute probabilité, a dû être rédigé postérieurement à 1680.

Ce qu'il y a de certain, c'est que l'écriture qui se trouve aux revers des trois épreuves d'essai que nous possédons est absolument identique à celle du *Traité de perspective* dont le manuscrit se conserve chez M. le baron de Salis. Il faut donc en conclure que ce manuscrit est entièrement autographe, conclusion à laquelle on était déjà conduit à la seule inspection des jolis dessins qui animent les figures placées à la fin du manuscrit [1].

Disons en terminant que le manuscrit de Sébastien Le Clerc n'a aucun rapport avec le *Traité de perspective à l'usage des artistes* publié par Edme-Sébastien Jeaurat, Paris, Jombert, 1750, in-4°. Quoique Jeaurat fût le petit-fils de Sébastien Le Clerc par sa

---

[1] Nous reproduisons en *fac simile* la première page du *Traité de perspective* de Sébastien Le Clerc. Cette reproduction a d'autant plus d'intérêt qu'aucun autographe du célèbre graveur de Metz n'a été publié, jusqu'à ce jour. On ne connaît de lui que des signatures.

mère qui avait épousé le graveur Edme Jeaurat (V. *Nouvelles archives de l'Art français*, t. Ier, p. 320), il ne paraît pas qu'il ait eu connaissance du Traité de son grand-père. En tous cas, s'il l'a connu, il n'en a pas fait usage, car sa rédaction diffère entièrement de celle du manuscrit que nous avons sous les yeux. Du reste, nous ne faisons aucune difficulté de reconnaître que le travail du petit-fils est très-supérieur à celui de son aïeul.

Description du Traité manuscrit de perspective, par Sébastien Le Clerc.

Ne pouvant reproduire l'ensemble de ce manuscrit, nous en donnons les divisions qui peuvent servir à faire apprécier l'importance de l'ouvrage. Nous faisons suivre cette description de la reproduction des cinq premières pages qui sont une sorte d'introduction.

Le manuscrit de Séb. Le Clerc est un petit in-8° de 156 pages. Le verso de plusieurs pages est blanc. Le travail de l'auteur a été souvent revu et corrigé, ainsi qu'on peut le reconnaître à de nombreuses ratures ou suppressions, à l'intercalation de plusieurs feuillets et à des bandes collées sur l'ancien texte pour recevoir les changements adoptés par l'auteur. En tête, se trouve un feuillet double petit in-4° intitulé : *Manière très-facile de trouver l'apparence d'un sujet, sans faire de plan particulier en perspective*. En regard du texte, on voit une figure avec des lettres de renvoi. Ce feuillet in-4° est replié de manière à faire corps avec l'in-8°.

De la Perspective en general.

Pour bien comprendre ce que c'est que la perspective on doit la considerer en trois manieres, dans l'organe de la veuë, dans les tableaux et dans ses regles.

Consideree dans l'organe de la veuë elle est une sensation visuelle je veux dire une impression que les objets visibles font en nous par le sens de la veuë.

Consideree dans les tableaux elle est une image ou imitation de cette impression visuele.

Et consideree dans ses regles elle est la science et l'art de faire cette imitation, ou de representer les objets memes comme ils aparoissent a nos yeux.

On sçait que les objets suivant leurs differentes expositions nous paroissent sous diverses figures, diverses grandeurs, divers degrez de lumiere et diverses teintes et couleurs.

APPENDICE. 329

Outre ce double feuillet, le manuscrit contient 156 pages, dont plusieurs sont blanches au verso, surtout vers la fin.

Le travail est ainsi divisé :

	Pages.
De la perspective en général.	1
De la perspective considérée dans la pratique de ses règles.	3
DE LA PERSPECTIVE GÉOMÉTRIQUE, c'est-à-dire qui se pratique par science avec la règle et le compas.	9
Principes de cette science.	9
Les règles de la perspective.	31
— des plans.	31

Le texte se termine à la page 82. Les pages 83 à 156 ne contiennent que des dessins, dont quelques-uns sont animés de personnages. A partir de la page 83, le verso est généralement blanc et paraît destiné à recevoir un texte explicatif, car beaucoup de figures géométriques portent des lettres de renvoi. Ce texte n'existe pas.

texte des cinq premières pages du manuscrit.

De la perspective en général.

« Pour bien comprendre ce que c'est que la perspective, on doit la considérer en trois manières : dans l'organe de la veuë, dans les tableaux, et dans ses règles.

» Considérée dans l'organe de la veuë, elle est vne sensation visuelle, je veux dire une impression que les objets visibles font en nous par l'organe de la veuë.

» Considérée dans les tableaux, elle est une image ou imitation de cette impression visuelle.

» Et considérée dans ses règles, elle est la science et l'art de faire cette imitation, ou de représenter les objets mêmes comme ils apparoissent à nos yeux.

» On sait que les objets, suivant leurs différentes expositions, nous paroissent sous diverses figures, diverses grandeurs, divers degrés de lumière, diverses teintes et couleurs. Il nous semble qu'un cercle qui nous est présenté de biay est de figure ovale, qu'une personne, en s'éloignant de nous, diminue de grandeur, qu'une longue galerie s'obscurcit dans son enfoncement, et que les villes, les montagnes et tous les objets fort éloignés se tournent en fumée et quittent leurs couleurs propres pour prendre celle du ciel ; cependant toutes ces apparences que nous appelons perspective et que nous rapportons aux objets, ne sont que des sensations de la veuë que l'on imite dans la peinture par le secours des règles de la perspective ; car il ne faut pas confondre ici la partie avec son tout. On remarquera que les mesures et les proportions des objets, leurs ombres et leurs lumières, leurs teintes et leurs couleurs, leurs compositions et leurs sujets sont, dans l'art de peindre, autant de parties distinguées de la perspective, mais qu'elles en font la matière ; c'est-à-dire que la perspective exerce ses règles sur tout ce qui entre dans la composition d'un tableau, tellement qu'un peintre ne sauroit faire la moindre chose, même un œil, où la perspective n'intervienne tant dans la grandeur, la composition et la proportion des parties que dans la couleur, les ombres et les lumières ; en un mot, toutes les parties de la peinture ne doivent paroistre dans un tableau qu'au travers de cette partie dominante et universelle, je veux dire la perspective.

De la perspective considérée dans la pratique de ses règles.

» La perspective, considérée dans la pratique de ses règles, est géométrique ou de simple estimation. Dans la première manière, elle roule sur un seul point de veuë, n'ayant pour sujet que les objets qu'on peut voir d'un seul point, et, dans la deuxième, on la foit dépendre de plusieurs coups d'œil autour d'un même point de veuë, parce qu'un tableau se fait pour être regardé de plusieurs endroits.

» Si ces deux manières de pratiquer la perspective ont quelque différence entr'elles, elles ont aussi chacune leurs objets particuliers : les bâtiments et tous les corps composés de surfaces plates et terminées par des lignes droites, sont les objets de la perspective géométrique, comme les figures et tous les corps composés de surfaces courbes et ondoyantes, sont les objets de la perspective d'estimation ou de simple veuë.

» Disons mieux, la perspective des figures prises

dans le détail de leurs parties ne se doit point chercher par les règles géométriques : premièrement, parce que les corps composés de surfaces courbes n'ont point ou peu d'angles pour y prendre des points fixes, sans lesquels la pratique des règles est très-difficile ; secondement, parce que l'esprit du peintre se trouverait trop captivé par ces règles, et enfin parce que les figures doivent dépendre de plusieurs coups d'œil pour pouvoir être veues de plusieurs endroits sans aucune altération dans leurs parties. Au contraire, les bâtiments qui sont composés de surfaces plattes, terminées par des angles et des lignes droites, et dont les parties se doivent faire par mesures, se réduiront aisément en perspective par les règles géométriques et avec une exactitude où l'on ne saurait jamais arriver par la perspective d'estimation, outre que les parties de l'architecture ont de certaines suites et de certaines liaysons entr'elles qui ne peuvent être observées que par la suposition d'un seul point de veuë et d'un même coup d'œil.

» Enfin la perspective géométrique doit souvent gouverner les objets en général, et souvent la perspective d'estimation les doit examiner en détail. Ainsi ces deux manières de pratiquer la perspective sont extrêmement nécessaires à un peintre qui veut bien réussir dans sa profession.

» L'étude particulière de la perspective est inutile, me dira quelqu'un ; je n'ai qu'à copier exactement les objets comme ils paroissent à mes yeux, sans m'embarasser d'autre chose ; mon exactitude à les bien imiter me fera observer la perspective sans que j'y pense. Il est vray qu'un peintre qui auroit toujours dans la nature les objets tout complets de ce qu'il a à peindre pourroit, avec l'exactitude de la veuë, imiter cette nature sans le secours des règles ; mais on s'abuse grossièrement quand on s'imagine qu'on peut faire, de plusieurs pièces ramassées, un tableau dans toute la régularité de l'art. En prenant chaque partie séparément sur le naturel, on ne fera jamais un juste assemblage de ces parties prises de différens endrois, si on n'entend parfaitement les règles et les maximes de la perspective. Je feray voir dans la suite les fautes considérables où tombent ordinairement ceux qui sont préoccupés de cette fausse imagination. »

. . . .

TABLE ALPHABÉTIQUE

DE

L'ŒUVRE ENTIER DE SÉBASTIEN LE CLERC.

Cette table est, en grande partie, celle qui se trouve à la fin du second volume de Jombert ; mais elle a été rectifiée et disposée de manière à servir de table au présent ouvrage intitulé : *Sébastien Le Clerc et son Œuvre*. Comme cet ouvrage ne mentionne pas toutes les estampes décrites par Jombert, on s'est borné à désigner par un astérisque les estampes ou les suites qui ont été l'objet d'une mention quelconque dans le travail qui précède. *Alors le renvoi indique le numéro de Jombert.* Ce numéro, placé entre parenthèses ( ) dans la table comme dans le corps de l'ouvrage, est facile à retrouver, puisqu'il est reproduit en tête de chacun des articles dont nous avons parlé, en suivant l'ordre chronologique. — Quant aux articles de l'ouvrage de Jombert sur lesquels nous n'avions à faire aucune remarque particulière, nous avons conservé les renvois de la table de Jombert aux *pages* et aux tomes de son ouvrage.

A.

Abbé (l') en manteau court, pièce rare des modes de Metz, tome I, 66.
Abbé (l') en manteau long, des modes de Metz, tome I, 59.
* Abbés (les quatre), vignettes (189).
* Abjuration de Henry IV, vignette (178).
* Abrégé de la Cléopâtre, 12 estampes (83).
* Abrégé de l'architecture de Vitruve, 22 estampes (110).
Abrégé de l'histoire de France, par l'abbé de Brianville, I, 72, 73.
Abstinence (l'), une des sept vertus capitales, I, 19.
Académie de Platon, I, 49.

Académie de Le Clerc, gravée par Huquier, II, 290.
Académies de le Clerc, 32 planches, I, 179 et suivantes.
* Académie des sciences et des beaux-arts, estampe capitale de Le Clerc (263).
* Adam et Eve chassés du paradis terrestre, vignette (209).
* Addition à la petite géométrie de Le Clerc, 42 pl. (100).
* Adone (l') del. cav. Marino, en 21 pl. (141).
Adoration des rois, planche rarissime du tome III de l'histoire sacrée, par Brianville, I, 205.
Africains, une des estampes des quatre parties de la terre, I, 91.
* Alexandre tranchant le nœud gordien : lettre S (194) voy. *Fide et obsequio.*
* Allégorie à la louange de Louis XIV avec la devise: *Plures non capit orbis* (195).
* Allégorie sur la conquête de la Toison d'or (89).
* Allégorie sur le canal de Languedoc, I, 227.
* Allégorie sur le mariage de M. le duc de Bourgogne, II, 128.
Ambassade du sieur de Saint-Olon auprès de l'empereur de Maroc, II, 8.
Ambassadeurs de Siam, II, 148.
Américains, une des estampes des quatre parties de la terre, I, 91.
* Aminta del Torquato Tasso, 7 pl. (143).
Amontons, expériences sur les baromètres, II, 104, 105.
* Amour (l') et Psyché (307).
Ange gardien, des tableaux de la vie morale, I, 18.
Angelot, ancienne monnaie de France, I, 286.
Anges exterminateurs qui tirent des flèches sur la terre, I, 80.
* Annales de Toulouse (217).
Annonciation de l'histoire sacrée de Brianville, planche très-rare, I, 205.
Annonciation de l'office de la Vierge, I, 55.
* Annonciation des congréganistes (303).
Annonciation des heures à la chancelière, I, 325.
* Annonciation des petites heures de Venise (202).

Annonciation des tableaux de la passion, I, 15.
* Antiquité expliquée (l'), pièce faussement attribuée à Séb. Le Clerc, voir notre page 256.
Antilles (hist. générale des) en 20 estampes, I, 85 et suiv.
Apocryphes (estampes) attribués mal à propos à Séb. Le Clerc, II, 325 et suiv.
Apothéose de la Sainte Vierge, des heures à la chancelière, I, 325.
Apothéose de Saint Bruno, I, 208, 209.
* Apothéose d'Isis (236).
Apparition de Dieu à Salomon, II, 259.
Apparition de N. S. l'épée sortant de sa bouche, II, 107.
* Aqueduc de Jouy, proche Metz (45).
* Arc de triomphe du faubourg Saint-Antoine (146).
* Architecture de Vitruve, in-folio (109).
* Arcs de triomphe des conversations de Mlle de Scudéry (175).
Armes de Bignon et de Harlay, pour l'histoire générale des Antilles, I, 85, 86.
Armes de J. B. de Jouanne, I, 80.
Armes des quatre chevaliers de l'ordre du Saint-Esprit, II, 261, 262.
Armes du royaume d'Espagne, II, 258.
* Armes et chiffres. V. page 21.
Armes inconnues, mal gravées, I, 13.
Armoiries (sept différentes) gravées à Metz, I, 50, 51.
Asiatiques, une des estampes des quatre parties de la terre, I, 91.
* Athanase (Saint) accusé dans le conciabule de Tyr (265).
Avarice des sept péchés capitaux, I, 20, 21.
* Auboin, libraire, apportant des livres aux princes (264).
* Augustin (Saint) prêchant devant le peuple, première vignette (147). — Seconde vignette (286).
Aumône, des sept vertus capitales, I, 18.

B.

Bacchus et Erigone, sujet de tabatière, II, 289.
* Bajazet, des œuvres de Racine (120).

Bains publics des anciens, tiré du Vitruve, I, 191.
Barbara (Sancta) I, 8.
Barbe (Sainte) I, 8.
* Barque de Saint Pierre (300).
Basilique de Vitruve à Fano, I, 191.
* Bataille (grande) de Cassel (145).
* Bataille gagnée par Charles IV, qu'on présume être celle de Nordlingen. — Pièce faussement attribuée à Le Clerc, p. 41.
* Batailles d'Alexandre, d'après Le Brun (257).
Benedictus (S.) I, 9.
* Benoist (Saint) sa vie et ses miracles en 33 pl. avec ou sans bordures (57).
* Bercharius (S.) I, 35 et notre page 52.
* Bergers (les) galants par du Perret, I, 82, 83.
* Bibliotheca Telleriana, vignette ét lettre (237).
Blanc ou Carolus, ancienne monnoie de France, I, 286.
Bohémienne (la), des modes de Metz, I, 63.
Bordure (grande) en forme de passe-partout, avec attributs militaires, II, 290, 291.
Bordure en passe-partout pour la grande passion de J. C., par Callot, II, 291, 292.
Bordure en passe-partout pour l'histoire sacrée de Brianville, II, 293.
Bordure pour une prière en latin et en français, II, 126, 127.
* Bordure en passe-partout pour la vie de Saint Benoist (57).
* Bordures en passe-partout pour les conquêtes du Roi (212).
Bordures en passe-partout pour les misères de la guerre, par Callot, II, 292.
Bordures sans aucun sujet au dedans, I, 26.
* Boucœur (les), petit livre à dessiner, en 23 pl. (149).
* Bourgogne (les), figures et paysages, en 60 pl. (258).
Bruno (Saint) recevant une lettre du pape, I, 208. — Son apothéose, *ibid.* 209.

C.

Cabaretier (le), des modes de Metz, I, 62.
* Cabinet de M. Le Clerc (310).
Cadet aux gardes (le), des modes de Metz, I, 61.
* Camouflets (les), 5 pl. (164).
Cardinal (le), des modes de Metz, I, 59.
Caractères des passions, d'après M. Le Brun, en 20 pl., II, 109, 110.
Carolus, ancienne monnaie de France, I, 285.
* Carrière (la), ou rue neuve de Nancy, qui s'ajoute au triomphe de Charles IV, pièce faussement attribuée. Voy. p. 40.
. Carrousel (le) des galants Maures, II, 15 et suiv.
Carte de l'évêché du Mans, II, 241.
Carte des environs de Copenhague, I, 261.
* Carte des environs de Paris, par MM. de l'Académie des sciences (139).
* Cascade de Tivoli ; vignette (158).
* Cassel (grande bataille de) (145).
Catafalque de Charles XI, roi de Suède, II, 127, 128.
Catharina (S.) I, 8.
* Catherine (la chapelle de Sainte) à Stockholm, page 23.
Cavalot, monnaie ancienne sous Louis XII, I, 292.
Cène (la sainte), des tableaux de la passion, I, 15.
Céphale et Procris. Petit ovale en hauteur, I, 225.
Chaise, ancienne monnaie de France, I, 287.
Chapelle (la) de la Sainte Trinité, de la suite des Mathurins, I, 30.
* Chapelle (la) ou temple de Sainte Catherine, à Stockholm, page 23 et suiv.
Chapelle (ancienne) de Versailles, II, 105.
Chapelle (nouvelle) de Versailles, II, 262, 263.
Chapelle sépulcrale des Condé ; vignette, II, 3.
Chapelle, vue dans son intérieur, de l'office de la vierge Marie, I, 56.
Charité (la) des sept vertus capitales, I, 20.
* Charles IV, duc de Lorraine, son portrait à cheval, p. 40.

* Chasseur (le), des modes de Metz, I, 66. (Voy. page 38.)
Chasteté (la), des sept vertus capitales, I, 19.
Château-fort au milieu de la mer; *mihi non impréria*, I, 168.
* Claude (Saint) dans la solitude (239).
Clefs (les deux) de Saint Pierre en sautoir; lettre, p. 1, 324, II, 18.
Cléopâtre (la); voy. Abrégé.
Clerc (Le) père, son portrait (page 318). Ses essais de gravure, page 21 et suiv.
Clerc fils (Le), sa biographie, page 309; estampes gravées d'après ses dessins, que l'on attribue mal à propos à Séb. Le Clerc père, Jombert, II, 325 et suivantes.
Clytie, énigme, I, 225.
* Colbert d'Ormoy, suite de petites figures, en 30 pl. (150).
Colère (la), des sept péchés capitaux, I, 21.
Communion (la), I, 40.
* Conciliabule de Tyr, vignette (265).
* Concile (le grand), vignette (180).
Concorde (la), des sept vertus capitales, I, 19.
Confession (la), I, 40.
* Conquêtes du Roi, par Le Clerc et Chatillon, 28 pl. (212).
* Conquêtes du Roi (les petites) en 8 pl. (279).
Conseiller au Parlement (le), des modes de Metz, I, 60.
Constantia (B.) Arragonis regis filia, de la suite des Mathurins, I, 29.
* Conversations, par Mlle de Scudéry, en 4 pl. (165).
Copenhague (vue du château royal de), II, 96, 97. Voyez aussi l'errata du tome II.
* Cour d'Amour (la), ou les bergers galants, en 7 pl. (82).
* Courtenvaux (les), petits paysages en 35 pl. (196).
Croix de bois penchée, de l'addition à la petite géométrie, I, 144.
Crucifix aux anges, des heures à la chancelière, I, 325.
Crucifix de l'office de la vierge Marie, I, 55.
Crucifix des heures à la Dauphine, I, 265.
* Crucifix des petites heures de Venise (202).
Crucifix des sept offices, I, 12.
Crucifix des tableaux parlant de la passion, I, 16.
* Crucifix (grand) sur un fond ombré (287).

Cul-de-lampe de deux enfants assis au pied d'un vase, II, 55.
Cul-de-lampe de deux enfants qui se disent adieu, II, 56.
Cul-de-lampe de deux petits anges assis sur des cornes d'abondance, II, 55.
Cul-de-lampe de la Hollande assise, II, 53.
Cul-de-lampe de la Justice assise sur un trône, II, 54.
Cul-de-lampe de l'ange volant sonnant de la trompette, I, 136.
Cul-de-lampe de la Religion assise, gravé par Huquier, II, 290.
Cul-de-lampe de l'oraison funèbre de la duchesse de Longueville, I, 260.
Cul-de-lampe (grand) des enfants astronomes, I, 164, 165.
Cul-de-lampe du globe terrestre surmonté d'une lyre, I, 137.
Cul-de-lampe du miroir ardent, I, 166.
Cul-de-lampe d'un ange assis, des annales de Toulouse, II, 54.
Cul-de-lampe d'un bouclier antique au chiffre du Roi, II, 50.
Cul-de-lampe d'un bouclier aux armes de France, II, 50.
Cul-de-lampe d'un combat naval, II, 53.
Cul-de-lampe du panégyrique de Saint Louis, I, 278.
Cul-de-lampe du soleil dans son char I, 153, 154.
Cul-de-lampe du squelette humain, I, 153.
Cul-de-lampe du triomphe de la croix, II, 30.
Cul-de-lampe du Vitruve, in-folio, I, 185.
Cul-de-lampe de l'histoire de la maison d'Auvergne, II, 256, 257.
Cul-de-lampe de l'histoire du cardinal Ximenès, II, 90.
Cul-de-lampe des panégyriques du Roi, I, 268.
Culs-de-lampe des quatre problèmes d'architecture, I, 171 et suivantes.
Culs-de-lampe des tapisseries du Roi, I, 136 et suivantes.
Culs-de-lampe et fleurons gravés en bois pour les mémoires de diverses académies, II, 301 et suivantes.

Culs-de-lampe gravés en bois pour l'édition in-quarto des médailles du règne de Louis XIV, II, 150.

Culs-de-lampe pour l'histoire des animaux, I, partie I, 152 et suivantes. Seconde partie I, 211.

D.

Dame (la) à l'éventail. P. rarissime de la petite géométrie de Le Clerc, I, 124.

David (le roi), des sept offices ; rare, I, II.

David jouant de la harpe, de l'office de la vierge Marie, I, 55.

David jouant de la harpe, des petites heures de Venise ; rare, II, 20.

David pénitent, de l'histoire sacrée, par Brianville, II, 129.

David prosterné dans le temple, des heures à la chancelière, I, 325.

Décorations des pavillons de Marly, I, 263.

Descente du Saint-Esprit sur les apôtres, des heures à la Dauphine, I, 266.

Désert pour les Carmes déchaussés, près Paris, I, 79, 80.

Dessin d'un frontispice pour le labyrinthe de Versailles, I, 230.

* Devise : *et maior Jasone Vindex* (89).

* Devises pour les tapisseries du Roi, en 38 planches (88).

Diane debout ; rare, I, 14.

* Dictionnaire étymologique de Ménage, vignette (242).

Discours des passions humaines, ou académie de Platon ; rare, I, 48, 49.

Discours touchant le point de vue, I, 256 et suivantes.

Dominicus (Sanctus) ; rare, I, 8.

Du Rondray, planches gravées pour son compte, au nombre de 115, II, 304, 320. Savoir : Livre de grands cartels en travers, 304 et suivantes. Livre de trophées de guerre, 307. Suite de grandes vignettes et bordures, 309. Petits cartels et dessins de mosaïque, 311. Cartels en hauteur avec sujets du Nouveau Testament, 311. Petits fleurons et culs-de-lampe, avec sujets d'histoire, 314. Livre de cartouches, ornements et groupes de figures,

316. Livre de principes au trait, tirés des bat. d'Alex., et autres sujets d'après Le Brun, 317 et suivantes.

E.

Ecce homo; rare, I, 41.
* Écrans (deux) en l'honneur de Louis XIV et de M. le Dauphin (223).
* Écrans ronds (les quatre); très-rares (5).

Écu à la couronne, I, 287, 288. Au porc épic, 293. Aux trois agnelets, 293. Aux trois couronnes, 301.

Écu (l') et le louis d'or, II, 83.
* Éducation de Mme la duchesse de Bourgogne, vignette (260).

Élément de l'air, sujet d'une des tapisseries du Roi, I, 137.

Élément de la terre, 138. De l'eau, *ibid.* Du feu, 136.

Élévation géométrale du palais du roi de Danemark, II, 96 et suivantes. Du palais du roi de Suède à Stockholm, II, 95.
* Élie enlevé dans un char de feu (293).

Élie (le prophète) endormi à l'ombre d'un genévrier, dans le désert; estampe appelée vulgairement l'hermite dormant, I, 41.
* Éloge de Bernin (159).

Éloy (Saint); très-rare en bonne épreuve, I, 7.
* Empire Ottoman; 28 estampes, y compris les vignettes, etc. (97).

Encensoir (l') est rare; des devises pour les tapisseries du Roi, I, 95.

Enfant couché sur une voûte : *memento mori,* I, 18.

Enfant Jésus debout sur des nuages, I, 265.

Enfant (l') et le petit Saint Jean, I, 13.

Enfants (les) de Bacchus, rarissime; de l'addit. à la petite géométrie de Le Clerc, I, 145.

Enseigne de Bonaventure Deydir à Lyon, I, 102.

Enseigne de Châlons; très-rare, I, 31, 32.
* Entrée d'Alexandre dans Babylone, d'après M. Le Brun,

II, 112. Autre de la composition de Le Clerc, pièce capitale (285).

Entrée de N. S. dans Jérusalem, des tableaux de la passion ; rare, I, 15. Autre de l'histoire sacrée, par Brianville, pièce introuvable, I, 206.

Envie (l') des sept péchés capitaux, I, 22.

* Épitaphe et tombeau de M. Berbier du Metz (225).

Épreuve par l'eau froide, frontispice, II, 146.

Essais de gravure, par Le Clerc (pages 72 et suivantes).

Essais de physique par Perrault, 32 pl., I, 270 et suiv.

Estampe appelée l'hermite dormant, I, 41.

Estampe (petite) de la grandeur de celles des petits poëtes italiens, I, 243.

* Estampe (petite) des trois enfants qui déroulent un plan, (227).

Estampes apocryphes attribuées mal à propos à Le Clerc, II, 326.

Estampes gravées d'après Séb. Le Clerc fils, que l'on met par erreur du nom dans l'œuvre du père, I, 321.

Estampes gravées en bois, d'après les dessins de Le Clerc, II, 299 et suivantes.

* Esther, des œuvres de Racine (224 et non 120; après la grande Esther, in-4º).

* Esther, frontispice in-quarto (224).

* États et conditions de la vie, ou les modes de Metz, en 28 planches (70).

Études (diverses) dessinées par Le Clerc, gravées par Huquier, II, 290.

Évangile de Saint Jean, I, 47.

Evexi sed discutiam ; vignette rarissime avec le fond blanc. I, 167. Autres sur le même sujet, avec le fond ombré. I, 167, 168.

* Eustase (Saint), pièce non décrite (page 53).

Européens, une des estampes des quatre parties de la terre, I, 91.

Exercices de dévotion, par le P. Canisius. Titre ; rare, I, 57, 58.

F.

* Fable de Psyché (307).
* Fables d'Ésope, 23 pl. (170).
Façade du Louvre du côté de Saint-Germain-l'Auxerrois, I, 210.
Façade du Louvre tendue en noir, pour l'orn. fun. de la reine de Fr., II, 2.
Famille (la Sainte), des sept offices, I, 11, 12.
Famille (la Sainte), des tableaux de la vie morale, I, 18.
Famille (la Sainte), trois estampes différentes, I, 25.
Femme (la) un panier au bras; rarissime, de la petite géométrie, I, 115.
Feu d'artifice tiré aux Gobelins, I, 284.
* *Fide et obsequio.* Vignette (194).
* Figures (les) à la mode, en 21 pl. (205).
* Figures (quelques), chevaux et paysages dédiés à M. le duc de Bourgogne, en 60 planches (258).
* *Filli di Sciro,* en 7 planches (144).
Flamands ou Allemands, une des estampes des quatre parties de la terre, I, 92.
* Fleuron allégorique sur la conquête de la Toison d'or (89).
Fleuron à la louange du Dauphin, I, 221.
Fleuron aux armes de France, avec deux cornes d'abondance, II, 146.
Fleuron de l'oraison funèbre de Turenne, I, 222, 223.
Fleuron des armes de l'Académie de peinture, I, 89. Le même, II, 108.
Fleuron des armes de la Reine pour son oraison funèbre, I, 328.
Fleuron des armes du Roi pour l'explication de la galerie de Versailles, II, 48.
Fleuron des quatre Renommées adossées, II, 109.
Fleuron d'une Minerve assise par terre, pour les Annales de Toulouse, II, 54.
Fleuron d'un trophée d'attributs des sciences et des arts, II, 109.

Fleuron du phénix ; *non duo, nonalter*, I, 280.
Fleuron du titre des devises pour les tapisseries du Roi, I, 93.
Fleuron du titre pour le livre des médailles du règne de Louis XIV, in-folio, II, 150. Le même fleuron réduit pour l'édition in-quarto du même livre, *ibid*.
* Fleuron, *plures non capit orbis*, à la louange de Louis XIV (195).
* Fleurons des hommes illustres de Perrault (255).
Fleurons du poëme à la louange de M. Le Brun, I, 280.
* Fleurons et culs-de-lampe des tapisseries du Roi (98).
Fleurons et culs-de-lampe, gravés en bois pour les mémoires de diverses académies, II, 301 et suivantes.
* Fleurons et culs-de-lampe pour les Annales de Toulouse (217).
* Fleurons et culs-de-lampe pour l'hist. de Charles V (288).
* Fleurons et culs-de-lampe pour l'histoire de la maison d'Auvergne (297).
* Fleurons et culs-de-lampe pour l'histoire naturelle des animaux, I, 151 et suivantes.
Fontaines jaillissantes du triomphe de Charles IV, I, 70, 71.
Forteresse de Montmélian, prise par le Roi, II, 102.
* Fortification de Brioys, avec 23 planches (75).
Fortuna manens, médaille rare, de la suite de celles du règne de Louis XIV, II, 177. La même médaille réduite pour l'édition in-quarto, *ibid*., 178.
Franc, ancienne monnaie, I, 286.
Franc, ou cavalot, I, 292.
Français (les), une des est. des quatre parties de la terre, I, 92.
Frontispice au chevalier de Malte, II, 265, 266.
* Frontispice de la Bibliotheca Thuana (148).
* Frontispice de la fortification de Brioys (75).
* Frontispice de la géographie de Violier (272).
* Frontispice de la grande géométrie de Le Clerc (229).
Frontispice de l'histoire de la guerre des Goths, I, 81.
* Frontispice de l'histoire de l'empire Ottoman, in-quarto et in-douze (97).

* Frontispice de l'histoire des croisades (97).
* Frontispice de l'histoire naturelle des animaux (101).
Frontispice des baromètres d'Amontons, II, 104 et 105.
* Frontispice des heures à la chancelière (181).
* Frontispice des métamorphoses d'Ovide (129).
* Frontispice des panégyriques du Roi (161).
Frontispice des religions du monde, I, 221.
* Frontispice des satires de Perse et de Juvénal (183).
* Frontispice des tapisseries du Roi (98).
* Frontispice du Vitruve de Perrault (109).
* Frontispice in-folio des devises pour les tapisseries du Roi (88 et 98).
Frontispice in-quarto, rarissime, pour les devises des tapisseries du Roi, I, 93, 94.
Frontispice pour la vie de S. Bruno, I, 207.
* Frontispice pour le *Glossarium* de Ducange (135).
* Frontispice pour le Mercure géographique (136).
* Frontispice pour les œuvres de Racine (120).
* Frontispice pour les prières du matin et du soir (95).
* Frontispice pour l'histoire de Charles V (288).
Frontispice pour l'histoire métall. de la Hollande, II, 51.
Fuite en Égypte, des sept offices, I, 11. Autre suite en Égypte, *ibid*.

G.

* Galerie de Versailles, sa description, par Rainssant (215).
Galerie de Versailles, vue en perspective douteuse, I, 276.
Galérien (le), des modes de Metz, I, 65.
Général d'armée (le), des modes de Metz, I, 60.
Gentilhomme (le) vu en face, très-rarissime, des modes de Metz, I, 67.
* Géographie de Violier (272).
* Géométrie (petite), par Le Clerc, in-12, en 105 planches (92 et 100).
* Gertrude (Sainte). V. appendice au chapitre 1ᵉʳ, notre page 52.
* Géométrie (grande), par Le Clerc, in-8°, en 17 pl. (229).
* *Gierusalemme liberata*, en 22 pl. (140, 144).

Goltzius, estampes gravées par Le Clerc, d'après ce maître, I, 4.
* Gonds (les) de pierre, ou les pyramides d'Écosse (79).
Gourmandise (la), un des sept péchés capitaux, I, 21.
Grand'messe (la), petite estampe en hauteur, II, 287.
Groupe de quatre paysans proche le pignon d'une maison, planche rarissime de la petite géométrie de Le Clerc, I, 124.
* Guérison d'Hypolite (281).

H.

Habillements des anciens Grecs et Romains, 25 pl. II, 242.
* Harpe mystérieuse (193).
Hélène (Sainte), cinq différentes estampes, I, 25, 26.
Hermite (l'), des modes de Metz, I, 66.
Hermite (l') dormant, ou plutôt le prophète Élie endormi dans le désert au pied d'un genévrier, I, 41.
Hérodiade apportant à sa mère la tête de Saint Jean, II, 288.
* Heures à la cavalière (7).
* Heures dédiées à madame la Dauphine, 9 planches (160).
— Le renvoi de la table de Jombert est faux; il faut lire : t. I, pages 265 et 266.
* Heures dédiées à madame la Dauphine et ensuite à madame la Chancelière, en 8 planches (181).
* Heures (les petites) de Venise, en 6 planches (202).
Heures espagnoles en 22 planches, II, 272.
* Hiéroglyphes et fig. symboliques du président Rossignol, en 7 planches rarissimes (114).
* Histoire bysantine (278).
* Histoire de Charles V, duc de Lorraine (288).
* Histoire de l'abbaye de Saint-Denis (294).
Histoire de la guerre des Goths, I, 8.
* Histoire de la maison d'Auvergne (297).
* Histoire de l'Amour et Psyché (307). Le renvoi de la table de Jombert est faux; au lieu de 104, *lisez* 204.
* Histoire de l'état présent de l'empire Ottoman (97).
* Histoire des plantes par Dodart (123).

* Histoire des singularités naturelles d'Angleterre (gonds de pierre, 79).
* Histoire du cardinal Ximenès (238).

Histoire ecclésiastique, 12 vignettes, II, 267 et suivantes, sa continuation par Le Clerc fils, *ibid.* 322.

Histoire générale des Antilles, en 20 pl., 85 et suivantes.

Histoire métallique de Hollande, II, 51 et suivantes.

* Histoire naturelle des animaux, première partie en 28 planches, 150 et suivantes. Seconde partie, en 16 planches, *ibid.*, 211 et suiv. Troisième partie, en 12 pl. II, 73 et suiv. (Voy. nos 101, 122, 230.)
* Histoire sacrée par Brianville, tome premier, en 75 pl. I, 125 et suiv. Tome second, en 32 pl., *ibid.*, 128 et suiv. Tome troisième, en 45 pl., *ibid.*, 204 et suivantes. (Voy. nos 93, 94, 116.)

Hoc opus, hic labor, fleuron de l'art de tourner, II, 137.

Homme (l') à la botte de paille, une des sept anciennes modes de Metz, I, 33.

Homme (l') de guerre, une des modes de Metz, rarissime, I, 67.

Homme (l') en manteau et la dame à la promenade, rare, I, 81, 82.

Horas devotas, II, 272.

Hotteur (le), une des sept anciennes modes de Metz, I, 34.

Humilité (l'), une des sept vertus capitales, I, 20.

Hyacinthus (Sanctus), I, 14.

Hypolite (Saint) converti à la foi chrétienne dans la prison, II, 287, 288.

I. J.

Jardinier (le), une des modes de Metz, I, 62.

Jardinière (la), ou paysanne portant une corbeille sur sa tête, une des sept anciennes modes de Metz, I, 33.

* Iconoclastes (les), trois petites estampes ovales (113).

Jean-Baptiste (S.) dans le désert, I, 4.

Jean-Baptiste (S.) prêchant dans le désert, vignette, I, 323.

Jean l'Évangéliste écrivant (Saint), I, 47. Autre estampe

de Saint Jean l'Évangéliste dans la même attitude. *Ibid.*, 47, 48.

Jean l'Évangéliste (Saint) jeté dans une chaudière pleine d'huile bouillante, II, 28, 29.

Jean l'Évangéliste (Saint) relégué dans l'isle de Pathmos, II, 288, 289.

* Jésus-Christ recevant le cœur de Sainte Gertrude (pièce inconnue à Jombert), page 52.

Image miraculeuse de N.-D. de Consolation de Premy, I, 48.

Image miraculeuse de N.-D., dicte de la Paix, colloquée dans le mur des Capucins, I, 264.

Incrédulité de Saint Thomas, II, 59.

* Jeux de hasard (296).
* Jouy, village des environs de Metz (45).
* Isis, son apothéose (236).

Jugement de Salomon, II, 287.

Juif (le), des modes de Metz, I, 62.

L.

* *Labor et dolor*, devise de M. le Laboureur (91)
* Laboureur (le), vignette et fleuron (91).
* Labyrinthe de Versailles, en 41 planches (134).

Laitière (la), une des sept anciennes modes de Metz, I, 34.

Laurentius (Saint), I, 8.

Le Clerc, voyez Clerc (le).

Le Clerc fils, voyez Clerc fils (le).

Lettre A avec la bannière de Toulouse, II, 57.

Lettre A avec un manteau ducal et la bannière de Toulouse, II, 57.

Lettre A d'Adam et Eve dans le Paradis terrestre, I, 152, 153.

Lettre A de la description de la galerie de Versailles, II, 49.

Lettre A d'un observateur avec une lunette d'approche, I, 262.

Lettre C de la description de la galerie de Versailles, II, 49.

Lettre C des arpenteurs dans la plaine, I, 164.

Lettre C d'un cerf qui s'élance dans une rivière avec bordure octogone, I, 323.
Lettre C d'un mouton suspendu en l'air, II, 54.
Lettre C du temple de la Sybille, à Tivoli, I, 264.
Lettre D avec un petit mausolée, II, 2.
Lettre E des quatre divinités sur des nuages, représentant les quatre saisons, I, 139.
Lettre E des œuvres de Saint Optat, 1, 209.
Lettre H avec la croix de Jérusalem, II, 253.
Lettre I avec les armes de M. Le Brun, 280.
Lettre I d'une Minerve assise, II, 56.
Lettre L dans une bordure octogone, avec une licorne qui boit à une fontaine, I, 323.
Lettre L de l'histoire des plantes, par Dodart, I, 219, 220.
Lettre L des animaux sortant de l'arche de Noé, I, 152.
Lettre L des quatre enfants avec les attributs des quatre éléments, I, 136.
Lettre L d'une grosse tour surmontée de trois tourelles, II, 55.
Lettre L d'une renommée volante, II, 50.
Lettre L du voyage en l'isle de Cayenne, I, 261.
Lettre M de l'oraison funèbre de la duchesse de Longueville, I, 260.
Lettre M de l'oraison funèbre du chancelier Boucherat, II, 136.
Lettre M d'une Minerve assise, II, 108.
Lettre M d'un manteau ducal, II, 55.
Lettre M d'un trophée d'armes pour l'histoire métallique de la Hollande, II, 52.
Lettre M inconnue, II, 18.
Lettre O d'une tête d'Apollon rayonnante, I, 261.
Lettre P avec la croix de Toulouse, II, 56.
Lettre P les clefs de Saint Pierre en sautoir, de la collection des conciles, I, 324.
Lettre P les clefs de Saint Pierre, des prérogatives de l'Église de Rome, par Maimbourg, II, 18.
Lettre Q de Saint Augustin écrivant, I, 245, 246.
Lettre S d'Alexandre coupant le nœud gordien, II, 7.
Lettre S de deux anges avec la bannière de Toulouse, II, 55.

Lettre S de l'histoire du calvinisme, par Maimbourg, I, 322.
Lettre T d'un port de mer, II, 53.
Lettre V de la Justice assise sur les nuages, I, 135.
Lettre V, douteuse, d'un évêque qui écrit, I, 324.
Lettre V du panégyrique de Saint Louis, I, 278.
Lettre V pour l'épître dédicatoire des poésies de Dom le Houx, I, 166.
Lettres grises de l'histoire de Charles V, II, 239.
Lettres grises de l'histoire de la maison d'Auvergne au nombre de 34, II, 251 et suivantes.
Lettres grises de l'histoire de l'empire Ottoman, I, 132.
Lettres grises de l'oraison funèbre de M. de Turenne, I, 222, 223.
Lettres grises des panégyriques du Roi, I, 267, 268.
Lettres grises des principes d'architecture, par Félibien, I, 220, 221.
Lettres grises des quatre problèmes d'architecture, I, 170 et suivantes.
Lettres grises des tapisseries du Roi, I, 135 et suivantes.
Lettres grises dont les sujets sont inconnus, II, 294 et suivantes.
Lettres grises du Vitruve de Perrault, I, 185.
* Livre de paysages, dédié à Beringhen (107).
Louis d'or, par Le Clerc, II, 3.
* Louis XIV enfant (pièce inconnue à Jombert), page 51.
* Lustucru forgeant la tête des femmes (68).
* Lustucru, sa tête mise sur l'enclume par les femmes (68).
Luxure (la), un des sept péchés capitaux, I, 21.

M.

Magdeleine (Sainte) dans sa grotte, I, 9.
Magicien (le), des modes de Metz, I, 63.
* Maimbourg, histoire de la Ligue (178).
Maison de campagne de l'évêque de Metz, I, 32, 33.
Manière dont M. Le Clerc coulait son eau-forte, II, 142.
* Manuel d'Epictète (219).
* Marc Aurèle-Antonin assis devant sa tente (231).
Marchand (le), des modes de Metz, I, 61, 62.

Marchand (le) de charbons, une des sept modes anciennes de Metz, I, 33.
* Marsal (réduction de la ville de) (174).
Mars debout ; rare, I, 14.
Martial (Saint) priant dans le sanctuaire, II, 92, 93.
Martyre de Saint Étienne, II, 60.
Marsye, énigme, I, 226.
Martigny, archidiacre de l'église de Metz, ses armes, I, 50, 51.
Mathurin (religieux) récitant des évangiles, I, 29.
* Mathurins, suite d'estampes pour leur ordre (18).
* Mathurins, tableaux de leur institution (18).
* *Maurus* (Saint) (17).
* Mausolée du chancelier Séguier (105).
Mausolée (petit) sur une lettre D, II, 2.
* May des Gobelins (191).
* Médaille (grande) allégorique au règne de Louis-le-Grand, pour l'année 1671 (99).
* Médaille en l'honneur de Charles XII (274).
Médaille (très-petite) *erunt duo in carne unâ*, II, 66.
* Médailles de l'histoire de Louis XIV. In-folio (280).
Médailles de Sainte Geneviève. Voyez Monnaies anciennes de France.
Médailles grecques, douteuses, au nombre de quatre, II, 66.
Médailles (les deux petites), rarissimes, II, 66.
* Médaillon de la façade du Louvre, d'après le projet du cavalier Bernin (218).
Médaillon de l'apparition de N.-S., tirée de l'Apocalypse, II, 107.
Médaillon des jeux floraux de Toulouse, II, 57, 58.
Médée, énigme, I, 226.
Mendiant (le), des modes de Metz, I, 64, 65.
* Messe (première) de Le Clerc, en 36 planches, y compris les 4 frontispices (52).
* Messe (seconde) de Le Clerc, en 36 planches, y compris le frontispice (66).
* Messe (la troisième) de Le Clerc, en 35 planches ; il n'y a point de frontispice (52, 66, 162).
* Mesure de la terre, par Picard, 5 pl. (102).

* Métamorphoses d'Ovide, 39 planches, y compris le frontispice (129).
* Metz, son profil (pages 17 et suivantes).
* Metz, son plan (73).
* Metz, vue d'un village aux environs de cette ville (45).
Modes de Metz (les anciennes), au nombre de 7, est. I, 33.
* Modes de Metz, les modernes, ou les états et conditions de la vie, en 28 planches, y compris le titre, les 4 rares et les 3 rarissimes (70).
Monnaies anciennes de France, appelées improprement les médailles de la Sainte Geneviève, I, 284 et suivantes.
Mons, capitale du Haynault, pris par le Roi, II, 101.
Mont Joye Saint-George, I, 72, 73.
Montmélian, représentation de sa forteresse en relief, II, 102.
* Monument érigé à Troyes, par Girardon, en l'honneur de Louis XIV (214).
* Morceaux rarissimes, gravés pour le président Rossignol (114).
* Multiplication miraculeuse des pains dans le désert, par N.-S. (251).

N.

* Nantes (les tireurs de) à l'arquebuse. Rarissime (86).
Nativité de N.-S. des petites heures de Venise, II, 20.
Nom de Jésus, I, 40.
Notre-Dame de bon Remède, pour l'ordre des Mathurins I, 26. Autre Notre-Dame de bon Remède. *Ibid.*, 28, 29.
Notre-Dame de Consolation de Premy, I, 48.
Notre-Dame de Faux en Forest, I, 7.
Notre-Dame de la Paix, colloquée dans le mur des Capucins de la rue Saint-Honoré à Paris, I, 264.
Notre-Dame de Lorette, I, 24.
Notre-Dame du Mont-Carmel. *Ibid.*
* Nicolas (Saint), pièce inconnue à Jombert, page 51.
Notre-Seigneur au jardin des Oliviers, des heures à la chancelière, I, 325.

Notre-Seigneur au jardin des Oliviers, des tableaux de la passion, I, 15.
Notre-Seigneur au milieu des apôtres, I, 25.
Notre-Seigneur crucifié, des tableaux de la passion, I, 16.
Notre-Seigneur prêchant sur la montagne, vignette, I, 323.
Notre-Seigneur qui apparaît en jardinier à la Magdeleine, des tableaux de la passion, I, 16.
Notre-Seigneur versant du sang de ses cinq plaies; suite des quatre camouflets, I, 275.
Nummus castrensis, des monnaies anciennes de France, I, 299.

O.

Observations astronomiques de M. Picart, I, 262.
Observations astronomiques de M. Richer, I, 261.
Observatoire de Paris, gravé par Le Clerc, pour le Vitruve de Perrault, I, 186.
* Œuvres de Racine, 6 estampes (120). V. Esther.
Office de la vierge Marie, en 7 planches, I, 54 et suivantes.
* Office des chevaliers de l'ordre du Saint-Esprit (284).
Offices (les sept), en 8 planches, y compris le frontispice. Suite rarissime, I, 10 et suivantes.
* *Officio della B. Virgine*, ou les petites heures de Venise, en 6 planches (202).
Olon (M. de Saint), son audience devant l'empereur de Maroc, II, 82.
Omnibus unus, vignette, I, 73.
* Oraison funèbre de la duchesse de Longueville (152).
Oraison funèbre de la princesse palatine, II, 17.
* Oraison funèbre de la reine de France, par Bossuet (185). Autre par Fléchier (186). Autre par l'abbé de La Chambre (187).
Oraison funèbre de M. de La Vrillière, I, 280.
Oraison funèbre de M. Le Tellier, I, 28.
Oraison funèbre du chancelier Boucherat, II, 136.
* Oraison funèbre du prince de Condé (188).
* Oraison funèbre du vicomte de Turenne, par Mascaron (127); par Fléchier (128).

Ordre composite de M. Perrault, I, 326.
Ordre des Mathurins, tableaux de leur institution, I, 9, 10.
* Ordre des Mathurins, suite d'estampes pour cet ordre, en onze planches (18).
Ordre François, de la composition de M. Le Brun, II, 20, 21.
* Ordre François, de la composition de M. Le Clerc; pièce unique (204).
Orgueil (l'), un des sept péchés capitaux, I, 22.
* Ornements de dorure pour la couverture d'un livre (44).

P.

* Palais de Salomon (248).
* Palais ducal à Nancy (pages 40 et suivantes).
Pandore, énigme, I, 224.
Panégyrique de Saint Louis, 278.
* Panégyriques du Roi (161).
Pape (le), des modes de Metz, I, 59.
* Paradis (le petit), vignette (252).
Par dum respiciet, devise du dauphin, fils de Louis XIV, I, 73.
Paresse (la), un des sept péchés capitaux, I, 21.
Passe-partout pour le petit porte-Dieu de Callot, II, 289.
* Passe-partouts en forme de bordures pour les estampes de la vie et des miracles de saint Benoist (57).
* Passe-partouts ou bordures pour les conquêtes du Roi, par Le Clerc et Chatillon (212).
* Passion de N.-S. J.-C., en 36 planches, numérotées (232).
* *Pastor (il) fido,* en 7 planches (142).
Pavillons de Marly, leur décoration, en 14 planches, y compris le titre, I, 263.
* Paulin (Saint), évêque de Nole, 7 vignettes (210).
Paulus (Saint), I, 8.
Paysage (petit) de Perelle, attribué à Le Clerc, II, 126.
Paysage (petit) rarissime, pour la suite des vues des faubourgs de Paris, II, 99, 100.
* Paysages dédiés à M. de Beringhen, en 12 planches (107).
* Paysages dédiés à M. le duc de Bourgogne, au nombre de 60 planches (107).

* Paysages (les quatre) rarissimes du président Rossignol, sur un même cuivre (114).

Paysan (le) assis par terre au pied d'un gros arbre; planche rarissime de l'addition à la petite géométrie de Le Clerc I. 144.

Péchés (les sept) capitaux, I, 20 et suivantes.

* Pêcheur (le) à la ligne, planche rarissime de la petite géométrie de le Clerc (92).

Pèlerin (le), des modes de Metz, I, 64.

* Pénitence des Ninivites, des figures de la Bible, par Royaumont (96).

Pentecôte (la), de l'office de la vierge Marie, I, 55.

Pentecôte (la), des tableaux de la vie morale, I, 18.

Perelle, petit paysage de cet artiste, attribué à Le Clerc, II, 126.

* Phèdre et Hyppolite, des œuvres de Racine (120).

* Pièces rarissimes gravées pour le président Rossignol (114).

* Pierre (la) du Louvre, grande estampe (131).

* Piété (la) de Louis XIV; quatrième camouflet (164).

Piquier (le), des modes de Metz, I, 61.

* *Placidus* (Saint) (47).

Plafonds d'un hôtel bâti à Stockholm, II, 136, 137.

* Plaideurs (les), des œuvres de Racine (120).

Plaidoyer en faveur de Girard van Opstal, I, 89.

* Plan de Metz (73).

Plan de Versailles, I, 197.

* Plan du labyrinthe de Versailles (134).

Plan d'un désert de Carmes déchaussés, près Paris, I, 79, 80.

* Planches (deux grandes), pour la mesure de la terre, par Picart (102).

* Planches gravées pour la grande géométrie de Le Clerc (229).

* Poëme à la louange de M. Le Brun (168).

* Poésies latines de Dom Le Houx, chartreux (103).

Porte-Dieu (le) de Callot, passe-partout pour cette petite estampe, II, 289, 290.

Porteur d'eau (le), une des sept anciennes modes de Metz, I, 34.

* Portrait à cheval de Charles IV, duc de Lorraine, page 40.
* Portrait d'Abraham Fabert (51).
Portrait de l'abbé de Verdun, I, 48.
Portrait de Messire Louis Fremyn; rare I, 46.
Portrait de M. Egon de Furstemberg, rare, I, 46.
Portrait de M. Potier d'Aubancourt, I, 326, 327.
* Portrait du maréchal de la Ferté (58).
Portrait d'un chevalier de Malthe, pièce en travers, rarissime, 1, 47.
Portrait d'un turc, en buste, rare, I, 31.
Portrait du Tasse, pour la Jérusalem délivrée, I, 235.
* Portrait de Le Clerc, page 318.
Portraits de Louis XIV, par Le Clerc, II, 151, 152.
Pouvoir (le) des clefs, vignette, II, 18.
Président (le) à mortier, des modes de Metz, I, 60.
* Président Rossignol (le), sept morceaux rarissimes, gravés pour lui (114).
Prestation de serment dans l'ancienne chapelle de Versailles, II, 105.
* Prières du matin et du soir (95).
* Prières pour la communion (53).
Prières pour le rachat des âmes du purgatoire, de la suite des Mathurins, I, 30.
* Prince (un jeune Louis XIV ?), pièce inconnue à Jombert, page 51.
Principes d'architecture, par Félibien, I, 220.
Principes de dessin, en 52 planches, II, 138 et suivantes.
* Problèmes d'architecture, par Blondel, vignettes et lettres grises, pièces faussement attribuées à Le Clerc (106).
Procession des chevaliers de l'Ordre du Saint-Esprit, II, 260, 261.
* Profil de la ville de Metz (1). — Discussion sur la date de cette pièce, pages 17 et suivantes.
Profils du Panthéon, deux planches tirées des édifices antiques de Rome, par Desgodetz, I, 279.
Prophète Elie (le) dormant sous un genévrier dans le désert, I, 41.
* Prophète Elie (le) enlevé dans un char de feu (293).
* Psautier de David, par Dumont, vignettes (74).

* Psyché (307).
* *Puer parvulus*, ou le passage d'Isaye (245).
Pyramide dressée devant la porte du Palais à Paris, II, 144, 145.
* Pyramides d'Écosse (79).

Q.

* Quatre (les) écrans ronds, rarissimes (5).
* Quatre (les) estampes des jeux de hasard, vignettes (296).
Quatre (les) parties du monde, six estampes, I, 90 et suivantes.
Quatre (les) petites Muses, au trait, II, 242, 243.

R.

Rameaux (les), planche introuvable du tome III de l'histoire sacrée, par Brianville, I, 206.
Ramoneur (le), des modes de Metz, I, 63.
* Réception du Roi à l'hôtel de ville de Paris (213).
* Réduction de la ville de Marsal; tapisserie du Roi (174).
* Religion (la) tenant la lune (278).
* Remarques d'Abraham Fabert (51).
* Renouvellement d'alliance avec les Suisses; tapisseries du Roi (171).
Résurrection (la), des heures à la chancelière, I, 325.
* Robe (la) de Notre-Seigneur (20).
Rochus (Saint), I, 8.
Rosas (le bienheureux Simon), de la suite des Mathurins, I, 29.
* Rossignol (le président); morceaux rarissimes en 7 pièces (114).
* Roi (le), des modes de Metz; rare, I, 65.
Roi (le) David prosterné; des heures à la chancelière, I, 325.

S.

Sacrement (le Saint) dans le ciel, des heures à la Dauphine, I, 268.

Sacrement (le Saint), de l'office de la vierge Marie, I, 55.
Sacrement (le Saint) sur des nuages; rare, I, 26, 27.
Sacrement (le Saint) sur l'autel, des sept offices, I, 12.
Saison de l'automne; une des tapisseries du Roi, I, 139.
Saison de l'été, une des tapisseries du Roi, I, 139.
Saison de l'hiver, une des tapisseries du Roi, I, 140.
Saison du printemps, une des tapisseries du Roi, I, 139.
* Saint Eustase, pièce non décrite; v. notre page 101.
* Saints (les) d'Audran, en 380 planches (211).
* Saints (les) de Gantrel, en 64 planches, (222).
* Salomon, son temple et ses palais (248).
Samaritaine (la), mauvaise petite estampe, I, 3.
Scholastica (S.), I, 9.
Sebastianus (S.), I, 8.
Sépulchre (le Saint), de la suite des Mathurins, I, 30.
Sergent (le), des modes de Metz, I, 61.
Signature du traité de la ligue, vignette, I, 322.
Statuts de l'ordre du Saint-Esprit, II, 222 et suivantes.
Stephanus (S.), I, 8.
* Stockholm (chapelle de Sainte-Catherine) (6).
Stockholm, élévation géométrale du palais du Roi, II, 95.
Stockholm, vues perspectives du même palais, II, 95, 96.
* *Suecia Antiqua Hodierna* (6). (Voy. Tombeau du roi de Portugal.)
* Sujet allégorique pour le mariage du duc de Bourgogne (262).
Supplément à l'œuvre de Le Clerc, II, 287.
Supplément aux planches de l'architecture de Le Clerc, II, 285, 286.
Système de la vision, par Le Clerc, II, 276. *Ibid.*, note.
* Système du monde, par Le Clerc (290).

T.

* Tableaux de l'institution de l'ordre des Mathurins (18).
* Tableaux où sont représentés la passion de N.-S. J.-C. etc., ou première messe (52).
* Tableaux où sont représentés, etc., ou seconde messe (66).

Tableaux parlants de la passion, en 9 planches, I, 14 et suivantes.
Tableaux parlants de la vie morale, en 9 pl., I, 6 et suiv.,
* Tapisseries du Roi (éléments, saisons) (98).
* Tapisseries historiques (156, 171, 174).
Temple d'Auguste à Fano, bâti par Vitruve, I, 197.
* Temple et palais de Salomon (248).
Teston, pièce de monnaie, I, 289, 290 et 291.
Tête de femme qui rit; très-rare, II, 68.
Tête de jeune homme, apocryphe, II, 68.
Tête de vieillard, commune, II, 67.
Tête de vieillard, gravée par Huquier, II, 290.
Tête de vieillard, rare, II, 67.
Thérèse (Sainte), I, 41.
* Thèse de médecine pour M. Collot (282).
* Thèse de pharmacie pour M. Geoffroy (281).
Thèse de Pont-à-Mousson; rarissime, I, 49.
* Thèses de philosophie pour MM. de Noailles, de la Rochefoucault, et de Saulx, de Tavannes (295).
Thomas (Saint), de Villeneuve; très-rare, I, 35.
* Tireurs (les) de Nantes à l'arquebuse et à l'arbalète; estampe rarissime (86).
* Titre du labyrinthe de Versailles (134).
* Titre du tome II des œuvres de Racine (120).
* Titres pour les tapisseries du Roi et pour leurs devises (98).
Tivoli, vignette représentant ses jardins, I, 264.
* Tivoli, temple de la Sybille; lettre grise (158).
* Tobie tirant à lui le poisson miraculeux (298).
* Tombeau de M. Berbier du Metz (225).
Tombeau de M. Bonneau de Trassy, II, 19.
* Tombeau du roi de Portugal, nom que les marchands d'estampes ont donné à la chapelle de Sainte-Catherine, dans le faubourg de Stockholm, en Suède (6).
Traité d'architecture, par Le Clerc, II, 276 et suivantes.
Traité de géométrie, par Le Clerc, 17 planches, II, 68 et suivantes.
* Traité de la divine sagesse (40).
Traité du nivellement, par Mariotte, I, 226.

Transfiguration (la) de N.-S., vignette, II, 107.
Travail (le), des sept vertus capitales, I, 19, 20.
Trinité (la Sainte), de l'ordre des Mathurins, I, 28.
Trinité (la Sainte), des heures à la Dauphine, I, 265.
* Triomphe de S. A. Charles IV, duc de Lorraine, en 23 planches, I, 27 et suivantes (n° 71, p. 40 et suivantes).
Triomphe (le petit) de Trajan ; vignette, I, 207.

V.

Vaisseau qui conduit à l'enfer, I, 17.
Vaisseau qui conduit au ciel, I, 17.
Van-Opstal, plaidoyer en sa faveur, I, 89.
* Vases de fleurs, pour la couverture d'un livre (44).
* Vénus sur les eaux, la première, rarissime (235).
* Vénus sur les eaux, la seconde id. (308).
Vertus (les sept) capitales, I, 18 et suivantes.
* Vie (la) de Saint Benoist, en 32 sujets (57), pages 35 et suivantes.
Vie (la) de Saint Bruno, 3 pl. I, 207, 208.
Vielleur (le), des modes de Metz, 1, 64.
Vierge (la Sainte) apparaissant à la B. Constance, de la suite des Mathurins, I, 29.
Vierge (la Sainte) assise dans les nues, I, 23.
Vierge (la Sainte) assise par terre. *Ibid.*
Vierge (la Sainte) assise sur des nuages. *Ibid.*
Vierge (la Sainte) avec une gloire d'anges, I, 24.
Vierge (la Sainte) au scapulaire, I, 35.
* Vierge (la Sainte) aux anges (266).
Vierge (la Sainte) conférant l'ordre des Mathurins, I, 28.
Vierge (la Sainte) dans une bordure, I, 23.
Vierge (la Sainte) dans une niche, I, 23. Autre dans une niche. *Ibid.*
Vierge (la Sainte) debout, dans une bordure d'ornement I, 25.
Vierge (la Sainte), des sept offices, I, 11.
Vierge (la Sainte) donnant le scapulaire de l'ordre des Mathurins, I, 28.

Vierge (la Sainte) portée par les anges dans le ciel, I, 24.
Vierge (la Sainte) revêtue du scapulaire de l'ordre des Mathurins, I, 31.
Vierge (la Sainte) et saint Joseph; des tableaux de la vie morale, I, 17, 18.
Vierge (la Sainte), mère de belle dilection; de la suite des Mathurins I, 28.
* Vignette appelée le petit paradis (252).
* Vignette de la conversion de Saint Paul (137).
* Vignette de la dissection du renard (101).
* Vignette de la vie de N.-S., par de Saint-Réal (209).
* Vignette de la vie des prédestinés (190).
* Vignette de l'éducation de madame la duchesse de Bourgogne, II, 127.
* Vignette de l'histoire des plantes, par Dodart (123).
Vignette de Saint Augustin prêchant (première) (147).
Vignette de Saint Augustin prêchant (seconde) (286).
* Vignette de Saint Optat, aux armes de Colbert (119).
* Vignette aux armes de Bouillon, aux quatre enfants; rarissime (103).
* Vignette : *fide et obsequio*, de M. Colbert devant Louis XIV (194).
Vir ejus laudavit eam, fleuron de l'oraison funèbre de la reine de France, II, 1.
Vir immortalitate dignus, fleuron pour l'oraison funèbre de M. Le Tellier, II, 18.
* Vocation d'Abraham, des figures de la bible, par Royaumont (96).
Voyage d'Uranibourg, I, 162.
Vue du château royal de Copenhague, II, 96, 97; voyez aussi l'errata du tome II de Jombert.
Vue perspective d'un pont de bois d'une seule arche, II, 138.
* Vues des environs de Metz, deux petites planches, (45).
* Vues des faubourgs (ou des environs) de Paris (244).
Vues perspectives du palais du Roi à Stockholm, II, 95, 96.

X.

* Ximenès (le cardinal), vignettes et culs-de-lampe pour son histoire (238).

ERRATA.

Page 111. — C'est par erreur que nous avons indiqué comme ayant été exécutée à Paris l'impression *des poëtes italiens*. Thomas Joly n'en a été que l'éditeur. Ces différents volumes ont été effectivement imprimés par Daniel Elzevier. Le fait nous a été certifié par M. A. Willems, de Bruxelles, qui a fait une étude approfondie sur les impressions elzeviriennes. « Il est vrai, nous écrit-il, que ces petits volumes laissent à désirer, au point de vue de la beauté typographique, mais tous les volumes que les Elzeviers d'Amsterdam ont publiés dans le format in-24 sont dans le même cas. »

Pages 171 et 172. — *L'invocation des saints*, etc.
Le commencement de cet article doit être rectifié ainsi qu'il suit : S'il existe, comme nous l'avons dit d'après Jombert, des épreuves de cette suite *entière* tirées avant l'impression, nous n'en avons jamais rencontré de telles. Les seules pièces tirées avant l'impression qui aient passé sous nos yeux sont celles qui, dans la description de Jombert, portent des numéros *bis*. Ces pièces cotées *bis* sont très-rares et ne se trouvent pas dans les éditions. Les noms des saints y sont gravés au burin et non imprimés.

Quant aux exemplaires imprimés de ce charmant livre, il en existe de deux sortes, toutes les deux également recommandables, à la condition de porter la date de 1686 ou celle de 1687. Il y a des exemplaires qui portent ces deux dates au tome Ier, ils sont en deux volumes ; d'autres, portant seulement la date de 1687, sont en quatre volumes.

Dans les exemplaires bien complets en deux volumes, il y a deux titres pour le tome Ier. Le premier titre daté de 1686 porte : *L'invocation et l'imitation des Saints, en deux parties, pour tous les jours de l'année.* . . Paris, Girard Audran. . . 1686. Vient ensuite (quelquefois avant) un autre titre daté de 1687 où les mots *en deux parties* ne se trouvent pas et où après le mot *l'année* on lit PREMIÈRE PARTIE. . . Paris, Girard Audran, 1687. — Dans ces exemplaires en deux volumes, le verso du titre daté de 1687 en blanc.

Dans les exemplaires en quatre volumes, le titre de la première partie est identique à celui dont il vient d'être parlé et qui porte, dans les deux sortes d'exemplaires, la date de 1687. Le verso est également blanc, mais on a souvent collé sur ce verso deux extraits, l'un de Saint-Cyprien et l'autre de Saint-Grégoire, tous les deux en caractères italiques. — Ces mêmes extraits se trouvent, avec la même composition typographique, dans les exemplaires en deux volumes, mais ils sont imprimés et non collés au verso du titre où est indiquée la division en deux parties au recto, avec la date de 1686. Il est donc vraisemblable qu'après avoir imprimé, en 1686, le titre portant au recto cette date et au verso les deux extraits dont il s'agit, on a tiré à part cette composition pour la coller au verso des exemplaires distribués en quatre volumes.

Les exemplaires en deux volumes ont trois titres, savoir : deux pour le tome Ier avec les dates de 1686 et de 1687, et un pour le tome IIe daté de 1687. Les deux titres sous cette dernière date portent l'un *première partie* et l'autre *seconde partie*. Les exemplaires en quatre volumes ont quatre titres, tous datés de 1687, portant : *Première partie, seconde partie, troisième partie, quatrième partie*. Brunet ne paraît pas avoir connu les exemplaires en deux parties, ce qui explique pourquoi il n'a pas parlé de la date de 1686.

Jombert, II, p. 42, paraît établir une différence entre les exemplaires portant la date de 1686 et ceux qui sont datés de 1687. La vérité est qu'il n'en existe aucune.

Nous avons sous les yeux les deux variétés qui viennent d'être signalées et nous pouvons affirmer que les épreuves de l'exemplaire en quatre volumes datés de 1687 sont aussi belles que celles de l'exemplaire auquel on voit le double titre au tome Ier, avec la date de 1686. Il n'y a donc pas lieu de préférer les exemplaires de 1686 à ceux de 1687. Malheureusement les uns et les autres se rencontrent toujours très-courts de marges, alors même qu'ils sont dans leur première reliure et avec témoins.

Page 184, ligne 16, au lieu de tailles horizontales *et* l'ovale, *lisez de* l'ovale.

TABLE DES DIVISIONS.

	PAGES.
AVERTISSEMENT.	1
PRÉLIMINAIRE.	5
CHAPITRE I. — Travaux de Le Clerc à Metz (1650-1665)...	7
APPENDICE AU CHAP. Ier. — Pièces gravées à Metz qui n'ont pas été connues par Jombert.	51
CHAPITRE II. — Travaux de Le Clerc à Paris avant son mariage (1665-1673).	55
CHAPITRE III. — Travaux de Le Clerc aux Gobelins. — Première décade (1673-1682).	91
CHAPITRE IV. — Travaux de Le Clerc aux Gobelins. — Deuxième décade (1683-1692).	145
CHAPITRE V. — Travaux de Le Clerc aux Gobelins. — Troisième décade (1693-1702).	203
CHAPITRE VI. — Travaux de Le Clerc à Paris depuis 1703 jusqu'à sa mort (1703-1714).	265
APPENDICE. — Postérité de Sébastien Le Clerc.	309
PORTRAITS de Séb. Le Clerc père, et de Séb. Le Clerc fils.	318
AUTOGRAPHES de Sébastien Le Clerc.	322
TABLE ALPHABÉTIQUE de l'œuvre entier de Sébastien Le Clerc.	335

COLLECTION

DE TRAVAUX SUR L'ART FRANÇAIS

PUBLIÉS PAR LEURS AUTEURS SOUS LE PATRONAGE

DE LA SOCIÉTÉ.

1. Actes d'État-civil d'artistes français, peintres, graveurs, sculpteurs, architectes, extraits des registres de l'Hôtel-de-Ville de Paris, détruits dans l'incendie du 24 mai 1871, par H. HERLUISON. 1 vol. in-8°, tiré à 230 exemplaires; 1873. 20 fr.
Le même ouvrage, papier de Hollande, tiré à 10 exemp. 30 fr.

2. Lettres de noblesse et décorations accordées aux artistes en France pendant le XVIIe et le XVIIIe siècle, par J. J. GUIFFREY. 1 vol. in-8°. 1873 (tirage à part, sur papier de Hollande, à 50 exemplaires). 3 fr.

3. Notes et documents inédits sur les expositions du XVIIIe siècle, recueillis et mis en ordre par J. J. GUIFFREY. 1 vol. in-12, papier vergé, tiré à 150 exemplaires. 1873. 10 fr.

4. Notice sur Jacques Guay, graveur sur pierres fines du roi Louis XV, documents inédits émanant de Guay et notes sur les gravures en pierres fines et en taille-douce de la marquise de Pompadour, par J.-F. LETURCQ. 1 vol. in-8°, sur papier vergé, avec 12 pl. reproduisant par la photogravure la plupart des œuvres de Guay, tiré à 300 exempl., 1873. 15 fr.

5. Eloge de Lancret par Ballot de Sovot, accompagné du catalogue de ses tableaux et de ses estampes, de notes et de pièces inédites, le tout réuni et publié par J. J. GUIFFREY. 1 vol. in-8° avec frontispice gravé, tiré à 200 exemplaires sur papier de Hollande; 1874. 9 fr.
Le même ouvrage, papier de Chine (10 exempl.). 25 fr.

6. Noël Le Mire et son œuvre, suivi du catalogue raisonné de l'œuvre de son frère Louis Le Mire et de plusieurs tables, avec un portrait à l'eau-forte par Gilbert, etc., par Jules HÉDOU. 1 vol. in-8° tiré à 300 exempl. sur papier de Hollande 25 fr.
Le même ouvrage, papier Whatman, avec double épreuve du portrait. 35 fr.

7. Livret de L'Exposition du Colisée (1776), suivi de l'exposition ouverte à l'Élysée en 1797 et précédé d'une histoire du Colisée d'après les mémoires du temps, avec une table des artistes qui prirent part à ces deux expositions (complément des livrets de l'Académie royale et de l'académie de Saint-Luc) 215 exemplaires sur papier vergé. 3. fr.
   10 sur papier de Hollande. 6 fr.
   5 sur papier de Chine. 10 fr.

Nota. — Aux termes de l'art. XVII des statuts, les membres de la Société de l'Histoire de l'Art français jouissent d'une remise de vingt pour cent sur le prix des ouvrages publiés dans cette collection, en adressant directement leurs demandes au libraire de la Société.

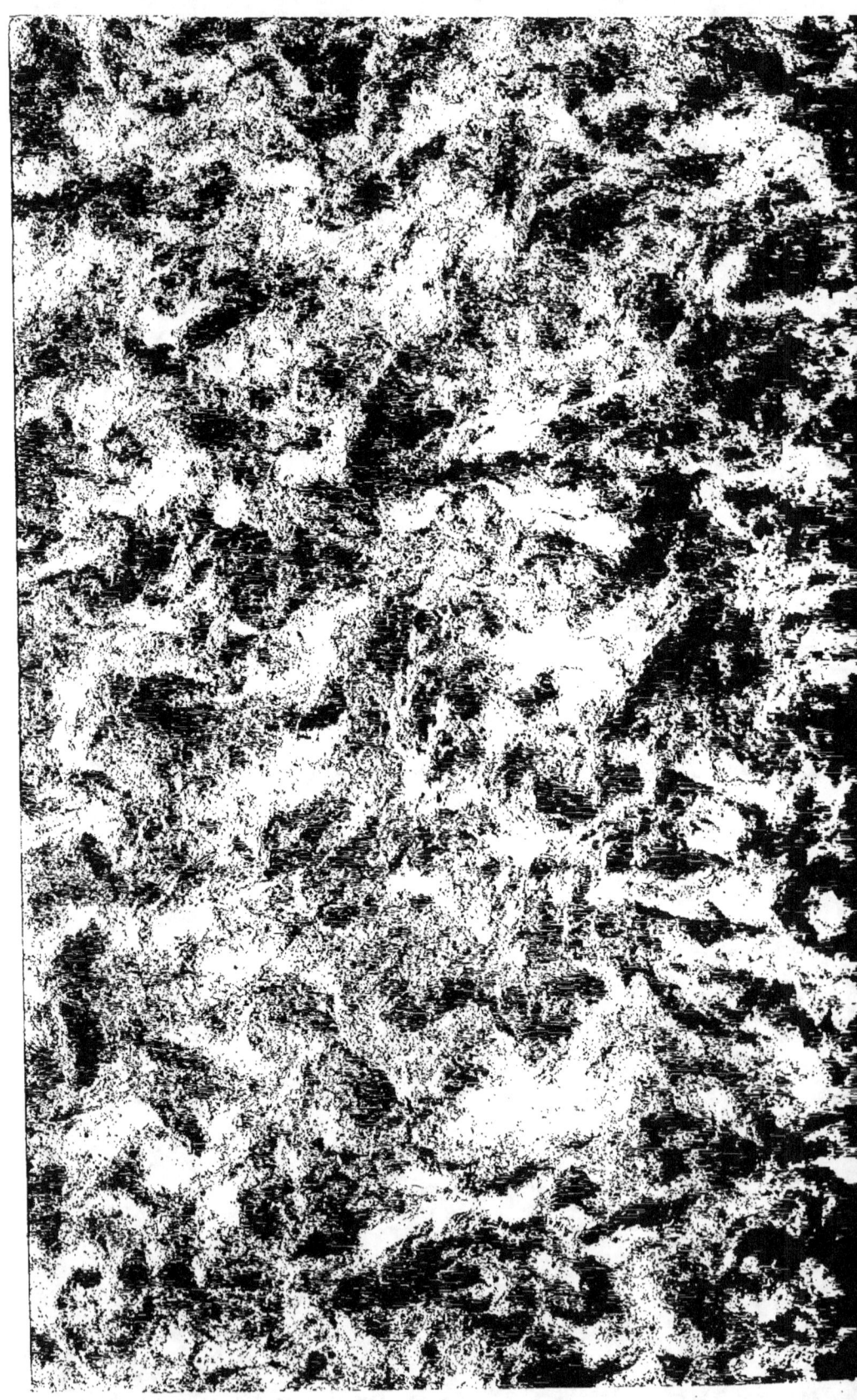

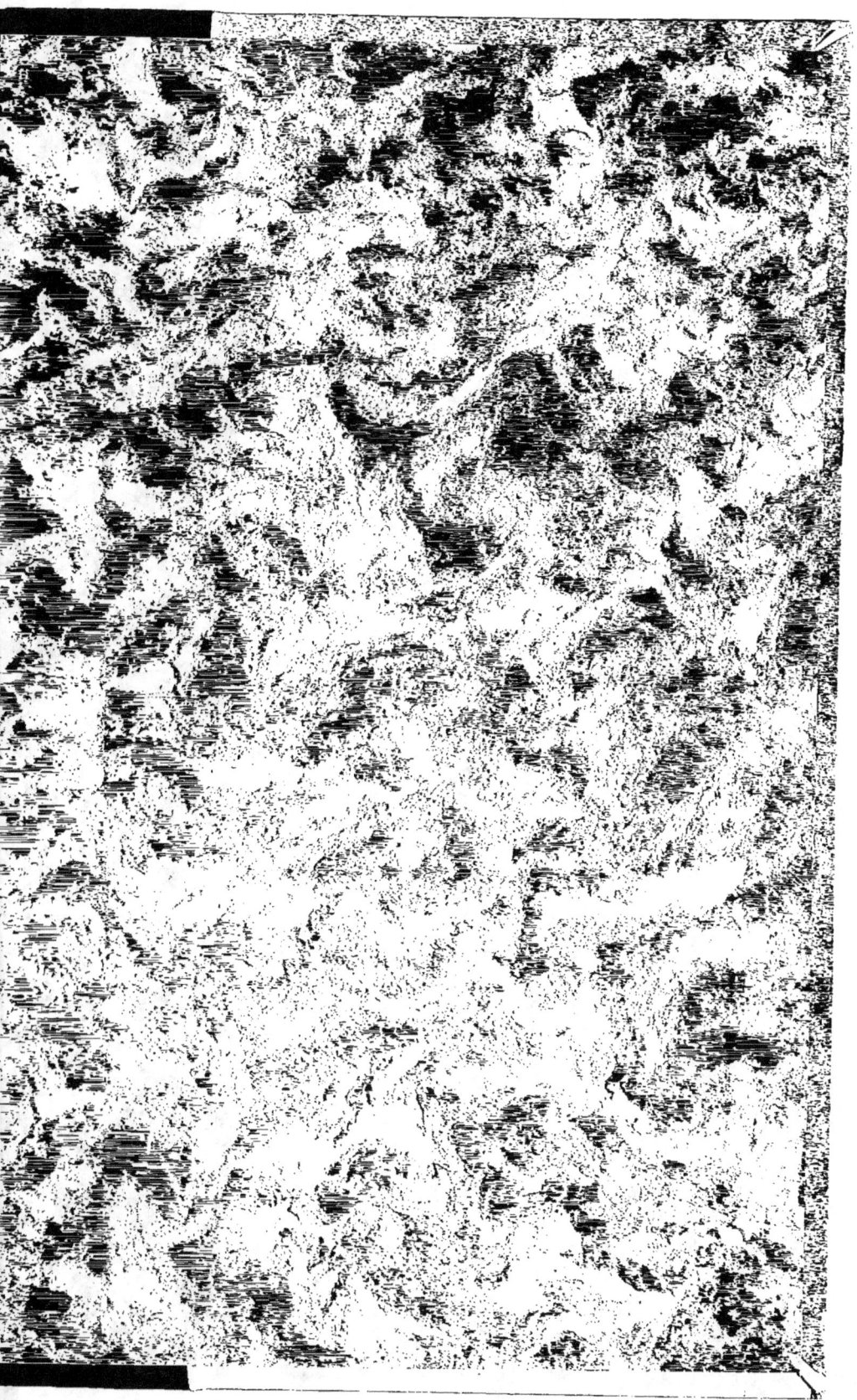

www.ingramcontent.com/pod-product-compliance
Lightning Source LLC
Chambersburg PA
CBHW071949220426
43662CB00009B/1055